10,000 lettres d'impression pour **1** centime.

BIBLIOTHÈQUE POUR TOUS
ILLUSTRÉE

ROMANS, HISTOIRE, VOYAGES, LITTÉRATURE, SCIENCES, ETC.

CHAQUE OUVRAGE : **50** CENTIMES.

LA
GRANDE ARMÉE
PAR CHARLES RABOU

1808—1812 (2ᵉ Série.)

Prix : 50 centimes.

6 CENTIMES POUR LES DÉPARTEMENTS ET L'ÉTRANGER.

PARIS
LÉCRIVAIN ET TOUBON, LIBRAIRES, RUE GIT-LE-CŒUR, 10
ET CHEZ TOUS LES LIBRAIRES DE PARIS, DES DÉPARTEMENTS ET DE L'ÉTRANGER

N° 66. — Publié par J. Lemer.

PARIS, LÉCRIVAIN ET TOUBON, 10, RUE GIT-LE-COEUR

BIBLIOTHÈQUE POUR TOUS
PUBLIÉE PAR J. LEMER

LA GRANDE ARMÉE

PAR
CHARLES RABOU

DEUXIÈME SÉRIE

1808

CAMPAGNE D'ESPAGNE
SOMO-SIERRA

I

Fêtes données à la Garde Impériale. — Banquet des Champs-Élysées. — Fête au Sénat.

L'Empereur, comme tous les hommes qui ont la conscience d'une supériorité éclatante et incontestée, n'avait qu'un très-médiocre goût pour les ovations et les acclamations populaires. A la suite de ses expéditions les plus glorieuses, arrivant avec cette rapidité d'évolutions qui lui était habituelle, il rentrait aux Tuileries presqu'incognito, et tout à coup Paris apprenait que *l'Empereur était revenu*.

Mais la pompe et l'éclat qu'il fuyait pour son propre compte, il les aimait pour ses compagnons d'armes, et en attendant qu'il eût le loisir de leur élever des arcs de triomphe comme celui de l'Étoile, des colonnes triomphales comme celle de la place Vendôme, et des *Temples de la gloire*, comme le monument de la Madeleine, resté l'un de ses rêves, il était heureux de voir le sentiment public s'ingénier à de splendides témoignages d'admiration et de reconnaissance au profit de ses valeureuses légions.

L'armée tout entière ne pouvait être présente aux fêtes qui se préparaient pour les vainqueurs d'Iéna, d'Eylau et de Friedland, mais en les adressant à la Garde impériale, l'élite de ces glorieux soldats, Paris acquittait sa dette. Rien d'ailleurs n'avait été épargné pour que la manifestation projetée fût digne à la fois et de la grande cité qui allait l'offrir, et des héroïques phalanges dont on saluerait le retour.

Le conseil municipal avait voté des couronnes aux triomphateurs, mais pour que les couronnes fussent, comme leur gloire, impérissables, on avait décidé qu'elles seraient d'or : leur distribution était le principal objet de la fête.

En dehors de la barrière de la Villette, par laquelle devaient entrer les dix mille hommes de la Garde impériale, on avait élevé en moins de quinze jours un arc de triomphe colossal ; vingt hommes pouvaient y défiler de front.

A la naissance de la voûte, de grandes Renommées présentaient des couronnes de laurier ; un quadrige doré couronnait le monument ; sur chacune des façades se lisaient des inscriptions composées par les membres de la troisième classe de l'Institut. Dans l'intérieur avaient été ménagées, à droite et à gauche, deux vastes tribunes en amphithéâtre, l'une occupée par un nombreux orchestre, l'autre par les membres du Conseil municipal. Autour du monument, d'autres tribunes étaient disposées pour les ministres, les grands fonctionnaires de l'État et l'élite de la société parisienne.

Le mercredi 25 novembre 1807, malgré un temps sombre et pluvieux, la foule inondait tout l'espace que devaient parcourir les régiments de la Garde ; vers midi, de bruyantes acclamations annoncèrent que l'on apercevait la tête de la colonne.

A quelque distance de l'arc de triomphe, les aigles des différents corps se réunirent et ne formèrent plus qu'un groupe qui marchait en avant, ayant à sa tête le maréchal Bessières, commandant la cavalerie de la Garde.

Le corps municipal descendit de sa tribune pour aller à la rencontre de ses hôtes, auxquels M. Frochot, préfet du département de la Seine, adressa le discours suivant :

« Monsieur le Maréchal, Généraux, Soldats qui composez cette Garde fidèle dont les rangs impénétrables environnent le trône ; vous tous, guerriers, l'honneur de la France et l'admiration de l'Europe, suspendez un moment votre marche, et, avant que vous ne couriez vous jeter dans les bras de vos mères, de vos épouses, de vos parents, recevez, si je puis dire ainsi, l'embrassement de la Cité.

» Combien elle aime à vous revoir après tout ce que la renommée a publié de vous ! Avec quel orgueil elle se plaît à rechercher dans vos rangs ceux de ses propres fils qui ont été dignes d'elle, et avec quel enthousiasme elle contemple en vous cette grande armée dont vous fûtes une si grande part.

» Cependant sont-ce les braves de Wertingen, les héros d'Austerlitz, qui s'avancent vers nous ? Depuis vingt mois, la Cité se voit enrichie de trophées conquis par eux ; depuis vingt mois, elle tient prêtes les couronnes de la reconnaissance : ces braves nous sont-ils enfin rendus ? O patrie ! ce sont eux ; mais à peine ils se ressouviennent ou de Wertingen, ou d'Austerlitz : ce sont eux ; mais tandis que nous les avons attendus, guidés par le génie tutélaire de l'Empire, ils retournaient plus impétueux à de nouveaux combats, et dans les champs d'Iéna, dans les plaines d'Eylau, de Friedland, ils ont conquis de nouveaux titres ; ils ont ajouté, s'il était possible, à leur gloire, par des prodiges de valeur presque inconnus jusqu'alors aux Français mêmes.

» Héros d'Iéna, d'Eylau, de Friedland, conquérants de la paix, grâces immortelles vous soient rendues !

» C'est pour la patrie que vous avez vaincu, la patrie éternisera le souvenir de vos triomphes ; vos noms seront légués par elle sur le bronze et sur le marbre à la postérité la plus reculée, et le récit de vos exploits, enflammant le courage de nos derniers descendants, longtemps encore après vous-mêmes, vous protégerez par vos exploits ce vaste empire si glorieusement défendu par votre valeur.

» Braves guerriers, ici même un arc de triomphe dédié à la Grande-Armée s'élève sur votre passage ; il vous attend : venez recevoir sous ses voûtes la part qui vous est due des lauriers votés par la capitale à cette invincible armée ; qu'ainsi commence la fête de votre retour ; venez, et que ces lauriers, tressés en couronne par la reconnaissance publique, demeurent appendus désormais aux aigles impériales qui planent sur vos têtes victorieuses.

» Salut, aigles belliqueuses, symbole de la puissance de notre magnanime Empereur ; portez dans toute la terre, avec son grand nom, la gloire du nom français, et que les couronnes dont il a été permis à la ville de Paris de vous orner, soient en tous lieux le témoignage auguste et redoutable de l'union du peuple et de l'armée.

» Mais c'est trop, généreux guerriers, c'est trop retenir vos pas, quand tous les cœurs vous appellent. Entrez dans nos remparts, enorgueillis de vous recevoir ; entrez-y au milieu des chants d'allégresse et de triomphe, et que la mémoire de ce beau jour vive à jamais avec vos exploits dans les annales de la Cité et dans les fastes de l'Empire ! »

Le maréchal Bessières répondit :

« M. le Préfet et MM. les Membres du corps municipal de la ville de Paris,

» Les couronnes dont vous décorez nos aigles, ces arcs de triomphe, toute cette pompe brillante pour célébrer le retour de la Garde impériale, sont une nouvelle preuve de votre affection pour l'Empereur, et un hommage éclatant rendu à la Grande-Armée.

» Les aînés de cette grande famille militaire vont se retrouver avec plaisir dans le sein d'une ville dont les habitants ont constamment rivalisé avec eux d'amour, de dévouement et de fidélité pour notre illustre monarque. Animés des mêmes sentiments, la plus parfaite harmonie subsistera toujours entre les habitants de la grande ville et les soldats de la Garde impériale.

» Si nos aigles marchaient encore, en nous rappelant le serment que nous avons fait de les défendre jusqu'à la mort, nous nous rappellerions aussi que les couronnes qui les décorent nous en imposent doublement l'obligation. »

Après cette réponse, les couronnes d'or votées par la ville de Paris furent attachées aux aigles au milieu du cercle formé par l'état-major général.

Le corps municipal vint ensuite reprendre place dans sa tribune, et l'orchestre exécuta cette cantate dont la musique était de Méhul, et les paroles d'Antoine Arnault, le futur auteur de *Germanicus*.

CHŒUR.

Les voici ! réunissez-vous,
Heureuses femmes, tendres mères !
Ces vainqueurs, ce sont vos époux,
Ce sont vos enfants ou vos frères.

Quand ces intrépides soldats,
Triomphant d'abord de vos larmes,
Au premier signal des combats,
Se sont élancés sur leurs armes,
Vous leur disiez, dans un transport
Que la valeur n'a pas dû croire :
Français, vous courez à la mort...
Français, ils volent à la gloire.

CHŒUR.

Les voici, etc.

Voyez-vous ce peuple empressé
Dont la foule les environne ?
Sa reconnaissance a tressé
Le rameau d'or qui les couronne.
Ah ! qu'on suspende à leurs drapeaux
Ces prix de leurs nobles services ;
Placés sur le front des héros,
Ils cacheraient leurs cicatrices.

CHŒUR.

Les voici, etc.

Le défilé eut lieu ensuite dans l'ordre suivant
Les grenadiers et les chasseurs à pied ;
Les chasseurs à cheval, suivis des mamelucks ;
Les grenadiers à cheval, les dragons et la gendarmerie d'élite ;
Un détachement des marins de la Garde ;
Le général Hullin, commandant la place de Paris, suivi de son état-major ;
Le corps municipal et son cortège.

Après s'être rendus dans la cour des Tuileries pour saluer l'Empereur et déposer leurs aigles, les régiments, laissant leurs armes dans le Jardin, qu'ils traversèrent, arrivèrent aux Champs-Élysées, où un banquet de dix mille couverts avait été disposé sous des tentes. La garde de Paris était chargée de la police, et les militaires de ce corps se promenaient autour des tables.

En haut de la table de chaque régiment, il y avait, pour les officiers, une tente particulière ; au rond-point, une vaste tente abritait l'état-major réuni au corps municipal qui faisait les honneurs du banquet.

Les santés furent portées dans l'ordre suivant :
Par le préfet de la Seine : *à Sa Majesté l'Empereur et Roi.*
Par le maréchal Bessières : *à la Ville de Paris.*
Par le préfet de la Seine : *à la Grande-Armée.*

Parties des tables de l'état-major général, les santés étaient répétées de tables en tables et accueillies aux cris de : *Vive l'Empereur.*

Malgré une pluie abondante, qui contraria la belle ordonnance de cette fête, la foule des curieux était énorme ; le peuple n'avait pas été oublié dans les générosités municipales : sur toutes les grandes places de Paris avaient été installés des orchestres, et au son de leur joyeuse musique, se firent des distributions de vin et des loteries de comestibles. Le soir, un feu d'artifice fut tiré près des Tuileries, entre le pont de la Concorde et le Pont-Royal. Le lendemain tous les théâtres de Paris donnèrent une représentation gratuite. Le parterre, l'orchestre, les premiers rangs de loges avaient été réservés pour la Garde exclusivement.

Après la fête des soldats vint celle des officiers; c'était le Sénat qui, trois jours plus tard, s'était chargé de l'offrir.

En face du Luxembourg s'élevait un temple dédié à la Victoire; au centre avait été placée la figure de Napoléon. Dans la cour, dans les escaliers et dans les salles du palais, des trophées militaires, liés par des guirlandes de laurier, rappelaient, par des inscriptions commémoratives, les faits les plus glorieux des deux campagnes de 1806 et 1807.

A une heure après-midi, une masse de tambours, accompagnés de trompettes, sortit du palais et parcourut le quartier, auquel des fanfares et de joyeuses batteries annoncèrent le commencement de la fête. Plus tard, les trompettes allèrent se placer sur les deux terrasses qui flanquent le dôme, et pendant tout le reste du jour, cette musique guerrière ne cessa de retentir.

A deux heures, les officiers de la Garde arrivèrent en corps au Luxembourg, où ils trouvèrent réunis les sénateurs, les princes grands dignitaires de l'Etat, les ministres, les grands-officiers de l'Empire, les conseillers d'Etat, les membres principaux des corps civils, administratifs et judiciaires, les généraux et officiers attachés au gouvernement de Paris.

En recevant, au haut de l'escalier d'honneur, le corps des officiers conduit par le maréchal Bessières, M. de Lacépède, président du Sénat, prononça ce discours :

« M. le maréchal, invincible Garde impériale !

» Le Sénat vient au-devant de vous : il aime à voir les dignes représentants de la Grande-Armée remplir ces portiques ; il se plaît à se voir entouré de ces braves qui ont combattu à Austerlitz, à Iéna, à Eylau, à Friedland, de ces favoris de la victoire, de ces enfants chéris du génie qui préside aux batailles.

» Cette enceinte doit vous plaire, invincible Garde impériale !

» Ces voûtes ont tant de fois retenti des acclamations qui ont célébré vos immortels faits d'armes et tous les triomphes de la Grande-Armée ! Vos trophées décorent nos murailles ; les paroles sacrées que le plus grand des monarques daigne vous adresser du haut de son char de victoire, et au nom des braves, sont gravées dans ce palais par la reconnaissance, et vous retrouvez parmi nous plusieurs de ceux qui ont porté la foudre de notre Empereur, et dirigé les hardis mouvements de ses phalanges redoutables.

» Représentants de la première armée du monde, recevez par notre organe, pour vous et pour tous vos frères d'armes, les vœux du grand et bon peuple dont l'amour et l'admiration vous présagent ceux de la postérité. »

Un splendide banquet avait été disposé dans la grande galerie des tableaux. A trois heures on se mit à table. Pendant le repas une musique militaire exécuta des symphonies. Plusieurs morceaux lyriques furent chantés. On remarqua ces vers de M. Cauchy, secrétaire-archiviste du Sénat :

> Généreux fils de la victoire,
> Brillante élite de héros,
> Qui par tant d'exploits et de gloire
> Avez honoré nos drapeaux,
> Venez au sein de la patrie,
> Jouir du fruit de vos succès ;
> Venez, de tous les cœurs français
> Remplissez l'attente chérie,
> Revoyez vos amis, revoyez vos foyers,
> Le repos vous attend à l'ombre des lauriers.

Après le banquet, le bal commença dans les salons, et il se prolongea jusqu'au jour ; cependant, dans le jardin splendidement illuminé, sous des tentes, salles de danse improvisées et garnies d'immenses buffets, la population du quartier était admise à prendre sa part des plaisirs de la fête.

II

Origine de la guerre d'Espagne. — Couronnement de Joseph. — Insurrection générale de la Péninsule. — Allocution de l'Empereur à l'armée d'Espagne.

Le repos, que les vers du secrétaire-archiviste annonçaient à nos soldats, ne devait pas être de longue durée. Quelques mois encore, et glorieusement terminée au Nord, la guerre allait se déchaîner dans le Midi.

Dès 1806, le germe de la guerre d'Espagne avait été déposé dans les chances de l'avenir européen. A cette époque, don Manuel Godoï, prince de la Paix, était premier ministre du ridicule roi Charles IV, dont il avait confisqué à la fois le sceptre, la femme et la volonté. Souffrant avec impatience l'état de dépendance où le cabinet de Madrid était tenu par la main toute-puissante de Napoléon, le favori avait cru voir dans la coalition qui s'organisait contre la France une occasion de s'affranchir et de se populariser, en faisant contre l'Empereur, qu'il tenait déjà pour vaincu, un acte d'hostilité. En conséquence, le 14 octobre, sans se douter qu'à cette heure même Napoléon remportait la victoire d'Iéna, le malencontreux ministre avait lancé une proclamation conçue en termes énigmatiques, et qui appelait les Espagnols à la défense de la patrie contre un ennemi que tout désignait, sans que néanmoins son nom fût expressément écrit.

C'est à Berlin, dans le palais même du grand Frédéric, que l'Empereur avait eu vent de cette incartade. Une burlesque explication tendant à faire croire que l'ennemi contre lequel on en appelait à l'énergie de l'Espagne, n'était autre que l'*Empereur du Maroc*, n'était pas faite pour calmer la juste colère du conquérant de la Prusse. Pour la conjurer, don Manuel Godoï s'était vu forcé de faire un acte positif d'alliance offensive, en envoyant en Allemagne, sous les ordres du marquis de la Romana, un corps de troupes espagnoles d'environ 20,000 hommes.

Après la paix de Tilsitt, plus que jamais préoccupé de donner au blocus continental toutes ses conséquences, l'Empereur avait sommé le Portugal, resté l'allié de l'Angleterre, de fermer ses ports à cette puissance. Sur un refus détourné de la cour de Lisbonne de se soumettre à cette intimation, entre l'Espagne et la France, à la date du 27 octobre (1807), avait été signé le fameux traité de Fontainebleau. Par ce traité, au profit des deux contractants, s'opérait un partage du Portugal, qui dès lors, menacé par un corps français aux ordres du général Junot, ne devait pas tarder à être envahi.

Cette expédition, devant laquelle avait fui la maison de Bragance, allant au-delà des mers fonder l'empire du Brésil, et bientôt après d'ignobles dissensions éclatant au sein de la famille régnante d'Espagne, avaient été pour l'Empereur une pente dangereuse qui l'avait conduit à appeler sur le trône de Charles-Quint, si mal occupé, son frère Joseph, déjà roi de Naples ; en même temps, cette autre couronne devenue vacante, était, par un décret, déférée à Murat.

Au premier moment, rien n'avait paru si simple que ce chassé-croisé de royautés.

S'adressant à l'Espagne dans une proclamation mémorable, Napoléon disait :

« Espagnols, après une longue agonie, votre nation périssait. J'ai vu vos maux, je veux y porter remède. Votre grandeur fait partie de la mienne. Vos princes m'ont cédé tous leurs droits à la couronne des Espagnes. Je ne veux point régner sur vos provinces, mais je veux acquérir des droits éternels à l'amour et à la reconnaissance de votre postérité. Votre monarchie est vieille : ma mission est de la rajeunir. J'améliorerai toutes vos institutions et je vous ferai jouir, si vous me secondez, des bienfaits d'une réforme sans froissements, sans désordres, sans convulsions... Je poserai votre glorieuse couronne sur la tête d'un autre moi-même, en vous garantissant une constitution qui concilie la facile et salutaire autorité du souverain avec les libertés et les privilèges du peuple. Espagnols, souvenez-vous de ce qu'ont été vos pères ; voyez ce que vous êtes devenus ! La faute n'est pas à vous, mais à la mauvaise administration qui vous régit ; soyez pleins d'espérance et de confiance dans les circonstances actuelles, car je veux que vos derniers neveux conservent mon souvenir, et disent : Il est le régénérateur de notre patrie ! »

Après l'abdication de Charles IV et la renonciation souscrite par Ferdinand, l'héritier présomptif, une assemblée de notables Espagnols avait été convoquée à Bayonne. Réunie dans le local de l'ancien évêché, elle avait reconnu et proclamé Joseph comme roi d'Espagne et des Indes, et ensuite s'était occupée de la rédaction et du vote d'un acte constitutionnel calqué sur les institutions impériales.

Mais, dès ce moment, les symptômes d'une opposition violente avaient éclaté sur plusieurs points de l'Espagne ; les populations, indignées de se voir imposer un roi, s'étaient soulevées et avaient couru aux armes le jour de la Saint-Ferdinand.

Bientôt des juntes provinciales, spontanément réunies au nom de Ferdinand VII, avaient centralisé et dirigé ces mouvements populaires, signalés par des violences et des cruautés où se marquait la terrible incandescence du sang espagnol. C'était au milieu des cris de mort et des imprécations contre le nom français que le nouveau roi, parti de Bayonne le 7 juillet, s'était avancé vers Madrid, et il y était à peine installé depuis huit jours, que la funeste capitulation de Baylen l'avait forcé d'en sortir et de se retirer sur l'Ebre.

Dans le même temps, une armée anglaise de vingt-deux mille hommes était débarquée en Portugal, sous les ordres du général Arthur Wellesley, depuis duc de Wellington, et Junot, à la suite d'une capitulation où du moins l'honneur était sauf, s'était vu dans la nécessité d'évacuer ce pays.

L'Empereur comprit alors que la soumission de l'Espagne était une entreprise sérieuse, au dénoûment de laquelle toutes les ressources de son génie devenaient nécessaires. Aussi, le 11 du mois de septembre 1808, passant en revue l'avant-garde de l'armée qu'il allait lui-même commander dans la Péninsule, il fit réunir en cercle les officiers et leur adressa le discours suivant, mis le lendemain à l'ordre du jour de tous les corps :

« Soldats! après avoir triomphé sur les bords du Danube et de la Vistule, vous avez traversé l'Allemagne à marches forcées : je vous fais aujourd'hui traverser la France sans vous donner un instant de repos.

» Soldats! J'AI BESOIN DE VOUS; la présence hideuse du léopard souille les continents d'Espagne et du Portugal; qu'à votre aspect il fuie épouvanté; portons nos aigles triomphantes jusqu'aux colonnes d'Hercule : là aussi, nous avons des injures à venger!

» Soldats! vous avez surpassé la renommée des armées modernes ; mais avez-vous égalé la gloire des armées de Rome qui, dans une même campagne, triomphèrent sur le Rhin et sur l'Euphrate, en Illyrie et sur le Tage.

» Une longue paix, une prospérité durable seront le prix de vos travaux. Un vrai Français ne peut, ne doit prendre du repos jusqu'à ce que les mers soient ouvertes et affranchies.

» Soldats, tout ce que vous avez fait et tout ce que vous ferez encore pour le bonheur du peuple français et pour ma gloire sera éternellement gravé dans mon cœur ! »

La France comptait alors douze armées : celle de Pologne, celle de Prusse, celle de Silésie, celle de Danemarck, celle de Dalmatie, celle d'Albanie, celle d'Italie, celle de Naples, les armées de réserve à Boulogne, sur les côtes, sur le Rhin, à l'intérieur, et enfin celle d'Espagne; l'Empereur n'hésita pas à porter cette dernière à deux cent mille hommes. Il voulait en finir vite et frapper un grand coup.

III

Fêtes données aux troupes qui se rendent en Espagne. — Départ de l'Empereur. —Composition de l'armée française.—L'armée espagnole.—L'armée anglaise.

En traversant la France, les vieilles légions amenées d'Allemagne pour aller soutenir la guerre dans la Péninsule furent, dans toutes les villes, l'objet d'ovations pareilles à celle qui, l'année d'avant, avait accueilli la garde impériale. L'Empereur, en donnant ses ordres à ce sujet, n'avait point voulu grever les municipalités, et il avait mis à leur disposition un million tiré du trésor de l'armée. A Paris, le conseil municipal vota encore des couronnes d'or, et pendant cinq jours, des banquets, présidés par le préfet et les maires, furent donnés dans le jardin de Tivoli à chacun des corps qui allaient entrer en campagne.

Le 29 octobre, Napoléon part pour Bayonne, où il arrive le 3 novembre; le 4, il est en Espagne et prend le commandement de l'armée.

Elle était formée en huit corps, ayant le prince Berthier pour major-général. Le premier corps de l'armée d'Allemagne, porté de Berlin à Bayonne, devint, sous le maréchal Victor, le premier corps de l'armée d'Espagne. Le deuxième corps fut destiné au maréchal Soult, et le troisième au maréchal Moncey. La division Sébastiani, réunie aux Allemands et aux Polonais, prit, sous le commandement du maréchal Lefebvre, le nom de quatrième corps. Le cinquième corps de l'armée d'Allemagne, venu du Rhin sur les Pyrénées, devint, sous le maréchal Mortier, le cinquième de l'armée d'Espagne. L'ancien sixième corps de la Grande-Armée fut le sixième de l'armée nouvelle; composé des divisions Marchand et Bisson, il était commandé par le maréchal Ney. Le général Gouvion-Saint-Cyr fut mis à la tête du septième corps formé des troupes enfermées dans Barcelone, de la division Reille occupée au blocus de Figuières, et des divisions Pino et Souham, arrivées du Piémont. Junot, avec les troupes revenues du Portugal à la suite de la capitulation de Cintra, forma le huitième corps ; le maréchal Bessières fut mis à la tête de la réserve de cavalerie composée de deux mille chasseurs et de quatorze mille dragons. Le général Walther eut le commandement de la garde impériale forte de dix mille hommes. Cette masse formait à peu près cent cinquante mille hommes, presque tous vieux soldats. Jointe aux cent mille qui, depuis le couronnement de Joseph, opéraient sous son commandement, elle devait constituer une force de deux cent cinquante mille combattants ; mais, parti après les autres, le cinquième corps, celui que commandait le maréchal Mortier, n'avait pas encore rejoint, et après le malheureux dénoûment de l'expédition de Portugal, le huitième corps, commandé par Junot, ne pouvait entrer en ligne avant de s'être réorganisé.

A la suite de beaucoup de luttes et de divisions entre les juntes qui avaient d'abord gouverné le pays en insurrection, une junte centrale avait fini par se constituer à Aranjuez, sous la présidence de M. Florida-Bianca ; elle se déclara investie de toute l'autorité royale pendant la vacance du trône, et s'occupa de donner à la défense nationale l'ordre et l'unité qui, jusque-là, lui avaient manqué.

Ses efforts, en ce sens, ne furent pas couronnés d'un très grand succès : les rivalités de province à province devinrent un obstacle à une véritable levée en masse de la nation, et au lieu de quatre ou cinq cent mille hommes qui eussent pu prendre les armes, à peine en vit-on un cinquième entrer dans les rangs de l'armée espagnole.

Les universités, quelques paysans fanatisés par les moines et la portion la plus exaltée de la population des villes, répondirent seule, avec élan, à l'appel de la patrie en péril ; ces enrôlés furent incorporés dans les troupes de ligne où, sous le nom de *tercios*, formèrent des bataillons spéciaux.

L'Andalousie avait son armée forte de quatre divisions, sous Castanos, l'heureux vainqueur de Baylen. Grenade eut la sienne aux ordres du Suisse Reding, passé du service de Charles IV à celui de l'insurrection. Le marquis de Belvéder forma en Estramadure, qui avait été l'une des dernières provinces à prendre les armes, une division à laquelle se joignirent les enrôlés de la Manche et de la Castille nouvelle. La Catalogne avec ses bandes de miquelets, et à la voix de Palafox, qu'un siége vaillamment soutenu dans Saragosse, avait mis en possession d'une immense renommée, l'Aragon vit se former une armée composée de troupes de ligne et de paysans aragonnais. Les provinces du nord, la Galice, le Léon, la Vieille-Castille, les Asturies, au moyen d'un noyau considérable de troupes de ligne eurent, sous les généraux Blake et Gregorio de la Cuesta, une organisation assez régulière. Bientôt ce corps reçut un renfort inattendu par le marquis de la Romana, parvenu à ramener des bords de la Baltique neuf à dix mille hommes du corps auxiliaire que le prince de la Paix avait envoyé à l'armée d'Allemagne. Les circonstances presque romanesques du rapatriement de ce corps, s'évadant comme un seul homme, et transporté en Espagne par des vaisseaux anglais, ne pouvait manquer de parler vivement à l'ardente imagination des Espagnols, qui y virent un présage éclatant pour le succès de leur cause.

A tous ces corps, agissant isolément, il eût fallu une tête, c'est-à-dire un chef unique : mais tout ce qui put être obtenu de la rivalité incessante des provinces, ce fut la formation d'un conseil de guerre placé à côté de la junte d'Aranjuez, et qui concentra, tant bien que mal, les forces de l'insurrection.

Le plan adopté par ce conseil, après beaucoup de discussions oiseuses, fut de manœuvrer de manière à envelopper l'armée française, concentrée sur l'Ebre, en débordant ses deux ailes, d'un côté par Bilbao, et de l'autre sur Pampelune.

A cet effet, quatre corps d'armée furent formés, un de gauche, sous le général Blake, pouvant s'élever, en comptant la division de la Romana, à environ quarante-cinq mille hommes; un autre du centre, sous les ordres du général Castanos, et comptant à peu près trente mille hommes. A ce nombre, il faut ajouter les contingents de l'Estramadure, qui n'avaient pas encore rejoint, et les restes des gardes espagnoles et wallonnes, les meilleures troupes de l'Espagne, formant un effectif de douze mille hommes. En Aragon, Palafox fut mis à la tête de l'armée de droite, forte à peu près de dix-huit mille hommes. Derrière ces trois armées dut en être formée une quatrième destinée à jouer le rôle de réserve, mais dont on eut peu de nouvelles. Enfin, à l'extrême droite, c'est-à-dire en Catalogne, des bandes de miquelets, des régiments venus des Iles Baléares, et quelques détachements ramenés du Portugal, durent tenir la campagne sans entrer dans le plan général. En somme, les trois corps qui allaient agir sur le vrai théâtre de la guerre, à savoir ceux de Blake, de Castanos et de Palafox, ne dépassaient pas en troupes réglées le chiffre de cent mille hommes ; le reste formait un assemblage confus d'étudiants, de volontaires et de paysans mal armés et plus mal disciplinés, qui, dans une guerre contre le premier capitaine du monde, devaient être bien moins une force qu'un embarras.

En même temps, un autre élément de résistance se préparait pour l'Espagne, à savoir une armée anglaise dont la réunion devait avoir lieu dans la Vieille-Castille.

Tout d'abord, l'Angleterre avait compris le parti qu'il y avait à tirer pour elle de la situation de la Péninsule, et, en envoyant dans les ports espagnols de grands secours en armes, vivres, munitions de guerre, elle n'avait pas négligé le débouché qui restait ouvert à ses marchandises. Après l'expédition heureuse du Portugal, la création d'une armée destinée à opérer en Espagne, non-seulement était facile au gouvernement britannique, mais elle lui était devenue une nécessité. On sait combien ce gouvernement compte avec l'opinion. Celle-ci s'était fortement prononcée contre la capitulation obtenue par Junot à Cintra ; elle réclamait une réparation à ce succès incomplet des armes anglaises, comme s'il eût été un désastre.

L'homme qui devait un jour devenir son idole, sir Arthur Wellesley, signataire de cette capitulation, se trouvait dans le moment l'objet de l'animadversion générale, et il n'était pas de sacrifices auxquels le peuple anglais ne se déclarât prêt pour ressaisir la victoire qui lui était échappée.

Après une tentative inutile pour opérer un débarquement en Suède, sir John Moore, officier brave et distingué, s'était rabattu sur Lisbonne où il était entré avec dix mille hommes au moment où la capitulation de Cintra venait d'être signée. En quittant le commandement, sir Arthur Wellesley laissait environ dix-huit mille hommes ; c'était donc vingt-huit mille hommes qui étaient placés sous le commandement de sir John Moore, son successeur.

Le cabinet de Londres décida que, sur ces vingt-huit mille hommes, vingt mille, conduits par Sir John Moore, seraient acheminés vers le nord de l'Espagne, par la voie de terre, en même temps une quinzaine de mille hommes, dont une partie de cavalerie, devait être débarquée à la Corogne, sous les ordres de David Baird, vieil officier de l'armée des Indes. Ainsi, un renfort de trente-cinq mille hommes de troupes excellentes allait venir en aide aux Espagnols ; mais tel était, après l'affaire de Baylen, l'enivrement de ce succès, que ces auxiliaires furent reçus sans empressement et sur quelques points même, avec un sentiment de répulsion. L'Espagne se suffira à elle-même, disait l'orgueil national : c'était le fameux *Italia fara da se*, qui, en 1848, avant la bataille de Novare, eut en Europe tant de retentissement.

IV

Combats de Logrono, de Lerin, de Zornoza, de Balmaseda, de Guènes, de Burgos. — Bataille d'Espinosa.

L'Empereur avait défendu qu'aucun engagement eût lieu avant sa venue. Il lui convenait parfaitement que les Espagnols, en suivant leur plan qu'il avait deviné, gagnassent du terrain sur ses ailes et s'engageassent de manière à ne pouvoir revenir en arrière. Mais l'état-major de Joseph, n'ayant pas connaissance des manœuvres projetées par le grand capitaine, avait vu, dans le mouvement offensif des Espagnols, un danger imminent par lequel il était relevé de l'ordre d'inaction qu'il avait reçu. En conséquence, Ney et Moncey avaient été chargés de reprendre la ligne de l'Èbre et de l'Aragon.

Le 25 octobre, Ney avait emporté Logrono à la baïonnette, et passant l'Èbre, il avait forcé l'ennemi de se replier. Un régiment de la Vistule et le 44e de ligne avaient d'autre part été envoyés sous la conduite des généraux Wathier et Maurice-Mathieu, par le maréchal Moncey, sur Lerin. Refoulés dans le château et dans la ville, les Espagnols, au nombre d'un millier d'hommes, avaient été faits prisonniers.

Le mouvement offensif ordonné par l'état-major de Joseph, sur sa gauche, avait été également ordonné sur sa droite, et un engagement s'en était suivi entre le maréchal Lefebvre et le général Blake.

Celui-ci, après avoir passé à Espinosa les montagnes des Asturies, avait occupé Bilbao et s'était porté en avant de Zornoza, sur les hauteurs qui lui font face à Durango. Il était là à la tête d'environ vingt mille hommes, moitié troupes de ligne, moitié enrôlés volontaires.

Le maréchal Lefebvre avait avec lui d'abord la division Sébastiani, composée de quatre vieux régiments d'infanterie, les 32e, 58e, 28e et 75e de ligne, et d'un régiment de dragons, ces cinq régiments formant environ six mille hommes ; ensuite la division Leval composée de sept mille Hessois, Badois et Hollandais, et enfin, comme auxiliaire, la division Villatte, forte de quatre vieux régiments dont l'effectif aurait atteint huit mille hommes, si, à la suite d'une longue marche, beaucoup d'hommes ne fussent pas restés en arrière.

Le maréchal Lefebvre avait bien l'ordre de refouler l'ennemi, mais non pas celui de l'attaquer dans une position où il paraissait fortement établi. Excité par l'impatience de ses troupes que les Espagnols, des hauteurs qu'ils occupaient, insultaient de la voix et du geste, le vieux soldat ne sut pas tenir contre l'occasion. Après avoir placé au centre de la ligne, la division Sébastiani, et à ses deux ailes, les Allemands qu'il fit soutenir par la division Villatte, il fit commencer l'attaque par sa gauche, afin de tourner la droite des Espagnols qui était le côté le plus vulnérable de leur position. Favorisé par un brouillard épais, le général Villatte, avec le 94e et 95e de ligne et une portion des Allemands, aborda si vigoureusement les Espagnols que ceux-ci lâchèrent pied ; sans profiter de nombreux accidents de terrain dont ils leur eussent permis de se rallier, ils se laissèrent culbuter jusqu'au fond de la vallée formée par les hauteurs dont ils venaient d'être débusqués. Avertis, par un feu allumé sur ces hauteurs, du succès de l'attaque de la gauche, le centre et la droite se portèrent non moins vivement contre l'ennemi ; celui-ci déserta sa position sans pouvoir même être approché. Après avoir fait feu presque au hasard sur nos colonnes, ses bataillons se précipitaient à la débandade au fond des vallées. Par un feu nourri et mieux dirigé sur leur tua quinze ou dix-huit cents hommes, tandis que nous en perdions à peine deux cents. Une sorte de panique dispersa plusieurs milliers de volontaires qui ne s'étaient pas attendus à trouver dans nos soldats de si rudes jouteurs, et le lendemain, le maréchal Lefebvre entra dans Bilbao, qu'il trouva à peu près abandonné par ses habitants. S'étant ensuite avancé jusqu'à Balmaseda, il y laissa la division Villatte qui faisait partie du corps du maréchal Victor, et se replia sur Bilbao, n'osant point pousser plus loin son succès, car il avait la conscience d'avoir outrepassé ses ordres.

Arrivé à Vittoria le 5 novembre, Napoléon apprit l'affaire de Zornoza, et aussi bien que les succès obtenus par les maréchaux Ney et Moncey, elle lui causa un vif déplaisir puisqu'elle compromettait tout son plan de campagne.

Son intention avait été, non point d'attaquer, mais de faire contenir Blake par le maréchal Lefebvre. Palafox et Castanos devaient de même être maintenus par le corps de Moncey, et quant à lui, marchant à la tête des corps de Soult, Victor et Ney, auxquels il eût joint la Garde impériale et les quatorze mille dragons, il comptait déboucher sur Burgos avec quatre-vingt mille hommes, faire une pointe au centre de la ligne espagnole, et battre ensuite en détail, en les prenant à revers, les armées dont elle était formée.

Bien qu'obligés à un mouvement de retraite qui les avait empêchés de s'engager aussi pleinement que l'aurait voulu l'Empereur, les généraux espagnols ne s'étaient point cependant soustraits entièrement à la dangereuse position où il avait compté les surprendre, on pouvait donc, quoique avec quelques chances de moins, essayer encore de couper leurs lignes par le centre pour se rabattre ensuite sur les tronçons.

En conséquence, le maréchal Victor, qui avait déjà une de ses divisions, la division Villatte, détachée auprès du maréchal Lefebvre, reçut l'ordre d'aller à la droite renforcer celui-ci, leurs deux corps réunis avaient pour mission d'observer et de contenir Blake, dont par une évaluation très exagérée, on portait l'armée à cinquante et même à soixante-dix mille hommes. Lui faire tête et non l'attaquer, tel était l'ordre précis de l'Empereur, qui se réservait de commander l'offensive quand le moment serait venu.

Les mêmes instructions furent données à la gauche au maréchal Moncey, renforcé de la division Bisson, devenue division Lagrange, et d'un détachement de dragons, qui fut détaché du 6e corps. Il devait se borner à couvrir l'Èbre, sans s'engager avec l'ennemi.

Mais les imprudences précédemment faites devaient avoir leurs conséquences. En rétrogradant sur Bilbao, le maréchal Lefebvre, on se le rappelle, avait laissé la division Villatte à Balmaseda. Apprenant l'isolement de cette division, Blake, qui avait raillé le corps du marquis de Romana et quelques autres renforts, s'avança à la tête d'une trentaine de mille hommes sur la ville occupée par les Français, se flattant de les y prendre comme dans une souricière. La position du général Villatte devenait extrêmement critique. Il aurait pu être secouru par la brigade Labruyère, appartenant également au corps du maréchal Victor, et placée de manière à lui donner la main ; mais, par une fatalité singulière, cette brigade fut rappelée par le maréchal au moment où elle aurait pu prêter une coopération efficace.

Quatre régiments allaient donc se trouver aux prises avec trente mille hommes qui se figuraient aller bien moins à un combat qu'à une curée. Mais, envisageant avec sang-froid sa situation, le général Villatte, qui savait à quels hommes il commandait, prit tranquillement ses dispositions. Il fit occuper par trois régiments les hauteurs de Guënes qui, en arrière de Balmaseda, commandent le chemin de Bilbao, et laissa dans la ville le 27e léger, avec l'ordre de s'y maintenir le plus longtemps possible. Arrivant pleins de confiance, les Espagnols se virent reçus par un feu terrible, et ce fut seulement quand l'ordre fut donné au 27e de se retirer sur le gros de la division, qu'ils purent entrer dans Balmaseda. Cette retraite heureusement opérée, le général se replia avec ses quatre régiments sur Bilbao, sans pouvoir être entamé par l'ennemi, qui paya par une perte d'au moins huit cents hommes son espérance d'une facile victoire : mais, de notre côté, nous avions eu deux cents hommes mis inutilement hors de combat.

En apprenant ce qui venait de se passer, l'Empereur fit adresser aux maréchaux Lefebvre et Victor une vive réprimande pour avoir laissé dans ce péril le général Villatte, au contraire il combla d'éloges. Par les ordres qu'il transmettait en même temps à ses deux lieutenants, il allait bien encore apporter une modification momentanée au son plan d'attaquer l'ennemi par son centre en le laissant tranquille sur ses ailes, mais il ne convenait pas que cette tranquillité fût rétablie, comme elle venait de le paraître à Balmaseda, et les maréchaux Victor et Lefebvre eurent ordre de pousser Blake à outrance.

Celui-ci ne tarda pas à être rencontré sur les hauteurs de Guënes avec vingt mille hommes et trois pièces de canon, arme dont on ne se servait guère dans un pays montueux, où la marche de l'artillerie était presque impossible. La division Sébastiani gravit au pas de course les hauteurs, où l'ennemi ne tint pas ; il ne défendit pas avec plus de constance les hauteurs de gauche, et l'affaire devint bientôt une fuite générale.

Blake, ainsi ramené à la défensive, l'Empereur ne vit plus rien qui l'empêchât d'exécuter son mouvement en avant. Le 9 novembre, au matin, le maréchal Soult eut l'ordre de se porter sur Burgos, avec le deuxième corps, que précédait Lasalle à la tête d'un fort détachement de cavalerie, composé de chasseurs et de Polonais de la garde. A la cavalerie légère avaient été joints quatre régiments de dragons formant la division Milhaud.

Douze mille hommes environ du corps d'Estramadure, sous les ordres du marquis de Belvéder, s'étaient avancés hors de Burgos ; ce corps avait dans ses rangs pas mal d'anciennes troupes, et notamment quelques bataillons de gardes espagnoles et wallones. Il avait aussi une artillerie nombreuse et bien attelée.

En approchant de Burgos, le maréchal Soult avait à sa gauche un petit cours d'eau ; au centre le bois de Gamonal et à droite les hauteurs de Killimar couronnées par le château fortifié de Burgos, tandis que la ville elle-même était à leur pied. Les Espagnols avaient des tirailleurs sur les hauteurs, leur principale infanterie dans le bois de Gamonal, leur cavalerie à la lisière de ce bois et leur artillerie en avant. Chargé d'enlever le bois, l'intrépide général Mouton (depuis maréchal Lobau) s'avança résolûment avec ses quatre vieux régiments, les 2e et 4e légers, les 36e et 25e de ligne. Un feu violent de l'artillerie, qui nous enleva quelques files, n'étonna pas ces soldats d'élite ; marchant, la baïonnette baissée, sur le bois de Gamonal, ils l'eurent aussitôt enlevé et franchi en un instant. La terreur s'empara de l'ennemi ; sans attendre qu'on le débusquât des hauteurs où il aurait pu faire une longue résistance, il se mit à fuir dans toutes les directions, en abandonnant ses drapeaux et ses canons. Le gros des fuyards se porta vers Burgos, où les Français entrèrent avec lui. Le combat n'y fut ni vif ni prolongé ; presque tous les habitants avaient quitté la ville, et les soldats du marquis de Belvéder, jeune officier trop peu expérimenté pour organiser une lutte pied à pied, ne firent que traverser les rues en courant. Des coups de fusils nous furent tirés de quelques couvents, ce qui fut cause de désordres regrettables. Notre armée, à cette époque, était un peu voltairienne, et n'aimait pas les moines, en sorte qu'on entra dans ce qu'on appelait les *capucinières*, où d'assez grandes violences furent commises, en représailles des balles qui en étaient parties. Le maréchal Soult parvint cependant, au bout de quelques jours, à rendre à la ville son aspect à peu près normal, et l'Empereur, qui voulait en faire sa base d'opérations, put y porter son quartier-général.

L'Empereur entra incognito à Burgos, et il montra dans toutes ses mesures une sévérité calculée. De grands dépôts de laines appartenant à la plus haute aristocratie de l'Espagne se trouvaient dans la ville ou dans les environs, il en ordonna la confiscation jusqu'à concurrence de 12 ou 15 millions. Ces laines durent être vendues à Bayonne, pour indemniser les Français victimes de leur fidélité au roi Joseph. Douze drapeaux pris au combat de Burgos furent envoyés au Corps législatif.

L'affaire de Burgos avait coûté environ deux mille hommes à l'ennemi, qui, ne tenant pas contre notre infanterie, avait été rudement atteint dans sa fuite par le sabre de nos cavaliers ; mais le plus grand résultat, c'était une immense démoralisation portée dans ses rangs. La pointe heureusement opérée au centre, l'Empereur ne voulut pas perdre un moment pour se rabattre à droite et à gauche sur les ailes de la ligne ennemie ; le maréchal Soult reçut l'ordre de quitter Burgos à marches forcées, pour tourner le corps de Blake et marcher sur Reinosa, où avait été formé un grand dépôt de matériel espagnol ; en même temps, le maréchal Ney, resté en arrière, recevait un itinéraire pour rejoindre rapidement le quartier-général. Il était destiné, aussitôt qu'on en aurait fini avec Blake, à opérer sur les derrières de Castanos.

Cependant Blake était vivement poussé par les maréchaux Victor et Lefebvre. Arrivé à Espinosa, petite ville située au-delà des gorges de la Biscaye, et qui était une position importante, parce qu'elle commande plusieurs routes, il se décida à y attendre les Français.

Ceux-ci le trouvèrent installé sur des hauteurs d'un accès assez difficile, avec une trentaine de mille hommes et six pièces de canon. Le corps du maréchal Victor ne comptait pas plus de dix-huit mille hommes, et n'avait pas d'artillerie. La petite quantité que les Espagnols avaient mise en batterie leur était venue par leurs derrières, de Reinosa.

Le général Villatte, qui formait l'avant-garde française, aussitôt qu'il eut aperçu l'ennemi, porta en avant la brigade Pacthod, composée du 27e léger et du 63e de ligne. Le 27e devait aborder les hauteurs que couronnaient à leur gauche les Espagnols, et le 63e contenir leur centre adossé à Espinosa, et protégé par un terrain couvert de clôtures et de murs de jardins. Avec la seconde brigade, commandée par le général Puthod, et formée des 94e et 95e de ligne, le général Villatte fit attaquer à la droite de l'ennemi un plateau où étaient établies les troupes du marquis de la Romana. Les Espagnols, quoique le marquis ne les commandât pas lui-même, firent assez bonne contenance, et, lorsque débusqués en partie de leur position, ils purent se replier sans trop de désordre sur leur centre.

Il pouvait être deux heures quand l'affaire s'était engagée, et à quatre heures, rien de décisif ne s'était passé sur la gauche et au centre de l'ennemi. Le 27e tiraillait avec les troupes placées sur les hauteurs, et plusieurs fois il avait dû charger à la baïonnette pour empêcher le centre de déborder ; il était donc temps que cette position se modifiât, car, à bien dire, c'était six à sept mille hommes qui combattaient contre trente mille.

Enfin, les deux autres divisions du maréchal Victor, les divisions Lapisse et Ruffin arrivèrent, et la bataille allait s'engager à fond lorsqu'un épais brouillard, bientôt suivi de la nuit, qui arrive de bonne heure au mois de novembre, vint rendre impossible tout mouvement des deux armées.

Le lendemain, à la pointe du jour, la lutte recommença. Le 94e et le 95e qui, la veille, avaient été engagés avec les gens du marquis de la Romana, furent remplacés par le 9e léger et le 24e de ligne de la division Ruffin, appuyés en arrière par le 96e de ligne. Leur mission était de compléter l'avantage obtenu le jour précédent. Le général Maison, commandant une des brigades de la division Lapisse, fut chargé d'appuyer le 27e et de déloger l'ennemi des hauteurs boisées où il s'était maintenu jusque-là ; au centre, le 63e fut soutenu par le 8e de ligne, de la division Lapisse, le 24e de la même division restant en réserve.

Malgré un feu plongeant assez meurtrier, le général Maison emporta à la baïonnette les hauteurs qui étaient à notre droite, et après avoir fait un grand carnage des Espagnols, les rejeta sur Espinosa. Dans le même temps, le 8e et le 63e, sous la conduite du général Mouton-Duvernet, abordaient le centre, et enlevant un à un les murs et les clôtures dont nous avons parlé, et qui formaient autant de retranchements naturels, ils finissaient par rejeter l'ennemi sur la ville, et par lui enlever ses six pièces de canon; enfin, la brigade du général Labruyère, achevant ce qui avait été commencé la veille par la brigade Puthod, accula à une petite rivière, appelée la Truela, la droite des Espagnols, qui s'était formée en carré plein. Ce carré rompu, on vit commencer une effroyable déroute. Tirant des hauteurs qu'ils avaient conquises, sur les masses de fuyards éperdus qui tâchaient, les uns de gagner Espinosa, les autres de passer à gué la rivière, nos soldats leur tuèrent près de trois mille hommes, sans compter quelques centaines de prisonniers. Mais, attendu la difficile configuration du terrain où l'on s'était battu, nous avions bien onze cents hommes hors de combat, ce qui dépassait la proportion ordinaire de nos rencontres avec les Espagnols. Le succès, du reste, ne pouvait se mesurer aux pertes qui avaient été faites des deux côtés; le grand résultat de la journée était une complète désorganisation de l'armée de Blake, se dispersant dans tous les sens, jetant ses armes et dépouillant jusqu'aux habits rouges qui avaient été fournis à quelques bataillons par le gouvernement anglais.

Le maréchal Lefebvre, chargé aussi d'en finir avec le général espagnol, s'était porté sur lui par un autre chemin; il rencontra un détachement de son armée se retirant en désordre, le fit charger par la division Sébastiani, et lui prit beaucoup d'armes et de blessés, sans compter un certain nombre de soldats valides.

De son côté, le maréchal Soult ne tarda pas à arriver à Reinosa, que Blake avait traversé sans oser s'y arrêter. Chemin faisant, le maréchal avait donné dans une bande de deux mille fugitifs, escortant quarante-deux voitures chargées de fusils et beaucoup de bagages et de blessés; les dragons firent main basse sur cette troupe éperdue et sur tout ce qu'elle traînait avec elle. A Reinosa, on s'empara de tout le matériel de l'armée de Blake : trente-cinq bouches à feu, quinze mille fusils et une grande quantité de vivres de guerre amenés là par les Anglais.

Mais la facilité même avec laquelle les Espagnols fondaient en quelque sorte devant nos troupes, empêchait que des avantages remportés sur eux, on pût attendre ces résultats décisifs, que l'Empereur était dans l'habitude d'obtenir de ses grandes et savantes manœuvres. Il sentit que bientôt la guerre tournerait en une guerre de partisans, c'est pourquoi il jeta de la cavalerie dans toutes les directions, afin de ruiner l'ennemi en détail.

V

Destitution des généraux Blake et Castanos. — Bataille de Tudela. — Bataille de Somo-Sierra.

En apprenant le désastre de Blake et du marquis de Belvéder, la Junte centrale d'Aranjuez fut d'autant plus émue qu'elle s'était attendue à des résultats tout différents. Elle prononça aussitôt la destitution du général qui s'était laissé vaincre. Castanos, qui ne partageait pas les espérances exaltées de ses compatriotes, et qui, donnant des conseils sensés, devenait par là même incommode, ne fut pas jugé, non plus, à la hauteur des circonstances; on le remplaça par le marquis de la Romana, auquel les merveilles de son retour avaient valu une grande popularité. Mais, avant que le nouvel élu se trouvât en mesure d'aller prendre possession de son commandement, Castanos, resté provisoirement à la tête de l'armée de droite, allait avoir à endosser la responsabilité d'un terrible échec.

Le maréchal Ney jeté sur ses derrières pour le mettre entre deux feux, l'Empereur ordonna au maréchal Lannes de se rendre à Logrono, et là de réunir l'infanterie de la division Lagrange, et la cavalerie des généraux Colbert et Dijeon, aux troupes du maréchal Moncey, qui s'y trouvaient déjà. Ces forces combinées, marchant avec de l'artillerie, devaient former un effectif d'environ 30,000 hommes, destiné à attaquer les deux corps d'armée de Castanos et de Palafox les et rejeter sur le maréchal Ney.

Le 23 novembre au matin, le maréchal Lannes arrivait à Tudela. Depuis plusieurs jours, entre les deux généraux espagnols durait une active divergence d'opinions, relativement au plan qui devait être suivi. Palafox voulait agir offensivement, et Castanos penchait pour un mouvement de retraite. La question fut tranchée par la présence des Français. L'exaltation que leur approche avait répandue dans les rangs espagnols n'eût pas permis aux généraux de décliner le combat.

A sa gauche, le maréchal Lannes aperçut un corps ennemi massé sur les hauteurs qui précèdent Tudela : c'étaient les Aragonais de Palafox, couverts par une nombreuse artillerie. Au centre, sur des hauteurs moins culminantes et abritées par un bois d'oliviers, étaient établis les contingents de Valence, de Murcie et de Castille. Enfin, à une grande distance, du côté de Cascante, apparaissaient les divisions d'Andalousie, encore en marche pour arriver en ligne.

Par l'ordre du maréchal, les généraux Maurice-Mathieu et Hubert, se faisant précéder d'un bataillon de tirailleurs, s'avancèrent à la tête d'un régiment polonais, dit de la Vistule, et du 14ᵉ de ligne, vieux régiment éprouvé. Formés en colonnes d'attaque, et sans s'occuper de répondre au feu de l'ennemi, ces deux régiments gravirent rapidement les hauteurs. Plus solides que les autres contingents, et ayant, à la suite du premier siège de Saragosse, une sorte de renommée à soutenir, les Aragonais firent assez bonne contenance : pendant près de deux heures, se défendant de mamelons en mamelons, ils tinrent le succès de l'attaque en suspens, et nous firent perdre beaucoup de monde. A la fin pourtant, ils durent céder à l'élan toujours croissant de nos soldats, qui s'animant sous cette résistance inaccoutumée, et se mirent en retraite sur Tudela.

Ce résultat obtenu, le maréchal Lannes poussa sur le centre, commandé par Castanos, la division Morlot, soutenue de la division Grand-Jean. Profitant des obstacles du terrain, les Espagnols se défendirent mieux qu'ils ne faisaient d'ordinaire, et avant de les rejeter sur Tudela, nous eûmes à subir une perte d'environ quatre cents hommes. Mais une fois débusqué de sa position, l'ennemi commença à fuir dans toutes les directions abandonnant son artillerie, son parc de munitions, ses blessés et ses bagages.

Pendant que la cavalerie légère du général Colbert et les lanciers polonais, sous la conduite du général Lefebvre-Desnouettes, donnaient la chasse aux fuyards à travers d'immenses champs d'oliviers, Lannes, à la tête de la division Musnier et des dragons, attendait les divisions d'Andalousie commandées par le général la Pena, lesquelles étaient encore a distance.

Les troupes que l'on allait aborder étaient de celles qui s'étaient trouvées à cette fameuse affaire de Baylen, sur laquelle l'orgueil espagnol vivait depuis si longtemps. L'infanterie andalouse s'avança en ligne vers Tudela; profitant de la disposition du terrain, qui permettait l'emploi de la cavalerie, Lannes lança les dragons de la brigade Dijeon, qui, par plusieurs charges vigoureusement conduites, contint l'ennemi jusqu'à l'arrivée de la division Lagrange, restée en arrière.

Il était près de cinq heures lorsqu'elle parut sur le terrain du combat; disposée aussitôt en échelons très-rapprochés, elle se mit en mesure de bien employer le peu de jour qui restait encore. Le premier échelon fut formé par le 25ᵉ, que commandait lui-même le général Lagrange. Ce régiment suffit à mettre en déroute les vainqueurs de Baylen, et, à la nuit, les Andalous, aussi bien que le centre et la gauche, étaient en pleine retraite, retraite effarée et confuse, et sans la moindre pensée de ralliement. Deux mille morts ou blessés, presque tous abandonnés sur le champ de bataille; quarante canons et trois mille prisonniers, blessés pour la plupart, parce que la cavalerie ne parvenait à les arrêter dans leur fuite qu'en les sabrant, tels furent les résultats de cette victoire. Le maréchal Lannes, remis à peine d'une dangereuse chute de cheval, avait trop compté sur ses forces et sur son courage. Après la bataille, il fut obligé de remettre le commandement au maréchal Moncey; le général Lagrange avait été atteint d'une balle au bras.

Si les ordres de l'Empereur eussent été complètement exécutés, le maréchal Ney, à ce moment, se fut trouvé sur les derrières de Castanos, et eût achevé sa destruction irrémédiable; mais, pour la première fois de sa vie, Ney avait hésité. Dépourvu d'informations, trompé ou par la mauvaise volonté ou par la jactance des gens du pays, qui ne donnaient pas à Castanos moins de quatre-vingt mille hommes, quand les trois corps qui venaient d'être battus en comptaient à peine quarante mille; il avait tâtonné dans sa marche, et l'ennemi, qu'il devait écraser, lui était échappé. La route de Madrid n'en restait pas moins ouverte à l'armée française. L'Empereur résolut de marcher droit à ce but. Le 29 novembre, son quartier-général était porté au village de Bocequillas. Il avait avec lui à peu près quarante mille hommes, le corps du maréchal Victor, la Garde impériale et une partie de la réserve de cavalerie.

La junte d'Aranjuez, malgré tous les désastres dont elle avait reçu successivement la nouvelle, ne croyait pas encore Madrid sérieusement menacé; quelques dispositions de sûreté avaient néanmoins été prises, et, aux gorges du Guadarrama, on avait envoyé les débris de l'armée d'Estramadure et ce qui était resté à Madrid des divisions d'Andalousie. Montant à douze ou treize mille hommes, cette force était sous le commandement de don Benito San-Juan, officier courageux et expérimenté.

Au delà du Guadarrama, dans la petite ville de Sepulveda, il avait établi une avant-garde de trois mille hommes : les neuf ou dix mille autres étaient répartis sur différents points du col de Somo-Sierra, que l'armée française devait nécessairement franchir. Postée le long des sinuosités qui formaient la route, une partie devait des deux côtés assaillir nos soldats par une vive fusillade, pendant que le reste, barrant la route elle-même, se préparait à nous recevoir avec le feu d'une batterie de seize pièces de canon.

L'Empereur alla lui-même reconnaître cette position, qui, véritablement, présentait quelque chose de formidable, et il arrêta ses dispositions pour le lendemain. A la pointe du jour, la division Lapisse devait emporter le poste de Sepulveda, et, au même moment, la division du général Ruffin s'élèverait de rampes en rampes, jusqu'au col de Somo-Sierra. La berge de droite devait être nettoyée par le 9e léger, et celle de gauche par le 24e; pendant qu'on éteindrait ainsi le feu des deux flancs, le 96e s'avancerait en colonne sur la route, suivi de la cavalerie de la Garde et de Napoléon lui-même, marchant avec les fusiliers de la Garde.

Le jour marqué pour l'attaque, le 30 novembre, le poste de Sepulveda fut occupé sans combat ; les trois mille hommes qui le gardaient prirent la fuite à la vue de nos baïonnettes. Favorisés par un brouillard, le 9e léger et le 34e de ligne arrivèrent à la portée de l'ennemi, sans en être aperçus, et sa résistance fut insignifiante sur l'une et l'autre berge. Mais il n'en était pas de même sur le milieu de la route, où le feu plongeant de l'artillerie rendait l'approche extrêmement meurtrière. L'Empereur eut alors une inspiration ; sachant quelles troupes il commandait, et à la suite de tant de misérables défaites, ayant sur la solidité des Espagnols une opinion arrêtée, il pensa que l'obstacle placé devant lui pouvait être franchi par un de ces moyens hasardeux qui frappent vivement l'imagination, et ont, dans leur audace même, leur première chance de succès. Les chevau-légers polonais de la Garde, conduits par le général Montbrun, reçurent, non sans quelque étonnement, mais sans hésitation, l'ordre de charger sur la batterie et de l'enlever. Se lançant en colonne par quatre, à travers un horrible feu de mitraille, ils virent trente ou quarante hommes, frappés dans les premiers rangs, et leur élan parut un moment refroidi ; mais les escadrons qui suivirent n'avaient rien perdu de la chaleur de leur première impulsion ; ils arrivèrent jusqu'aux pièces, sabrèrent les canonniers, et s'emparèrent des seize bouches à feu. Frappés de terreur, malgré les efforts du commandant Benito San-Juan, blessé et tout couvert de sang, essayait de les arrêter, les Espagnols disparurent dans toutes les directions, abandonnant armes, drapeaux, munitions, dont nous recueillîmes deux cents caissons. Inutile de dire que la reconnaissance de l'Empereur fut proportionnée à la grandeur de l'effort qu'il avait commandé ; les récompenses furent prodiguées à la troupe d'élite, qui était si bien entrée dans son intention. M. Philippe de Ségur (le futur auteur de l'histoire de la campagne de Russie) joua un rôle dans ce fait d'armes mémorable, et y fut blessé. L'Empereur l'éleva au grade de colonel, et le destina à porter au Corps législatif les drapeaux pris à Burgos et à Somo-Sierra.

Deux jours après, le 2 décembre, l'Empereur, avec la cavalerie de sa Garde et les deux divisions de dragons des généraux Latour-Maubourg et Lahoussaie, apparaissait sur les hauteurs d'où l'on découvre Madrid.

VI

État de Madrid à l'approche de l'armée impériale. — Une victime de la jalousie. — Préparatifs de défense. — Sommation faite à la ville. — Prise du Buen-Retiro. — Allocution de l'Empereur. — Reddition de Madrid. — Mesures prises par l'Empereur.

En apprenant la déroute de Somo-Sierra, la junte d'Aranjuez se retira à Badajoz, mais il fut en même temps résolu que Madrid résisterait à outrance. Une junte de défense fut nommée, à laquelle on adjoignit, comme généraux, le marquis de Castellar et Thomas de Morla, capitaine d'Andalousie. Ce dernier s'était fait une grande popularité au commencement de l'insurrection, en s'emparant traîtreusement, dans la rade de Cadix, de cinq vaisseaux français, et en violant ensuite la capitulation de Baylen.

Deux partis bien tranchés se dessinaient dans la ville menacée : les bourgeois aisés, les marchands, et en somme tout ce qui possédait, étaient d'avis qu'une ville comme Madrid ne devait pas être exposée aux chances d'une occupation de vive force. La classe pauvre, le clergé, les militaires et une masse de paysans venue des environs, paraissaient au contraire décidés à soutenir une lutte désespérée, et, en attendant qu'elle montrât son courage contre l'ennemi, cette foule exaltée et sans frein se servait des armes qu'elle s'était fait distribuer pour imposer sa volonté et commettre toute sorte de violences et de désordres.

Le marquis de Péralès, corrégidor de la ville, fut bientôt l'une de ses victimes ; en retraçant les circonstances de sa mort, on croirait écrire une scène de roman. Longtemps il avait été l'idole de la multitude, parce qu'il ne dédaignait pas d'aller chercher parmi les femmes de la plus basse classe les objets de ses appétits licencieux. L'une de ces créatures, qu'il avait délaissée, eut l'idée, pour se venger, de répandre le bruit qu'il avait fait mettre de la terre dans les cartouches. Sans rien examiner, une troupe d'égorgeurs se porta à la maison du malheureux magistrat, et, après l'avoir étranglé, en traîna son corps par les rues, jusqu'à ce qu'il n'offrît plus qu'une masse informe de hideux débris. Après cette exécution, toutes les cloches sonnèrent le tocsin, et l'on s'occupa de quelques travaux de défense : on barricada les rues, on crénela un mur d'enceinte qui régnait autour de la ville, sans qu'il fût bastionné, ni terrassé ; on mit surtout ses soins à fortifier le Buen-Retiro, château royal séparé de Madrid par la promenade du Prado ; on y fit quelques terrassements, et après l'avoir garni de canons, on en donna la garde à la portion la plus turbulente des défenseurs qui s'imposaient à la ville éperdue. Les femmes, elles-mêmes, mettaient la main à ces préparatifs de résistance frénétique, et on les vit dépavant les rues et portant les pavés jusqu'au haut des maisons, pour en faire des armes quand le combat s'engagerait dans l'intérieur de la cité.

Arrivé sous les murs de Madrid, l'Empereur ordonna au maréchal Bessières, qui commandait la cavalerie de la Garde, d'envoyer un de ses aides-de-camp pour faire sommation à la ville. Un boucher, préposé à la garde de la porte à laquelle se présentait le parlementaire, refusa de l'introduire, sous prétexte qu'il n'était pas d'un grade assez élevé pour traiter avec *Sa Majesté le Peuple*. Ici eut lieu une première scène de violence qui força les Français présents de mettre le sabre à la main.

Parvenu à pénétrer dans la ville, l'aide-de-camp se vit accueilli par des cris sauvages, et l'irritation de la populace croissant de moment en moment, il eût infailliblement été égorgé sans l'intervention de la troupe de ligne, qui se rendait mieux compte des conséquences qu'aurait eues cette violation des lois de la guerre, et l'arracha aux mains des assassins.

La junte de défense était tellement dominée par les furieux qui vociféraient autour du lieu de ses réunions, que pour éviter tout soupçon de connivence avec l'ennemi, elle dut envoyer sa réponse par un officier général, auquel elle adjoignit, bien moins comme escorte, que comme surveillante, une escouade de trente frénétiques. Paraissant avec cet étrange cortège en présence de l'état-major impérial, le parlementaire écouta sans sourciller les observations qui lui furent faites relativement aux inutiles dangers qu'allait courir la ville ; non-seulement par une parole, mais par un geste ou par un mouvement de physionomie, il eût craint de paraître en apprécier la justesse. Il dressa un procès-verbal de sa mission, qu'il fit certifier par son escorte, et rentra dans les murs de la place, en annonçant que le feu allait commencer.

L'Empereur n'avait avec lui que sa cavalerie, il dut donc attendre l'arrivée de l'infanterie, et lui convenait d'ailleurs de temporiser pour laisser à ces furieux le loisir de se calmer, et pour éviter la nécessité de pousser l'attaque à outrance. Dans la soirée, à la faveur d'un magnifique clair de lune, il fit ses dispositions pour enlever, à l'est le Buen-Retiro, et au nord les portes de Los Pozos, de Fuencarral et Del Duque.

Dans la nuit, un officier espagnol fait prisonnier à Somo-Sierra, fut encore envoyé avec une lettre du major-général pour le marquis de Castallar ; dans cette lettre, la menace et les moyens de persuasion étaient combinés pour obtenir un résultat pacifique. Le marquis de Castallar fit répondre qu'il lui fallait du temps pour consulter la junte de défense et le peuple.

A la pointe du jour, l'Empereur se plaça sur une hauteur d'où il dominait le point choisi pour l'attaque, et lui-même donna l'ordre au général Sénarmont de la commencer, mais il ne put rester sur le point où il s'était arrêté, les Espagnols l'avaient reconnu, et le feu d'une batterie bien dirigée portait tous les coups de son côté.

Le général Villatte s'avança à la tête de sa division vers le parc de Buen-Retiro, dont l'artillerie avait renversé les murs. Nos soldats entrèrent par la brèche, la baïonnette en avant, dispersèrent en un instant un ramassis de quatre mille hommes sans discipline qui défendaient la position, et débouchèrent sur le Prado. Les portes d'Atocha et d'Alcala furent occupées presqu'au même moment, et malgré une vive fusillade partie des barricades et des maisons dans les rues d'Atocha, San Jeronimo et d'Alcala, toute cette partie de la ville tomba au pouvoir de quelques compagnies d'élite qui s'y étaient résolûment engagées. Ici encore une scène de roman : Un palais venait d'être occupé par un détachement français, un vieillard se présenta à l'officier qui le commandait, donnant la main à une femme voilée. « Je suis un vieux soldat, dit-il à l'officier, je connais les terribles droits de la guerre : Voilà ma fille, sauvez-lui l'honneur, soyez son mari, je lui donne 180,000 piastres de dot. » L'Espagnol fut traité avec les égards que méritait sa généreuse confiance ; et quand, plus tard, le mariage eut lieu, la reconnaissance avait rendu facile et agréable à la jeune fille l'exécution de l'engagement paternel.

Le général Maison qui, la veille au soir, sous un feu meurtrier, s'était emparé des faubourgs s'étendant en avant des portes du nord, occupa ces portes elles-mêmes non sans quelque résistance ; mais toute l'énergie de nos soldats vint échouer contre un bâtiment qui servait de quartier aux gardes du corps et dont les murs étaient assez solides pour résister aux coups de l'artillerie de campagne. Déjà nous avions perdu deux cents hommes devant cette espèce de forteresse, d'où les Espagnols ne cessaient de faire un feu infernal, et le général Maison lui-même avait été atteint d'une balle au pied, quand l'Empereur fit ordonner de suspendre l'attaque. Une sommation nouvelle fut envoyée à la junte de défense, à laquelle on faisait remarquer que des hauteurs de Buen-Retiro, la ville allait être foudroyée.

Les succès obtenus par les Français avaient calmé en partie l'effervescence populaire, et la crainte commençant de succéder à l'exaltation patriotique, la foule ne s'opposa plus à ce que la junte traitât de la reddition de la place. Don Bernardo Iriarte et Thomas de Morla furent députés au quartier-général impérial.

A raison de ses antécédents, le dernier de ces deux parlementaires était étrangement choisi, et il semblait que la Providence eût permis que la foudroyante parole de l'Empereur dût lui faire expier les deux graves méfaits dont antérieurement il s'était rendu coupable.

En l'attendant demander que les Français se retirassent pour laisser à la junte le temps de calmer le peuple et de lui faire déposer les armes :

« Vous employez en vain le nom du peuple, s'écria Napo-
» léon avec l'accent de la colère, si vous ne pouvez parvenir à
» le calmer, c'est parce que vous-mêmes l'avez excité et égaré
» par des mensonges. Rassemblez les curés, les chefs des cou-
» vents, les alcades, les principaux propriétaires, et que d'ici
» à six heures la ville se rende, ou elle aura cessé d'exister.
» Je ne veux ni ne dois retirer mes troupes... L'inhabileté et
» la lâcheté d'un général avaient mis en vos mains des troupes
» qui avaient capitulé sur le champ de bataille de Baylen, et la
» capitulation a été violée. Vous, M. de Morla quelle lettre avez
» vous écrite à ce général ? Il vous convient bien de parler de
» pillage, vous qui, entré en 1795, dans le Roussillon, avez en-
» levé toutes les femmes et les avez partagées comme des bes-
» tiaux entre vos soldats ? Quel droit, d'ailleurs, aviez-vous de
» tenir un pareil langage ? La capitulation de Baylen vous l'in-
» terdisait. Voyez quelle a été la conduite des Anglais, qui sont
» bien loin de se piquer d'être rigides observateurs du droit
» des nations ! ils se sont plaints de la convention de Cintra,
» mais ils l'ont exécutée. Violer les traités militaires, c'est re-
» noncer à toute civilisation ; c'est se mettre sur la même ligne
» que les Bédouins du désert. Comment donc osez-vous deman-
» der une capitulation, vous qui avez violé celle de Baylen ?
» Voilà comme l'injustice et la mauvaise foi tournent toujours
» au préjudice de ceux qui s'en sont rendus coupables. J'avais
» une flotte à Cadix, elle était l'alliée de l'Espagne, et vous avez
» dirigé contre elle les mortiers de la ville où vous comman-
» diez. J'avais, une armée espagnole dans mes rangs, j'ai mieux
» aimé la voir passer sur les vaisseaux anglais et être obligé
» de la précipiter du haut des rochers d'Espinosa, que de la
» désarmer. J'ai préféré avoir neuf mille ennemis de plus à
» combattre que de manquer à la bonne foi et à l'honneur.

» Retournez à Madrid, je vous donne jusqu'à demain six heures
» du matin. Revenez alors, si vous n'avez à me parler du peu-
» ple que pour m'annoncer qu'il est soumis ; sinon vous et vos
» troupes vous serez tous passés par les armes. »

La terreur dont Thomas de Morla avait été saisi en entendant cette terrible allocution, il sut la rendre communicative, et la junte, à la majorité de quelques voix, décida la reddition de Madrid, sous quelques conditions trop insignifiantes pour faire difficulté.

Pendant la nuit employée à cette délibération, le marquis de Castallar, suivi des troupes de ligne et de ce qui se sentait le plus compromis, sortit par les portes qui n'étaient pas occupées par les Français ; ce départ acheva de calmer la ville, et le lendemain les principaux postes furent livrés au général Belliard nommé gouverneur.

Un pardon général fut proclamé, et, grâce à la discipline commandée aux vainqueurs, Madrid ne tarda pas à reprendre son aspect accoutumé. Le soldat ne fut pas logé chez l'habitant, on le caserna dans les grands édifices publics et surtout dans les couvents auxquels on imposa l'obligation de le nourrir.

Quant à l'Empereur, il affecta de ne point entrer dans Madrid, et resta campé avec sa Garde sur les hauteurs de Chamartin. Son attention continuelle était de ne pas faire concurrence à la royauté de son frère, qui vint résider à la maison royale du Prado.

Le 9 décembre, douze cents des principaux habitants de Madrid composant les diverses députations de la municipalité, du clergé régulier et séculier, du corps de la noblesse, des cinq corporations supérieures, des dix quartiers de la ville, des notables, des paroisses, enfin des corporations inférieures, ayant à leur tête don Pedro de Mora-y-Lomas, corrégidor, furent admis au quartier-général de Chamartin, devant l'Empereur.

Dans un long discours consigné au *Moniteur*, Napoléon, répondant à l'orateur et à la députation, expliqua les idées de régénération qu'il avait sur l'Espagne. Cette audience fut suivie de quelques mesures de sévérité qu'il prit contre l'aristocratie, et d'une suite de décrets décidant : la suppression des lignes de douanes de province à province ; la destitution de tous les membres du conseil de Castille, et le remplacement de ce conseil par une Cour de cassation ; l'abolition du tribunal de l'Inquisition ; la défense à tout individu de posséder plus d'une commanderie ; l'abrogation des droits féodaux et la réduction des deux tiers des couvents existants.

Toutefois, l'Empereur s'était vainement flatté que la prise de Madrid et les mesures politiques qu'il venait de décréter auraient un grand retentissement dans le reste de l'Espagne. Le mouvement de résistance était trop national et trop fortement organisé pour céder à une autre influence que celle de la persuasion publique. Partout où les baïonnettes françaises étaient présentes la royauté de Joseph paraissait s'établir, mais la compression, force éphémère, ne fait point de conquêtes, elle donne le simulacre de l'ordre et de l'apaisement des passions : en réalité elle ne résout pas les difficultés ; elle les ajourne et presque toujours en les aigrissant.

VII

Événements de Catalogne. — L'armée anglaise. — Sa retraite désordonnée. — Le général Lefebvre-Desnouettes fait prisonnier. — Le nouveau Saint-Bernard. — Mort du général Moor. — Départ de l'Empereur pour Bayonne.

Pendant que ces événements se passaient dans la capitale de l'Espagne, le général Gouvion-Saint-Cyr, chargé de conduire les opérations en Catalogne, obtenait des succès marqués. L'Empereur le considérait comme l'un de ses meilleurs tacticiens ; d'ailleurs à la distance où le commandant des forces françaises en Catalogne se trouvait du quartier-général impérial, et avec l'extrême difficulté des communications, il eût été presque impossible de lui faire passer des instructions ; Napoléon lui avait donc donné carte blanche. Chose assez singulière, et qui prouve jusqu'à quel point les lieutenants du grand capitaine aimaient à se sentir sous son œil et à s'appuyer de son génie, l'homme honoré d'une confiance si absolue et abandonné à ses propres inspirations eut quelque peine à ne pas voir une disgrâce dans la position exceptionnelle qui lui était faite, et les mémoires militaires qu'il a laissés expriment formellement cette impression.

Selon les engagements de notre titre, nous avons peu de mots à dire touchant les événements accomplis dans une province reculée de l'Espagne où l'Empereur n'était pas de sa personne, et il doit nous suffire de mentionner le siège et la prise de Roses, la manœuvre habile du général Saint-Cyr sur Barcelone, le succès de cette marche hérissée de difficultés et de périls ; la victoire de Cardeden, la levée du blocus de Barcelone et la victoire de Molins del Rey. Reste maintenant à connaître le sort de l'armée anglaise que nous avons vue se disposant à opérer dans la Péninsule.

Après son entrée en Espagne, le général Moor avait trouvé bien du mécompte ; au lieu d'une coopération dévouée, intelligente, désintéressée, les fiers Espagnols ayant aussi bien la haine de l'étranger qui venait les envahir, que la haine de celui qui venait les protéger, n'avaient offert au commandant des troupes anglaises qu'un concours tiède, malveillant et quelquefois cupide ; aussi, sans les instances de la junte centrale, il eût pris le parti de se rembarquer.

Venu du Portugal, après quelques marches et contre-marches, sir John Moor avait opéré sa jonction avec David Baird, débarqué, comme on se le rappelle, à la Corogne vers le 20 décembre.

Réunis à Mayorga, ils présentaient une force de vingt-neuf à trente mille hommes pourvue d'une belle artillerie. En Portugal, une partie de ces troupes s'était mesurée sans désavantage avec les Français. Le marquis de la Romana, devenu à cette époque généralissime des armées espagnoles, put se rallier aux troupes anglaises avec une dixaine de mille hommes, débris de l'armée de Blake. A la tête de ce corps d'armée, sir John Moor apprit, par une dépêche interceptée, qu'il avait à sa portée le maréchal Soult, pouvant lui opposer tout au plus deux divisions ; il se mit donc en devoir de le joindre, mais néanmoins il apportait à sa recherche un peu d'hésitation, car, s'il savait le petit nombre d'hommes dont disposait le maréchal, il savait aussi la masse de Français qui étaient en Espagne, et ne se dissimulait pas que Napoléon, par quelque manœuvre rapide, pouvait tout à coup se trouver sur son chemin avec des forces de beaucoup supérieures aux siennes.

Devinant la manœuvre des Anglais, et bientôt confirmé dans cette intuition par le rapport de quelques déserteurs, l'Empereur, le 22 décembre, partit de Chamartin, après avoir acheminé la Garde à la suite des divisions Dessoles et Lapisse ; mais, en traversant le Guadarrama, il fut accueilli par une tempête de neige, qui put lui rappeler le passage du mont Saint-Bernard, et qui lui fit perdre deux jours de marche. Après avoir surmonté, avec son énergie habituelle de volonté, cet obstacle inattendu, il s'arrêta pour passer la nuit dans une misérable maison de poste, et soupa gaîment avec son état-major, de quelques provisions qui avaient pu le suivre à dos de mulet.

Sorti des neiges du Guadarrama, le corps d'armée que commandait l'Empereur se trouva embourbé dans les boues de la Vieille-Castille, et sa marche devint aussi lente que pénible.

Le 26, Napoléon reçut une dépêche du maréchal Soult, lui apprenant qu'il n'était pas à plus d'une marche de sir John Moor. Si celui-ci restait un jour de plus dans sa position, il était perdu, car l'Empereur le prenait de flanc. Mais au moment où Napoléon recevait le renseignement qui lui promettait l'insigne joie de faire mettre bas les armes à une armée anglaise, prise entre le maréchal Soult et lui comme dans un filet, sir John Moor, avisé à temps, était déjà en pleine retraite.

Rien ne fut désordonné et hideux comme la marche des colonnes anglaises, obligées de se replier devant les Français, qui les talonnaient de plusieurs côtés. Dans leur marche précipitée, elles abandonnaient leurs malades, coupaient les jarrets des chevaux qui ne pouvaient suivre, brûlaient leurs bagages et une partie de leurs munitions. Leur retraite s'effectuait par le temps le plus rigoureux, sur des routes montueuses, couvertes de boue et de neige, et rompues en plusieurs endroits par les torrents grossis et débordés, en sorte que bientôt dans leurs rangs la confusion fut au comble. L'arrière-garde anglaise ne put être atteinte que sur les rives de l'Esla, devant Benavente, et l'ardeur de la poursuite, ôtant à nos soldats la prudence, nous eûmes à regretter un petit échec qui ne laissa pas d'avoir du retentissement. Le général Lefebvre-Desnouettes, commandant les chasseurs de la Garde, arriva avec quatre escadrons sur les bords de l'Esla au moment où les Anglais venaient d'en rompre le pont. Ayant trouvé un gué, il le passa suivi de trois cents hommes, et se lançant sur l'arrière-garde ennemie, commença de la sabrer ; mais tout-à-coup il se trouve en présence de toute la cavalerie anglaise, qui était forte de trois mille chevaux. Après avoir tenu tête pendant quelque temps, pour donner à ses hommes le temps de repasser la rivière, il s'élance le dernier dans ses eaux grossies par la neige et les pluies. Mais, son cheval frappé d'une balle, ne le soutient plus, et il est en danger de se noyer, quand deux soldats anglais viennent à son secours et le font prisonnier. Une soixantaine de chasseurs resta également aux mains de l'ennemi, et telle était la renommée de la Garde impériale, que cette échauffourée, où un de ses chefs et quelques hommes avaient été pris, fut considérée comme une grande victoire. Du reste, le général français se vit traité par sir John Moor avec une parfaite courtoisie ; c'était la guerre entre deux nations civilisées, et non cette guerre sauvage dont on eut si souvent le spectacle dans la Péninsule.

A Astorga, que les Anglais avaient traversé sans s'arrêter, on eut la preuve de l'affreuse démoralisation à laquelle ils étaient arrivés. En vain, par une proclamation pleine de dignité, leur général s'était efforcé d'épargner aux malheureux habitants les traitements odieux auxquels une soldatesque ayant perdu toute discipline se laisse toujours entraîner. Des malades abandonnés, des traînards ivres, les habitations dévastées, un immense matériel éparpillé et livré au pillage, les Espagnols réduits à nous recevoir comme des libérateurs, voilà ce qui marquait le passage de ces étranges alliés. Aussi, leur perte paraissait certaine, lorsqu'un courrier, arrivé de France et joignant l'Empereur à Astorga, vint faire à leur profit la diversion la plus inattendue.

Par les dépêches qui lui étaient apportées, l'Empereur apprenait que, selon toute apparence, il aurait à soutenir une guerre contre l'Autriche, au commencement du printemps.

Renonçant à poursuivre lui-même les Anglais, Napoléon crut devoir se rendre à Valladolid, d'où il pourrait encore surveiller les opérations militaires, tout en étant à portée de l'active correspondance qui, pour lui, allait devenir nécessaire avec la France.

Le maréchal Soult, à la tête des divisions Merlet, Merle et Delaborde, de la cavalerie Francheschi et des dragons Lorge et Lahoussaie, fut chargé d'achever la défaite des Anglais.

Contrariée par l'état des routes, que la température et le passage des deux armées anglaise et espagnole, avaient défoncées et couvertes de débris, la marche du maréchal ne fut peut-être pas aussi rapide qu'on aurait pu le désirer. Après un combat d'arrière-garde, où l'un des officiers les plus distingués de l'armée française, le général Colbert, périt d'une balle qui le frappa au front, sir John Moor put gagner la Corogne. Là il dut attendre les vaisseaux qui ne se trouvèrent pas prêts pour l'embarquement de ses troupes, et son anxiété était extrême ; car, s'il eût été attaqué par les Français en force, il se fût vu obligé de capituler.

Dans une bataille, livrée sous les murs de la Corogne, et dont le succès resta indécis, bien que les Anglais y eussent fait une perte triple de la nôtre, le général Moor fut atteint d'un boulet qui lui fracassa le bras et la clavicule, et il expira quelques heures après. Le général David Baird, son second, fut aussi frappé mortellement ; mais les murs de la Corogne étaient assez forts pour nous arrêter, et les Anglais, derrière cet abri, eurent le temps de s'embarquer.

Ils laissaient dans la Péninsule environ six mille hommes, tant tués que prisonniers ; trois mille chevaux qu'eux-mêmes avaient sacrifiés ; une partie de leur trésor, un matériel d'un prix incalculable, et les deux chefs de l'expédition, qui, conduite par un général moins prudent, aurait pu aboutir à un désastre complet.

Ces dangereux ennemis, ainsi rejetés du sol de l'Espagne, nous en occupions tout le Nord, jusqu'à Madrid ; le général Saint-Cyr était partout victorieux en Catalogne, et déjà avait commencé ce fameux siège de Saragosse, où les Espagnols, quoique vaincus encore, se couvriront d'assez de gloire pour faire oublier la suite des défaites qu'ils venaient d'essuyer.

Se sentant nécessaire sur le théâtre d'autres événements, l'Empereur nomma son frère Joseph généralissime des armées qu'il laissait dans la Péninsule. Presque au même moment, des députations de la ville de Madrid, des Conseils d'État, des Indes, des finances, de la guerre, de la marine, du corps des Alcades, de la Junte du commerce, du clergé, de la noblesse, vinrent trouver Napoléon et le supplier « de rendre, à leurs vœux empressés et sincères, le roi dont le peuple espagnol devait attendre sa félicité et sa prospérité futures. »

L'Empereur parut céder à ces instances, et sans creuser beaucoup la question de leur spontanéité, il autorisa son frère à rentrer dans Madrid. Après lui avoir adressé les plus sages conseils de gouvernement, il sortit de Valladolid, et se rendit à Bayonne, faisant à cheval le trajet tout entier.

Malgré les succès qu'il avait obtenus, le grand capitaine ne restait pas sans quelques soucis touchant l'avenir de cette guerre, où les Espagnols donnaient chaque jour la preuve d'une sauvage énergie, que ne décourageait aucune défaite. En se rappelant les leçons de l'histoire, Napoléon dut penser que, si dans les luttes entreprises pour la conquête ou le salut de leur liberté politique, les peuples sont souvent vaincus, il était presque sans exemple que, dans les insurrections ayant pour objet le triomphe de l'indépendance nationale, la victoire ne fût pas restée de leur côté.

1809

CAMPAGNE D'AUTRICHE

ECKMUHL ET RATISBONNE

I

Armée autrichienne. — Armée française. — Proclamation de l'archiduc Charles. — Passage de l'Inn. — Hésitation des Autrichiens. — Arrivée de l'Empereur. — Son ordre du jour à l'armée.

Le premier empire a succombé à une double coalition, celle des rois d'abord, et ensuite celle des peuples. Les rois ne pouvaient pardonner à Napoléon son origine; quoi qu'il fît, il n'était pas *des leurs*; bien qu'il eût comprimé la révolution, sa présence sur un trône élevé de ses propres mains, et soutenu par l'élection populaire, restait à leurs yeux le plus grand fait révolutionnaire, qui, logiquement ou non, fût sorti du grand mouvement de 89. D'autre côté, les peuples ne pouvaient souffrir, même de la main du génie, ces continuelles improvisations de royautés qui, remaniant les nationalités et les territoires, laissaient leur passé et leur avenir à la merci d'un décret. Tant que les rois, un à un ou réunis, vinrent avec leurs armées seules se placer sur le chemin du grand capitaine, ils furent successivement vaincus; mais le jour où les peuples descendirent dans l'arène, l'étoile impériale commença à pâlir, et ce que l'Espagne avait commencé, l'Allemagne l'acheva.

La guerre que l'Empereur allait avoir à soutenir contre l'Autriche était encore de main royale : le cabinet de Vienne, encouragé par l'Angleterre, avait pensé à réagir contre le traité de Presbourg, et, en voyant les vieilles légions de Friedland acheminées vers la Péninsule, il avait espéré prendre Napoléon au dépourvu, et, comme dit la chanson des enfants, *se promener dans les bois pendant que le loup n'y était pas*. Mais, dès cette époque, on va voir se marquer une intervention des nationalités songeant à se relever de leurs longues humiliations, et les immenses résultats de la guerre de 1809, tout en paraissant ajourner leurs espérances, ne firent que donner plus d'activité au volcan souterrain qu'elles commençaient à faire gronder sous les pas du triomphateur.

Aidée par une vive explosion du sentiment national, la cour d'Autriche avait pu se livrer à un effort gigantesque. Deux cent mille hommes de ses meilleures troupes, commandées par l'archiduc Charles, devaient, avec une immense artillerie, opérer en Allemagne. L'archiduc Jean, à la tête de cinquante mille hommes, avait la mission de combattre en Italie les forces françaises commandées par le prince Eugène, et le corps détaché en Dalmatie, sous le général Marmont. L'archiduc Jean pouvait, en outre, compter sur une insurrection prête à éclater dans le Tyrol, resté, après le traité de Presbourg qui le donnait à la Bavière, chaleureusement attaché à la maison d'Autriche. Avec quarante mille hommes, l'archiduc Ferdinand était destiné à contenir l'armée saxo-polonaise, réunie sous Varsovie, et les Russes qui, tièdement dévoués à l'alliance française, s'avançaient avec une lenteur calculée vers la Gallicie.

A cette masse active de trois cent mille hommes, il fallait ajouter deux cent mille hommes de milices peu aguerries, mais ayant déjà une certaine instruction militaire, et organisées en bataillons, sous le nom générique de *Landwehr*; plus, sous le nom d'*insurrection*, un contingent d'environ quarante mille hommes fourni par la Hongrie; c'était donc un armement de plus de cinq cent mille hommes que Napoléon allait avoir devant lui.

Indépendamment des forces françaises qui se trouvaient toutes portées en Allemagne, l'Empereur pouvait compter sur le concours des princes de la Confédération du Rhin, engagés par la loi constitutive de l'association, à faire cause commune avec la France. Voici la manière dont il distribua ces éléments de résistance.

A Ratisbonne, il ordonna la concentration d'un corps, aux ordres du maréchal Davout; les divisions Morand, Friant et Gudin, les cuirassiers Saint-Sulpice, une division de cavalerie légère et une quatrième division, sous les ordres du général Demont, composée des 4es bataillons d'infanterie, formation nouvelle, devaient constituer un rassemblement d'environ cinquante mille hommes, tous soldats excellents.

La division Saint-Hilaire, avec la cavalerie légère, commandée par le général Marulaz, et les cuirassiers du général Espagne, durent se concentrer à Augsbourg, sous la conduite du maréchal Lannes. Trois divisions des grenadiers d'Oudinot, une brigade portugaise, les chasseurs du Pô et les tirailleurs corses, achevaient de constituer un second chiffre de cinquante mille hommes, ou approchant.

Un troisième corps d'égale force eut ordre de se réunir à Ulm, sous le maréchal Masséna. Il était composé des quatre divisions Carra-Saint-Cyr, Legrand, Boudet et Molitor, rappelées de France, où elles étaient en marche pour l'Espagne; d'une division de cavalerie légère, et d'une partie des contingents hessois et badois.

Les cuirassiers et les carabiniers, aux ordres du général Nansouty, une forte division de cavalerie légère et les dragons devaient composer, sous le commandement général du maréchal Bessières, une réserve de quatorze ou quinze mille hommes.

A ces quatre grands rassemblements, en ajoutant environ vingt-cinq mille hommes de la Garde, qui venait d'être augmentée, on arrivait à un chiffre de cent quatre-vingt-dix mille Français.

Les Bavarois, commandés par le maréchal Lefebvre, formaient, en avant, un corps auxiliaire; en arrière, le maréchal Augereau en formait un autre avec les Wurtembergeois et le reste des Badois et Hessois; Bernadotte en commandait un troisième, composé des Saxons; l'armée d'Italie, sous le prince Eugène, pouvait se monter à quarante-cinq mille hommes; Marmont avait en Dalmatie un corps d'un peu plus de douze mille hommes, et l'armée polonaise, aux ordres de Poniatowski, ne dépassait pas quatorze mille. Cette force, composée de tant d'éléments divers, en arrivant au chiffre de deux cent quatre-vingt-douze mille hommes, restait encore inférieure à la seule armée active de l'Autriche, commandée, en Allemagne, en Italie et en Pologne, par les archiducs. Le prince Berthier fut, comme à l'ordinaire, le major-général de l'Empereur; M. Daru, avec le titre d'intendant-général, eut la direction du matériel.

On s'était attendu que les hostilités ne commenceraient pas avant la fin d'avril, mais dès le 6 de ce mois, l'archiduc Charles lançait une longue proclamation dont il n'est pas inutile de reproduire quelques passage, parce qu'elle indique bien le caractère de la guerre qui allait être faite à Napoléon.

« Soldats! le salut de la patrie nous appelle à de nouveaux exploits.

» Aussi longtemps qu'il a été possible de conserver la paix par des sacrifices, et aussi longtemps que ces sacrifices ont été compatibles avec l'honneur du trône, avec la sûreté de l'État et la prospérité de la nation, notre monarque chéri a imposé silence à tout sentiment pénible de son cœur ; mais, quand tous nos efforts sont inutiles pour garantir notre heureuse indépendance contre l'ambition insatiable d'un conquérant étranger; quand d'autres nations tombent autour de nous, et que des souverains légitimes sont arrachés des cœurs de leurs sujets; quand le danger d'un assujettissement général menace aussi les états heureux de l'Autriche et ses habitants paisibles, alors, la patrie demande de nous son salut; et nous sommes prêts à la protéger.

» Vous ne partagerez jamais la honte de devenir les instruments de l'oppression; vous ne ferez jamais dans des climats lointains des guerres sans fin pour satisfaire à une ambition dévastatrice; vous ne verserez jamais votre sang pour un intérêt étranger et pour l'avidité d'autrui; sur vous ne tombera jamais la malédiction d'avoir exterminé des peuples innocents, et d'avoir frayé le chemin à un étranger à travers les cadavres des défenseurs de leur patrie pour atteindre un trône.

» Un sort plus propice vous attend. La liberté de l'Europe s'est réfugiée sous vos drapeaux; vos victoires feront tomber ses chaînes, et vos frères de la Germanie (encore aujourd'hui dans les rangs ennemis) attendent de vous leur délivrance. La lutte est juste, sans quoi je ne serais pas avec vous... »

Quatre jours plus tard, comme déclaration de guerre, l'archiduc Charles adressait à Munich une lettre en quatre lignes, où il annonçait « qu'il avait ordre de porter en avant les troupes sous son commandement, et de traiter en ennemies toutes celles qui lui feraient résistance. » Le lendemain l'Inn, rivière qui forme la limite entre l'Autriche et la Bavière, était franchie sur quatre points.

Aussitôt le roi de Bavière quitta Munich, sa capitale, qui, le 16, était occupée par la division du général autrichien Jellachich. Il en fut de même de Passau, à la jonction de l'Inn et du Danube; malgré les ordres de l'Empereur on avait négligé de fortifier ce point qui dut être abandonné à l'ennemi.

L'archiduc Charles aurait eu un immense intérêt à marcher rapidement, puisqu'il eût trouvé l'armée française dispersée, et hésitant à rien entreprendre, en l'absence de l'Empereur qu'elle attendait. Mais, sans parler du mauvais temps, qui fut un obstacle à des évolutions plus actives, il n'est pas dans l'essence d'une armée autrichienne de se mouvoir avec vivacité. Ce fut donc seulement six jours après le passage de l'Inn, que l'archiduc arriva sur les bords de l'Isar, où devaient avoir lieu les premières hostilités. Attaqué dans Landshut où devait s'effectuer le passage, la division bavaroise, commandée par le général Deroy, fit une courte résistance, et elle se replia sur le Danube, dans la forêt de Dürnbach, où étaient déjà concentrées les deux autres divisions de Bavière, l'une aux ordres du prince royal, l'autre sous le commandement du général de Wrède.

Passé l'Isar, le pays où marchait l'armée autrichienne, coupé de bois, de marais et de nombreux cours d'eau, est difficile à démêler; son chef ne s'avançait donc qu'avec une extrême circonspection; mais d'importantes opérations n'en étaient pas moins prochaines, car peu à peu, sur ce petit espace, se concentraient quatre cent mille hommes qui, se cherchant sans savoir où se prendre, n'attendaient qu'un peu de lumière dans leur position respective, pour commencer une lutte acharnée.

Cette lumière, Napoléon allait la faire; averti le 12, à Paris, du passage de l'Inn, le 16, il était à Dillingen, où il promettait au roi de Bavière qu'avant quinze jours il le ramènerait dans sa capitale. De là, il allait établir son quartier-général à Donawerth, et, de cette ville, il adressait à l'armée la proclamation qui suit:

« Soldats! le territoire de la Confédération est violé. Le général autrichien veut que nous fuyions à l'aspect de ses armes et que nous lui abandonnions nos alliés. J'arrive avec la rapidité de l'éclair.

» Soldats! j'étais entouré de vous lorsque le souverain de l'Autriche vint à mon bivouac de Moravie; vous l'avez entendu implorer ma clémence et me jurer une amitié éternelle. Vainqueurs dans trois guerres, l'Autriche a dû tout à votre générosité. Trois fois elle a été parjure! Nos succès passés sont un sûr garant de la victoire qui nous attend. Marchons donc! Et qu'à notre aspect l'ennemi reconnaisse son vainqueur! »

II

Concentration de l'armée française. — Combat de Tengen. — Bataille d'Abensberg. — Prise de Landshut.

Napoléon avait facilement démêlé que les principales forces des Autrichiens étaient sur la rive droite du Danube, et qu'elles manœuvraient de façon à passer entre les deux corps français rassemblés à Augsbourg, et à Ratisbonne. Ce qui lui parut donc le plus urgent ce fut d'opérer la concentration de ces armées; en conséquence, il fit porter par M. Galbois, aide-de-camp de Berthier, l'ordre au maréchal Davout de déboucher de Ratisbonne pour venir retrouver l'armée bavaroise sur l'Abens. Pareille instruction fut adressée au maréchal Masséna, dont le corps s'était rapproché d'Augsbourg; après quoi l'Empereur porta son quartier-général à Ingolstadt, afin d'être plus à portée du point qu'il avait fixé pour le rassemblement.

L'ordre parvenu au maréchal Davout le surprenait sur la rive gauche du Danube; il dut traverser Ratisbonne sous le feu de l'ennemi qui occupait les hauteurs avoisinantes, et laissa dans la place le 65e de ligne, régiment solide, commandé par le colonel Coutard; le 19 au matin, passé sur la rive droite du Danube, sans que l'ennemi eût pu l'arrêter, il commençait son mouvement sur Abensberg.

Comme il marchait sur quatre colonnes, et que l'ennemi cherchait à suppléer, par la multiplicité, à la certitude de ses mouvements, une rencontre avec lui était plus que probable.

Après avoir passé le jour précédent au camp de Rohr, au revers des hauteurs boisées qui séparent du Danube les vallées de la Grosse et de la petite Laber, que les Français franchissaient dans le moment, l'archiduc Charles s'était mis en marche, le 19 avril, à trois heures du matin, se dirigeant sur trois colonnes dans la direction de Ratisbonne. Vers neuf heures, un détachement qui éclairait la gauche de la deuxième colonne autrichienne, rencontra les tirailleurs du 7e léger appartenant à la division Gudin, et un engagement eut lieu au village de Schneidart, que l'on se disputa assez vivement.

Toutefois, les divisions Morand et Gudin continuèrent leur marche, et ce fut sur les divisions Saint-Hilaire (1) et Friant, qui formaient la queue des deux colonnes d'infanterie, que se porta l'effort des Autrichiens. Le général Hohenzollern, commandant le troisième corps de leur armée, occupait la lisière d'une masse de bois qui se dessinait en fer à cheval vis-à-vis le village de Tengen. Vivement attaqué dans cette position par le 3e et le 57e de ligne de la division Saint-Hilaire, les Autrichiens, malgré une résistance acharnée, furent refoulés dans les bois.

Pendant ce temps, une nuée de tirailleurs détachés de la droite de la ligne autrichienne, attaquait à l'extrémité opposée la division Friant: la gauche de celle-ci était formée par un bataillon du 15e léger, que commandait le colonel Dessailly, sous les ordres du général Gilly. Secourue par deux bataillons du 48e, cette poignée de braves sut contenir l'ennemi, et lui fit éprouver une perte considérable.

La journée se passa en engagements réitérés et meurtriers, sur le front des deux divisions, que nulle part les forces autrichiennes, malgré l'énergie de leurs attaques, ne parvinrent à entamer.

Cette rencontre, que le Bulletin de la Grande-Armée appelle la bataille de Thann, et à laquelle les écrivains militaires donnent le nom plus modeste de combat de Tengen, fut excessivement sanglante; elle ne prit fin qu'à sept heures du soir, sous le déchaînement d'un orage terrible qui, combiné avec les approches de la nuit, vint séparer les combattants. Notre perte n'était pas au-dessous de deux mille cinq cents hommes; l'ennemi en avait perdu six mille, et plusieurs de ses généraux étaient tués ou blessés. Ce qui du reste importait encore plus que l'échec éprouvé par l'armée autrichienne, c'était le maréchal Davout arrivé par une marche de flanc avec les divisions Morand et Gudin, à gagner heureusement le point de réunion que lui avait marqué l'Empereur.

Dans la nuit du 19 au 20, celui-ci avait porté son quartier général d'Ingolstad à Vohbourg. En apprenant ce qui s'était passé à Tengen, il monta à cheval et se rendit de sa personne à Abensberg pour reconnaître la situation. Il ignorait encore si l'archiduc et son corps d'armée principal était devant Tengen opposé aux divisions Friant et Saint-Hilaire, ou s'il se trouvait le long des rives de l'Abens opposé aux Bavarois. Mais ce qui lui parut évident, c'est que le généralissime autrichien avait démesurément étendu sa ligne et que celle-ci n'avait pour se lier qu'une chaîne de postes trop peu nombreux et mal disposés. Dès-lors, l'Empereur conçut la pensée d'une manœuvre décisive qui devait couper l'aile gauche et l'isoler du centre. Cette aile gauche était formée du cinquième corps sous les ordres de l'archiduc Louis; du sixième sous le commandement du général Hiller et du deuxième corps de réserve sous le général Kienmayer. Si la manœuvre projetée réussissait, elle nous conduisait à Landshut, sur la ligne d'opération de l'ennemi et au milieu de ses magasins.

Laissant à Tengen les divisions Saint-Hilaire et Friant qui s'y étaient battues si valeureusement, la cavalerie légère de Montbrun, Napoléon ordonna au maréchal Davout de tenir ferme dans cet endroit. Avec les deux autres divisions, les divisions Morand et Gudin, les cuirassiers Saint-Sulpice et les chasseurs de Jacquinot, il forma à sa gauche un corps d'environ vingt-cinq mille hommes, le plaça temporairement sous les ordres de Lannes, qui venait de rejoindre le quartier-général, et lui donna la mission d'enlever Rohr, point central de la position des Autrichiens.

Lui-même, se plaçant entre Lannes et les Bavarois conduits par le maréchal Lefebvre, forma le centre avec les Wurtembergeois, auxquels, dans l'absence de la Garde encore en route, il réservait l'honneur de combattre sous lui. Comme son espérance était de pousser jusqu'à Landshut, et de s'y emparer de

(1) Cette division n'avait pas encore été distraite du corps de Davout. La rapidité des événements avait empêché que l'organisation, ordonnée par l'Empereur, fût réalisée.

la ligne d'opération de l'archiduc, en vue de ce résultat, il modifia la marche de Masséna qu'il avait dirigé sur Pfeffenhausen, lui ordonnant d'être le lendemain de bonne heure à Landshut pour empêcher le retour des Autrichiens sur ce point.

Le 20, de grand matin, l'armée se mit en mouvement. L'Empereur parcourut le front des troupes wurtembergeoises et bavaroises ; il leur adressa une chaleureuse allocution traduite à mesure en allemand, par le prince royal de Bavière.

L'idée de combattre sous les yeux du premier capitaine de l'Europe électrisa nos alliés. Dans cette journée, ils se conduisirent à merveille, et donnèrent pleine raison aux paroles de l'Empereur. Il leur avait dit qu'il mettait toute sa confiance dans leur loyauté et dans leur courage.

S'avançant avec ses deux divisions et sa cavalerie sur la route de Rhor, à travers un pays coupé de bois et de ravins, Lannes ne tarda pas à rencontrer le général autrichien Thierry, qu'il fit vigoureusement charger par ses chasseurs. Les Autrichiens cherchèrent à s'abriter dans les bois, mais, abordés avant d'avoir pu les atteindre, et n'ayant pas le temps de se former en carré, ils furent impitoyablement sabrés, et laissèrent nombre de morts et de prisonniers.

A Rohr, le général Thierry put se rallier au général Schusteck. Les Autrichiens qui, jusque là, n'avaient pas eu de cavalerie à opposer à la nôtre, lancèrent les hussards de Kienmayer sur les chasseurs Jacquinot ; un régiment de nos cuirassiers eut bientôt mis les assaillants en déroute et les força de se replier sur Rohr. Ce village, emporté par l'infanterie Morand, l'ennemi se retira en désordre ; mais après Rohr, le pays découvert rendant la retraite plus difficile, sa cavalerie dut faire un immense effort pour sauver l'infanterie. Quatre escadrons des dragons de Levenehr avaient rejoint les hussards de Kienmayer, et ces deux corps se relayaient pour arrêter notre marche par des charges furieuses et répétées ; mais s'ils obtenaient quelque avantage sur notre cavalerie légère, ils étaient écrasés par les cuirassiers, et leur destruction fut presque complète. Le général Thierry finit par être enlevé avec trois bataillons entiers : c'en était fait des deux corps autrichiens, qui, en morts, blessés et prisonniers, avaient déjà perdu cinq mille hommes, sans l'arrivée du général Hiller ; devant ce renfort venu au secours de l'ennemi, le maréchal Lannes s'arrêta, sans trouver utile de pousser plus loin un succès qui ne lui avait pas coûté plus de deux cents hommes.

Pendant l'engagement si heureux du maréchal Lannes, les Wurtembergeois et les Bavarois abordaient vigoureusement les généraux autrichiens Reus et Bianchi, commandant sous l'archiduc Louis. L'attaque fut soutenue avec vigueur par l'ennemi qui, en fin de cause, dut céder le terrain, après avoir perdu environ trois mille hommes. Sa déroute eût été complète, mais grâce au secours que les grenadiers d'Aspre vinrent tardivement lui prêter aux environs de Pfeffenhausen, il put se retirer sans trop de désordre ; du côté des Bavarois et des Wurtembergeois, il y avait un millier d'hommes hors de combat.

Si l'on ne considérait que la perte de l'ennemi et le nombre de troupes engagées, le nom de bataille d'Abensberg, donné par le bulletin impérial à l'affaire qui venait de finir, paraîtrait peut-être un peu ambitieux ; mais ce que voyait surtout l'Empereur, c'était l'archiduc Charles, coupé de sa gauche, rejetée sur l'Isar, tandis que lui-même allait se trouver acculé sur le Danube, vers Ratisbonne ; c'était la démoralisation de l'armée autrichienne battue en deux jours dans deux rencontres, comptant déjà quatorze mille hommes de moins dans ses rangs, et s'étant, sur tous les points, trouvée hors d'état de tenir, non-seulement devant les Français, mais aussi devant les alliés, dont elle avait un moment espéré la défection. Enfin, le résultat maintenant certain de l'affaire d'Abensberg, c'était l'occupation prochaine de Landshut, où était réuni tout le matériel de l'armée ennemie.

Le 21, à cinq heures du matin, l'avant-garde française se mit en marche vers Landshut, et força l'ennemi de se replier. L'arrière-garde du cinquième corps autrichien résista assez vivement aux Bavarois, qui la suivaient par la route de Pfeffenhausen. Sur l'autre route de Rottenbourg, le général Vincentint tint quelque temps tête à la cavalerie du maréchal Lannes. Vers onze heures du matin, les deux arrière-gardes s'étaient réunies, ayant alors devant elles toute l'armée française qui s'avançait sur deux colonnes.

L'Empereur, sans quitter ses vêtements, avait à peine dormi quelques heures sur un fauteuil. Il dirigeait lui-même la poursuite de l'ennemi, qu'il comptait écraser, si Masséna arrivait à temps.

Landshut est placée entre deux bras de l'Isar ; du côté de Pfeffenhausen, on n'y aborde que par une chaussée étroite au milieu de plaines marécageuses. A l'extrémité de cet étroit passage s'était formé un encombrement de caissons, de bagages, qu'augmentait encore le défilé d'un immense équipage de pont. Qu'on se figure la position d'une armée en retraite devant une armée victorieuse venant donner dans un pareil chaos ! L'infanterie et la cavalerie affluant de moment en moment pour passer les ponts, n'avaient plus la liberté de leurs mouvements. Voyant ce désordre, le maréchal Bessières, qui arrivait avec les chasseurs Saint-Sulpice et les chasseurs Jacquinot, fit exécuter une charge par les chasseurs. La cavalerie autrichienne, se défendit vaillamment, mais elle ne tarda pas à être culbutée par une charge en masse des cuirassiers. L'infanterie essaya alors de faire tête pour donner aux bagages le temps de défiler ; mais la division Morand arrivait tout entière. Le 13e léger et le 17e de ligne abordèrent les fantassins autrichiens avec leur entrain accoutumé, tandis que la cavalerie les chargeait de nouveau. L'ennemi, poussé de toutes parts, n'avait plus que le temps de passer les ponts dont il était exposé à être coupé. Il exécute ce mouvement en abandonnant beaucoup de prisonniers et de voitures d'artillerie, et tout l'équipage de pont. Le 13e et un bataillon du 17e se jettent à sa suite dans le faubourg de Seligenthal, qui est enlevé sous une violente fusillade. Restait à franchir le pont sur le principal bras de l'Isar. Le général Mouton s'élance l'épée à la main à la tête des grenadiers du 17e, et malgré les flammes qui commencent à envelopper le pont auquel les Autrichiens ont mis le feu, il le traverse au milieu d'une grêle de balles, et commence à gravir les rues escarpées de Landshut, de l'autre côté de l'Isar.

Dans ce moment paraît Masséna avec une partie de son corps d'armée, arrivé plus tôt, il rendait aux Autrichiens la retraite impossible ; sa présence, du moins, la hâta, et lui donna tout le caractère d'une déroute. L'ennemi nous abandonna huit mille prisonniers, trente bouches à feu, six cents caissons attelés et chargés de munitions, trois mille voitures de bagages, ses hôpitaux, ses magasins. Le maréchal Bessières fut mis à sa poursuite avec deux divisions d'infanterie et une brigade de cavalerie légère.

III

Combat de Leuchling. — Préparatifs de la journée d'Eckmühl. — Bataille d'Eckmühl.

Au milieu de ce magnifique succès, l'Empereur restait livré à un souci ; pendant que l'on se battait à Landshut, il avait fort clairement distingué le bruit d'une canonnade à sa gauche, c'était donc le maréchal Davout qui avait un engagement ; mais cet engagement, avec quelle fraction de l'armée ennemie ? D'après ce qu'il avait observé de l'allure et du nombre des troupes qu'il venait de battre, Napoléon ne se flattait pas d'avoir eu affaire à l'armée principale de l'archiduc. Davout pouvait donc avoir en tête au le généralissime autrichien, avec la plus grande masse de ses forces, ou tout au moins deux corps d'armée considérables restés de l'autre côté du Danube, sous le nom d'armée de Bohême, et qui, par le pont de Ratisbonne, avaient pu facilement être amenés sur la rive droite. Dans l'un ou l'autre cas, le maréchal, ne disposant que des divisions Friant et Saint-Hilaire, n'était pas en mesure de tenir longtemps. L'Empereur resta toute la journée du 21 sous le coup de cette préoccupation, et cependant, il faut bien dire que son admirable prévoyance y avait, jusqu'à un point, pourvu. Dès le matin, la division Demont, les cuirassiers Nansouty et les divisions bavaroises du prince royal et du général Deroy avaient été détachées avec ordre d'aller se rallier aux vingt-quatre mille hommes commandés par Davout.

Dans la nuit, arriva le général Piré, chargé par le maréchal de rendre compte à l'Empereur des événements de la journée. Davout s'était trouvé en présence du quatrième corps autrichien, commandé par le prince de Rosenberg, et devant le corps de Hohenzollern, qui avaient pris position sur les hauteurs entre Leuchling et Paring. Tout le jour s'était passé en combats d'arrière-garde, en chicanes plutôt qu'en enlèvements de positions et en luttes, à distance, à coups de canon. Somme toute, l'avantage nous était resté, nous n'avions perdu que quatorze cents hommes ; les Autrichiens en avaient eu trois mille hors de combat, et beaucoup de leur monde se débandait. Toutefois, le maréchal n'avait pas voulu s'engager dans une affaire plus sérieuse sans prendre les ordres de l'Empereur et sans savoir au juste les forces de l'ennemi qu'il avait devant lui.

Par le récit de ce qui s'était passé à Leuchling, et par une suite de déductions qu'il serait trop long d'énumérer, l'Empereur, sans aucune information directe, au moyen d'une sorte de seconde vue dont il était doué dans les questions militaires, en était venu à se rendre compte de la position vraie de l'ennemi.

Entrevoyant que l'archiduc Charles devait être à sa gauche, entre Landshut et Ratisbonne, et que Davout avait devant lui à Eckmühl, la plus grande partie des forces autrichiennes, il commença par envoyer à son lieutenant un nouveau renfort qu'il mit en marche à deux heures après-minuit; mais, une heure plus tard, quelques nouveaux indices étant venus lui confirmer que l'archiduc Charles devait être à Eckmühl, outre le général Saint-Sulpice avec quatre régiments de cuirassiers et le général Vandamme avec les Wurtembergeois déjà acheminés sur ce point, Napoléon ordonna au maréchal Lannes de se mettre en route avec les six régiments de cuirassiers Nansouty et les divisions Morand et Gudin. Marcher toute la nuit, être rendu à Eckmühl à midi et, après une heure de repos accordée aux troupes, se trouver prêt à combattre, telles étaient les instructions données au maréchal.

Cependant, de moment en moment, la clarté se faisait plus vive dans l'esprit de l'Empereur, en sorte qu'il ne tenait plus en place. Si l'on osait ainsi parler, il lui arrivait comme des brises d'une journée immortelle se préparant pour le lendemain. Il finit donc par se mettre en route avec le maréchal Masséna, ses trois divisions d'infanterie et la division des cuirassiers du général Espagne; en même temps, il fit dire à Davout qu'il serait à Eckmühl le lendemain vers une heure. Aussitôt que son arrivée aurait été signalée par le canon, le maréchal devait se hâter de commencer l'attaque.

Nous sommes en mesure de donner, relativement à la composition des troupes qui allaient prendre part à la journée d'Eckmühl, quelques détails circonstanciés; ces détails ne sauraient manquer d'être agréables à nos lecteurs : l'histoire des grandes guerres de l'Empire est une sorte de *nobiliaire*, et les noms de ses acteurs ne sauraient y être trop multipliés.

On se rappelle que le maréchal Davout n'avait plus avec lui que deux divisions d'infanterie, la division Friant et la division Saint-Hilaire. La division Friant, qui avait pour chefs de brigade les généraux Barbanègre, Gilly et Grandjean, était composée du 15e de ligne, des 33e, 108e et 111e de ligne; la division Saint-Hilaire, ayant pour chefs de brigade les généraux Brun, Marion et Lorencez, était formée des 10e léger, 3e, 19e, 72e et 105e de ligne. La division de cavalerie légère, faisant partie du même corps, était commandée par le général Montbrun, ayant sous lui les généraux de brigade, Jacquinot et Pajol; elle était formée des 11e et 12e chasseurs et des 5e et 7e hussards.

Dans l'après-midi, le jour du combat de Leuchling, le maréchal Davout avait été rejoint par deux divisions bavaroises. La première, commandée par le prince royal de Bavière, était composée de quatre régiments de ligne, de deux bataillons d'infanterie légère et de trois régiments de cavalerie : même composition pour la seconde division, commandée par le général Deroy.

Les Wurtembergeois, que l'Empereur avait fait partir dans la nuit avec les cuirassiers Saint-Sulpice, étaient commandés par le général Vandamme, et partagés en trois brigades d'infanterie, composées de cinq régiments de ligne et de trois régiments de chasseurs à pied. La cavalerie de ce corps se constituait de deux régiments de chevau-légers et deux régiments de chasseurs.

Les cuirassiers Saint-Sulpice formaient une division avec les 1er, 5e, 10e et 11e, formant eux-mêmes deux brigades sous les généraux de Fiteau et Guiton.

La colonne du maréchal Lannes, qui s'était mise en marche quelques heures plus tard, était formée des deux divisions détachées du corps de Davout, les divisions Morand et Gudin. Sous les ordres du général Morand, marchaient comme chefs de brigade, les généraux Lhuillier et Lacour, avec le 13e léger avec les 17e, 30e et 61e de ligne, et sous le général Gudin, comme chefs de brigade, les généraux Leclerc, Boyer et Duppelin avec le 7e léger et les 12e, 21e, 25e et 85e de ligne. Lannes avait encore avec lui les 1er et 2e carabiniers, formant une brigade sous le général de France, les 2e, 9e, 3e et 12e cuirassiers formant deux brigades sous les ordres des généraux Doumerc et Berkeim.

Des troupes qui partirent de Landshut avec l'Empereur, il n'arriva sur le champ de bataille d'Eckmühl que la division de cuirassiers du général Espagne, composée en deux brigades, des 4e, 6e, 7e et 8e régiments de l'arme. Ces deux brigades avaient pour chefs les généraux Bordesoult et Raymond. Quant à l'infanterie qui faisait partie du corps de Masséna, elle ne put marcher assez vite pour suivre le maréchal et l'Empereur, dont l'allure ne cessa d'être extrêmement rapide. La division des grenadiers d'Oudinot, qui faisait partie du même corps, n'était pas arrivée à Landshut au moment où l'Empereur en partit; il en était de même de la Garde, qui n'avait pas même rejoint l'armée.

Le 22 avril, à la suite de divers mouvements opérés dans la nuit, l'archiduc Charles se trouvait à la tête d'environ quatre-vingt-dix mille hommes, concentrés dans l'espace compris entre Eckmühl et Ratisbonne. Son quartier-général était à Egglofsheim. Il avait donné l'ordre au général Kollovrath, commandant l'un des corps de l'armée de Bohême, de passer le Danube à Ratisbonne et d'opérer avec lui sa jonction; l'autre corps, commandé par le comte de Bellegarde, restait à Hemau, sur la rive gauche du fleuve.

Le terrain qui forme le champ de bataille où allait se résoudre le sort de la campagne à peine ouverte, est entrecoupé de hauteurs, de vallées, de petites rivières torrentueuses et de bouquets de bois. D'Egglofsheim à Ratisbonne règne une chaussée flanquée à gauche, de hauteurs, à droite, d'une plaine marécageuse.

Croyant n'avoir affaire qu'aux forces très-inférieures de Davout, l'archiduc se proposait de marcher sur Abach en deux colonnes, pendant qu'une troisième resterait immobile, défendant la route de Landshut à Ratisbonne. Le généralissime autrichien espérait tourner notre gauche afin d'opérer ensuite sur nos derrières. Lui-même devait commander une des colonnes d'attaque, mais toujours lent dans ses parti-pris, il avait remis jusqu'à midi son mouvement, pour donner au corps de Kollovrath, le temps de se mettre en ligne : c'était précisément l'heure où toutes les forces que l'Empereur acheminait depuis la veille, étant réunies, l'attaque de notre côté devait commencer.

Dans la matinée, un brouillard épais avait couvert le champ de bataille : vers huit heures, il se dissipa, et des deux côtés les mouvements commencèrent. Jusqu'à midi, pas une seule détonation ne troubla le silence des campagnes verdoyantes où des milliers d'hommes allaient s'entr'égorger.

En voyant des forces supérieures s'avancer lentement, le maréchal Davout ne pouvait penser à prévenir leur attaque. C'était déjà beaucoup que de se maintenir, jusqu'à l'arrivée de l'Empereur, dans les positions qu'il occupait. Cependant, il sut manœuvrer de manière à tenir l'ennemi en respect, et l'offensive ne fut prise d'aucun côté.

Vers deux heures, on entendit le canon gronder sur la route de Landshut : c'était l'Empereur qui arrivait. Aussitôt le combat s'engage sur toute la ligne; les Wurtembergeois, en débouchant de Buchausen, sont accueillis par la mitraille d'une batterie ennemie et par des charges de cavalerie légère qui mettent quelque désordre dans leurs rangs. Ramenés en avant par le général Vandamme, et soutenus par les divisions Morand et Gudin, ils prennent position le long de la rivière, dite la Grosse-Laber, devant Eckmühl, en se liant par leur gauche avec la division Demont et les Bavarois.

De son côté, Davout s'était ébranlé : le feu de son artillerie a bientôt fait taire une batterie que les Autrichiens ont sur le plateau qui lui fait face. Il aborde alors résolûment leur infanterie, et la force de se renfermer dans les villages d'Unter et d'Ober-Leuchling.

La division Friant se dirige sur les hauteurs boisées auxquelles s'appuient ces deux villages, que sépare à peine une portée de fusil, pendant que la division Saint-Hilaire les aborde de front.

Le village d'Ober-Leuchling ne tarda pas à être emporté; mais Unter-Leuchling, plus escarpé et barricadé intérieurement, offre une résistance plus prolongée; l'ennemi s'y défend par un feu effroyable. En même temps, des bois qui dominent le village partent d'incessantes décharges, et, en un instant, le 10e léger, qui se porte héroïquement à cette attaque, se voit cinq cents hommes hors de combat. A la fin, pénétrant dans le retranchement, nos soldats l'enlèvent à la baïonnette, font main-basse sur tout ce qui résiste, et recueillent plusieurs centaines de prisonniers.

Pendant que les Autrichiens, débusqués d'Unter-Leuchling, venaient se reformer sur le plateau boisé qui s'étend au-dessus, et s'y défendaient avec une extrême vigueur, la division Friant avait attaqué, à gauche, les bois se liant aux deux villages, et à la suite d'un feu soutenu de tirailleurs, le 48e et le 111e, conduits par le général Barbanègre, avaient pénétré, baïonnette en avant, dans toutes les éclaircies. L'ennemi, sur ce point, est donc refoulé de toutes parts; cependant, devant Eckmühl, le combat a des chances diverses.

Les Wurtembergeois se portent vivement sur le château d'Eckmühl, mais un feu des plus meurtriers, que font ses défenseurs du haut des murailles, force nos alliés à reculer; à une seconde attaque, ils tiennent plus ferme, et finissent par s'emparer du point attaqué.

Le plan de la bataille se dessine alors plus nettement. A gauche, sur le plateau qui domine les deux villages dont nous avons déjà parlé, la lutte se continue, mais évidemment à notre avantage, entre les troupes de Davout et le corps de Rosenberg, à moitié défait. A droite, sur les hauteurs boisées de Roking, la brigade Biber va être attaquée, sous les ordres du maréchal Lannes, par la division Gudin, comme elle ne cédera le terrain que pied à pied; sur la chaussée qui circule entre les rampes de droite et de gauche, des masses profondes d'infanterie et de cavalerie autrichiennes forment une muraille vivante qu'il nous faut traverser.

La cavalerie bavaroise et wurtembergeoise se porte la première contre l'obstacle; mais, vigoureusement chargée par la cavalerie légère autrichienne, dont l'effort est d'autant plus énergique qu'il est secondé par la pente du terrain, elle est culbutée et refoulée jusqu'aux bords de la grosse Laber. Alors les cuirassiers français s'élancent, et leurs lourds chevaux, gravissant au galop la montée, les ont bientôt portés jusqu'au haut de la chaussée, que l'ennemi écrasé est obligé de leur abandonner. A ce moment, la division Gudin, au-dessus de leurs têtes, s'emparait des hauteurs de Roking, et nos joyeux fantassins, comme s'il s'agissait d'un spectacle où ils ont conquis la meilleure place, se mettent à applaudir en criant: *Bravo! bravo! les cuirassiers!*

Tout n'est pas fini, pourtant; la cavalerie autrichienne se rallie, et des charges et contre-charges ne cessent de s'échanger entre les deux masses de cavalerie.

Cependant, l'archiduc Charles ayant appris l'attaque faite sur sa gauche, a suspendu le mouvement des colonnes qu'il avait portées en avant, et, se repliant aussitôt, il ne pense plus qu'à défendre la plaine de Ratisbonne, où les corps de Rosenberg et de Hohenzollern se retirent en désordre, pendant que les colonnes françaises y débouchent de tous les points.

Vers Egglofsheim, stationnait, depuis le commencement de la journée, une masse de cuirassiers, derrière laquelle l'archiduc et les corps qui viennent d'être battus travaillent à se reformer. Vers sept heures du soir, précédés des cavaliers bavarois et wurtembergeois, les dix régiments de cuirassiers Nansouty et Saint-Sulpice ont ordre de l'Empereur de se ruer sur ce rassemblement menaçant.

Prévenant l'attaque, les cuirassiers de Gottesheim s'élancent les premiers sur les cuirassiers français. Reçus à bout portant par une décharge de toutes les armes de nos soldats, ils sont obligés de se replier en désordre. Surviennent alors les cuirassiers autrichiens de l'Empereur, dont la charge n'a pas meilleure chance. Le régiment des hussards de Stipsicz essaie de venir à leur aide, et, à bien plus forte raison, il est mis en déroute par nos terribles *hommes de fer*. Dans l'intervalle, la nuit s'est approchée, mais ses premières ombres n'ont pas mis fin à la mêlée, dont elles semblent au contraire redoubler la fureur. Au milieu de cette horrible boucherie, un bataillon de grenadiers hongrois est renversé et foulé aux pieds par les cuirassiers autrichiens que les nôtres poursuivent le sabre dans les reins, et cette phrase ne doit pas être prise au figuré, car les Autrichiens ne portaient pas la double cuirasse, et l'on comprend combien, dans la fuite, les coups de pointe portés par derrière leur étaient redoutables.

La nuit était close au moment où l'Empereur, suivi de Lannes et de Masséna, arriva à Egglofsheim. Il y établit son quartier général à la place de celui de l'archiduc qui venait d'en sortir.

Napoléon ne trouva pas prudent de pousser plus loin, ce soir là, son succès, et l'armée victorieuse bivouaqua dans la plaine qu'elle venait de conquérir.

Notre perte se montait à deux mille cinq cents hommes mis hors de combat, celle des Autrichiens à six mille morts ou blessés, et à trois ou quatre mille prisonniers. Ils avaient laissé entre nos mains seize pièces de canon et douze drapeaux. Nous eûmes à regretter la mort du général Cervoni, chef d'état-major du maréchal Lannes, enlevé par un boulet tandis qu'il déployait une carte devant l'Empereur. Le général Clément de la Roncière eut un bras emporté, le général Schramm fut également au nombre des blessés, et le colonel du 14e chasseurs avait été tué dans une charge.

Davout, avec les deux divisions Friant et Saint-Hilaire, n'avait pas cessé, depuis quatre jours, d'être sur la brèche; en récompense de la part si glorieuse qu'il venait de prendre dans cette dernière affaire, il reçut le titre de prince d'Eckmühl; déjà la campagne de Prusse lui avait valu celui de duc d'Awerstaedt.

IV

Combat de Ratisbonne. — L'Empereur est blessé. — Prise de Ratisbonne. — L'armée autrichienne rejetée sur la rive gauche du Danube.

Le 18 avril, lorsque le maréchal Davout s'était mis en chemin pour se rendre au point de concentration sur l'Abens, il avait laissé dans Ratisbonne le colonel Coutard (1), avec le 65e de ligne. En elle-même, la place était de peu de résistance; cependant le lendemain, 19, attaqué, par le général Kollovrath, à la tête d'un fort détachement de l'armée de Bohême, le colonel Coutard quoique sans artillerie, avait tenu si énergiquement, que le général autrichien, après avoir perdu huit cents hommes, rien que pour occuper le faubourg de Stadtz-Am-Hoff, lui avait envoyé un parlementaire, en lui donnant dix heures pour évacuer la ville. Ayant épuisé toutes ses munitions, le colonel Coutard avait fait savoir sa position au maréchal Davout, qui lui avait dépêché par son aide-de-camp Trobriant, deux caissons de cartouches. Mais, dans l'intervalle, le prince Lichstenstein, commandant le deuxième corps de réserve de l'armée autrichienne, était venu menacer Ratisbonne, du côté de la rive droite du Danube; l'envoi du maréchal n'avait pas pu pénétrer dans la place, et, sans égard pour l'arrangement proposé par Kollovrath, le prince avait exigé que le 65e et son colonel se rendissent prisonniers. Cette dure extrémité, un régiment pouvait l'accepter avec honneur quand il était sans cartouches et n'avait que ses baïonnettes, pour défendre une place de guerre contre deux armées.

Mais la captivité du 65e ne devait pas être de longue durée; le lendemain de la bataille d'Eckmühl, l'Empereur se porta vivement sur Ratisbonne, à la suite de l'armée autrichienne, qui ne devait pas s'y défendre aussi longtemps qu'une poignée de nos braves compatriotes.

Le corps de Kollovrath n'avait pas donné la veille; il fut chargé de couvrir la retraite; pendant ce temps, le gros de l'armée devait traverser Ratisbonne, et, par le pont de pierre qu'avait cette ville sur le Danube, gagner la rive gauche. Un pont de bateaux jeté au-dessous devait servir au passage du corps de réserve et de la cavalerie, lorsque celle-ci, après avoir escarmouché dans la plaine pour nous occuper pendant le défilé de l'infanterie, suivrait ce mouvement.

Les dispositions de l'archiduc s'exécutèrent avec succès. Avant le jour, la plus grande partie de l'armée autrichienne était au-delà de Ratisbonne. Le corps de Kollovrath, sans s'engager, nous faisait tête pendant que les autres corps défilaient; au contraire la cavalerie de l'ennemi fut la première à attaquer, et pendant une furieuse mêlée qui s'ensuivit avec la nôtre, les grenadiers du corps de réserve passaient tranquillement sur le pont de bateaux, sans que d'abord rien nous avisât de la manière dont ils se dérobaient. Mais tout à coup Lannes est averti; il porte rapidement son artillerie à portée du pont et les coups sont adressés si juste que non-seulement beaucoup de grenadiers sont atteints et noyés, mais que les bateaux eux-mêmes, désassemblés et mis en feu, sont emportés au courant du fleuve.

Cet épisode, qui coûta quelques centaines d'hommes à l'ennemi, finissait à peine, et les derniers bataillons autrichiens achevaient de traverser la ville, quand nos voltigeurs, suivis de toute l'armée, se présentèrent à ses portes, qu'ils trouvèrent fermées.

Nous l'avons dit déjà, Ratisbonne n'était pas une place fortifiée pour soutenir un siège; une simple muraille, quelques tours et un fossé formaient toutes ses défenses, mais c'était au moins une position fortement retranchée où une garnison un peu nombreuse aurait pu tenir quelques jours. Les Autrichiens, pour ralentir notre poursuite, s'étaient mis en position sur les hauteurs de Stadtz-Am-Hoff, et six régiments occupaient la ville. Voulant en finir promptement, l'Empereur fit avancer en ligne l'artillerie de tous les corps qui marchaient avec lui, et en peu de temps les boulets et les obus eurent mis le feu dans plusieurs quartiers.

Presque toutes les histoires de Napoléon disent qu'à Ratisbonne une balle morte vint le frapper au talon; telle n'est pas

(1) Mort général de division en 1853.

la version adoptée par celui de ses historiens qui aura élevé à cette grande gloire le monument le plus impérissable; mieux renseigné, parce que sa position l'a mis à même de remonter à toutes les sources et de recueillir une foule de détails particuliers, M. Thiers, dont nous nous sommes fréquemment inspiré dans notre travail, raconte ainsi le fait :

« Tandis qu'avec une lunette il (l'Empereur) observait les lieux, il reçut une balle au coude-pied, et dit avec le sang-froid d'un vieux soldat : « Je suis touché ! » Il l'était effectivement et d'une manière qui aurait pu être dangereuse, car, si la balle eût porté plus haut, il avait le pied fracassé et l'amputation eût été inévitable. Les chirurgiens de la Garde, accourus auprès de lui, enlevèrent sa botte et placèrent un léger appareil sur la blessure qui était peu grave. A la nouvelle que l'Empereur était blessé, les soldats des corps, les plus voisins, rompirent spontanément leurs rangs pour lui adresser les plus bruyants témoignages de leur affection. Il n'y en avait pas un qui ne crût son existence attachée à la sienne. Napoléon donnant la main aux plus rapprochés, leur affirma que ce n'était rien, remonta immédiatement à cheval, il parcourut le front de l'armée pour la rassurer. Ce fut un délire de joie et d'enthousiasme. On saluait en lui l'heureux vainqueur d'Eckmühl, que la mort venait d'effleurer à peine pour apprendre à tous que le danger lui était commun avec eux, et que s'il prodiguait leur vie, il ne ménageait guère la sienne. Il passa devant les corps qui s'étaient le mieux conduits, fit sortir des rangs les officiers et même les soldats signalés par leur bravoure, et leur donna à tous des récompenses. Il y eut de simples soldats qui reçurent des dotations de 1,500 francs de rente. »

Mais le moment n'était pas encore venu de s'abandonner, sans réserve, à la joie que justifiaient tant de faveurs de la Providence; l'ennemi se défendait toujours dans Ratisbonne et sa résistance semblait devoir se prolonger. Une brèche avait été pratiquée aux environs de la porte de Straubing, sans que toutefois la muraille eût cédé dans toute sa hauteur, au feu de l'artillerie. Quelques grenadiers du 85e, au moyen d'échelles qu'on s'était procurées, avaient espéré pouvoir s'élever jusqu'à l'ouverture de cette brèche, mais à mesure que l'un d'eux s'y présentait, il était renversé par une grêle de balles, ce qui ne laissait pas de refroidir le zèle des hommes de bonne volonté.

Cependant on savait que l'Empereur avait eu extrême impatience du dénouement, car il sentait l'ennemi lui échapper. A tout prix, il fallait donc enlever le soldat : Lannes, malgré l'éclat de son costume qui va attirer sur lui tous les coups, s'empare d'une des échelles et s'écrie : « Vous allez voir que les « maréchaux ne cessent pas pour cela d'être des grenadiers. » Et il se dirige vers la muraille.

Ses aides-de-camp, Marbot et Labédoyère, se précipitent après lui et lui arrachent l'échelle des mains ; ce moment ne pouvait laisser froids des hommes comme ceux qui assistaient à cette scène : ils s'élancent à la suite des deux officiers, se jettent en foule dans le fossé et dressent contre la muraille toutes les échelles dont ils disposent. Inquiet de cet élan, l'ennemi précipite son tir qui, n'ayant pas en même temps de la justesse. La muraille est escaladée; à la suite de MM. Barbot et Labédoyère, les grenadiers pénètrent par la brèche; la porte de Straubing est ouverte, et le 85e entre en colonne dans Ratisbonne. Malgré la résistance opiniâtre des assiégés, nos soldats gagnent incessamment du terrain, mais tout à coup un cri de détresse suspend magiquement le combat : « Prenez garde! nous allons tous sauter! » s'écrie un officier autrichien. Et il montre un amas de barils de poudre auxquels les coups de fusil menacent, en effet, de mettre le feu. Par un instinct commun, on suspend la lutte, les barils sont mis hors de portée; mais dès-lors le combat ne reprend plus avec la même vigueur. Voyant, d'instant en instant, s'accroître le nombre et l'ardeur des assaillants, l'ennemi ne songe plus qu'à évacuer la ville, où il laisse, outre deux mille hommes mis hors de combat, six à sept mille prisonniers. Dans la précipitation de sa retraite, il n'a pas même le temps d'emmener ceux que lui-même, trois jours avant, avait faits dans le 65e. Au moment où l'Empereur entrait dans Ratisbonne, le colonel Coutard put lui présenter jusqu'à son aigle qu'il avait pu soustraire à l'ennemi.

Ainsi, du 19 au 23, en cinq jours, tous marqués par un combat et par une victoire, l'archiduc avait perdu soixante mille hommes, cent pièces de canon et un immense matériel. Forcé d'évacuer la Bavière, il était rejeté vers les défilés de la Bohême, sans aucun moyen de rien entreprendre, et nous étions sur la route de Vienne.

Le lendemain 24, la proclamation suivante était mise à l'ordre de l'armée :

« Soldats! vous avez justifié mon attente; vous avez suppléé au nombre par la bravoure; vous avez glorieusement marqué la différence qui existe entre les soldats de César et les cohues armées de Xerxès.

» En peu de jours, nous avons triomphé dans les trois batailles de Thann, d'Abensberg et d'Eckmühl, dans les combats de Leuchling, de Landshut et de Ratisbonne. Cent pièces de canon, quarante drapeaux, cinquante mille prisonniers, trois équipages de pont, trois mille voitures attelées, portant les bagages, toutes les caisses des régiments, voilà les résultats de la rapidité de vos marches et de votre courage.

» L'ennemi, enivré par un cabinet parjure, paraissait ne plus conserver aucun souvenir de vous; son réveil a été prompt : vous lui avez apparus plus terribles que jamais. Naguère il a traversé l'Inn et envahi le territoire de nos alliés; naguère il se promettait de porter ses armes au sein de notre patrie; aujourd'hui, défait, épouvanté, il fuit en désordre; déjà mon avant-garde a passé l'Inn : avant un mois nous serons à Vienne ! »

V

Opérations en Italie. — Insurrection du Tyrol. — André Hofer. — Affaire de Pordenone. — Bataille de Sacile. — Arrivée de Macdonald. — Opérations en Pologne.

Il avait été convenu, qu'à la même époque, les opérations de l'armée autrichienne commenceraient en Allemagne, en Italie et en Pologne.

Nous venons de voir quelle avait été la fortune de l'archiduc Charles en Bavière : esquissons rapidement les événements qui, dans le même temps, s'étaient passés en Italie, à l'armée de l'archiduc Jean, et en Pologne, à celle de l'archiduc Ferdinand.

Le Tyrol n'attendait que l'arrivée des Autrichiens pour se soulever contre la Bavière, à laquelle il était annexé depuis 1806. Les Bavarois n'avaient dans le pays que deux régiments d'infanterie de ligne, un régiment d'infanterie légère et un régiment de dragons; ces quatre régiments, répartis à Trente, à Brixen et à Inspruck, sous les ordres du général Kinkel, montaient à peine en total à sept mille hommes. En Italie, le prince Eugène, commandant l'armée française, avait les divisions d'infanterie Broussier et Seras, et une brigade de cavalerie légère, sous les ordres du général Sahuc; ces troupes, concentrées dans le Frioul, étaient, la première division d'infanterie sur la Ledra, la seconde entre Udine et Cividale.

A ces deux divisions devaient se joindre la division Grenier et les dragons de Grouchy, qui avaient ordre de passer le Tagliamento. Des renforts étaient également attendus de l'intérieur de l'Italie et du royaume de Naples; mais ils n'étaient pas immédiatement en mesure de rejoindre, et par la notable infériorité de ses forces, le prince Eugène, au moins momentanément, était condamné à une défensive absolue.

Le général Marmont, chef du corps qui occupait la Dalmatie, avait son quartier-général à Zara; là, il se préparait, sans trop d'inquiétude, à bien recevoir l'attaque des Autrichiens.

Devant opérer à la fois dans le Tyrol, dans le Frioul et dans la Dalmatie, l'archiduc Jean avait divisé son armée en trois corps. Une division de douze mille hommes était dirigée sur le Tyrol, conduite par le général Chasteler. En Dalmatie, une division de huit mille hommes, à laquelle devait se réunir l'*insurrection* de Croatie, fut détachée sous les ordres du général Stoïchevich. Enfin, l'archiduc Jean lui-même, à la tête de l'armée principale, s'avança vers le Frioul par la Pontéba, Cividale et Gorice.

Avec le peu de forces que les Bavarois avaient dans le Tyrol et les dispositions de la population ardemment dévouée à la cause de son indépendance, rien ne fut simple comme l'invasion de ce pays. Le général Chasteler y pénétra par Lientz et la vallée de Presther. Le 12 avril, son quartier-général était à Brunecken. Même avant l'arrivée des Autrichiens, à la voix d'un aubergiste nommé André Hofer, qui exerçait, sur ses compatriotes, une prodigieuse influence, les populations s'étaient levées en masse, et partout les postes bavarois étaient vus assaillis, enveloppés et forcés de mettre bas les armes. Inspruck n'avait pas tardé à être investi par les insurgés, sous la conduite d'André Hofer et du major Teimer, qui dirigeait les opérations militaires; et, après une attaque de plusieurs jours, le général bavarois, commandant dans la place, avait dû capituler. Poursuivant sa marche sans obstacle, le 13, le général Chasteler entrait à Brixen, et le 15, à Inspruck, il rejoignait le corps des insurgés. Deux colonnes françaises, composées d'environ quatre mille conscrits, qui allaient d'Italie en Allemagne pour recruter différents corps de l'armée impériale, se trouvèrent sur le chemin des insurgés victorieux. N'ayant jamais vu le feu et conduits par des officiers de dépôt, la plupart inhabiles au service actif, nos malheureux compatriotes, cernés par les troupes autrichiennes et par vingt mille montagnards enthousiastes et tireurs renommés, ne pouvaient faire une longue résistance. Ils furent forcés de capituler au nombre de trois mille, un millier ayant pu s'échapper du côté de Vérone; mais ce qu'il y eut de plus regrettable, c'est que, dans leur haine frénétique contre les Bavarois, les Tyroliens confondirent avec eux un certain nombre de prisonniers français, qui furent soumis aux traitements les plus barbares. L'Empereur, plus tard, fit peser sur le général Chasteler la responsabilité de cette violation des lois de la guerre, et André Hofer, le chef des insurgés, espèce de Washington ignoré qui, par certains côtés élevés de son caractère, aurait pu solliciter la clémence du vainqueur, paya de sa tête, quand l'insurrection fut comprimée, les fureurs patriotiques dont il n'avait pas su se rendre maître.

Le Tyrol allemand ainsi envahi, les Autrichiens se portèrent sur le Tyrol italien. Après plusieurs engagements avec une division française, aux ordres du général Baraguey-d'Hilliers, ils occupèrent Botzen, Trente; et, à la suite d'une action très-vive qui eut lieu à Volano, le 23, ils entrèrent à Roveredo. Là, le général Chasteler recevant, quelques jours plus tard, la nouvelle des désastres subis par l'armée de l'archiduc Charles, trouva prudent de s'arrêter.

La colonne, dirigée sur la Dalmatie, obtint d'abord quelques succès; ceux que le général Chasteler venait d'avoir dans le Tyrol et ceux qui signalèrent, comme on va le voir tout à l'heure, l'entrée de l'archiduc Jean en Italie, firent croire au prince-général que le général Marmont était hors d'état de résister, et il le fit sommer de mettre bas les armes. Marmont répondit comme il le devait à cette insolente intimation : il concentra ses troupes sous le camp de Zara et attendit les nouvelles d'Allemagne, où il se doutait bien que la présence de l'Empereur ne pourrait pas tarder à amener de grands événements.

Un détachement de l'armée de l'archiduc Jean déboucha par la vallée de la Filla, sous les ordres du colonel Wockmann et se porta sur Venzone. La division du général Broussier avait pris position en avant de ce point; après une courte fusillade elle battit en retraite.

L'archiduc lui-même suivait le colonel Wockmann sur deux colonnes, l'une composée de quinze bataillons et de seize escadrons, l'autre à une journée de marche, et formée de dix-huit bataillons et de vingt-deux escadrons. Le 11 avril Cividale fut occupée par les Autrichiens; le 13, l'archiduc avait son quartier-général à Udine, où il réunit toutes ses forces.

Par l'ordre du prince Eugène, les divisions Broussier et Seras se retirèrent derrière le Tagliamento, au grand regret de nos soldats, qui n'étaient pas habitués à céder le terrain aux Autrichiens.

En repassant le Tagliamento pour gagner la Livenza, le vice-roi rallia les divisions Grenier et Barbou et la division italienne Severoli; ainsi concentré, il s'arrêta entre Pordenone et Sacile.

A Pordenone fut laissée une arrière-garde composée de deux bataillons du 35e et d'un régiment de cavalerie légère sous les ordres du général Sahuc.

Averti que les Français se gardaient mal dans ce bourg, qui, étant fermé, paraissait à l'abri d'un coup de main, l'archiduc fit porter en avant un détachement d'infanterie avec une grosse troupe de cavalerie sous les ordres du chef d'état-major Nugent, officier expérimenté. La cavalerie enveloppe Pordenone et l'infanterie pénètre pendant que nos soldats sont endormis. Un sauve-qui-peut général est la suite de cette surprise; mais quand les Français se jettent en désordre sur la route de Sacile pour regagner le gros de l'armée, ils se voient de tous côtés assaillis par la cavalerie autrichienne, qui sabre impitoyablement tout ce qui se présente. Les hussards essayèrent de se faire jour au travers des escadrons ennemis, mais leurs charges courageuses n'obtinrent que peu de résultat. Quelques-uns s'échappèrent, le plus grand nombre fut sabré ou pris.

L'infanterie, c'était le 35e, vieux régiment d'Italie, se forma en carré; attaqués par 4,000 hommes, pendant cinq heures les deux bataillons commandés par le colonel Breissand, résistèrent énergiquement. Les cartouches épuisées, il fallut bien se rendre, et le colonel fut fait prisonnier avec environ quatre cents hommes. Frappé d'admiration par cette belle défense, l'archiduc dit au commandant français : « Colonel, un brave tel que vous ne sauriez rester désarmé, je vais faire chercher votre épée sur le champ de bataille, et si elle ne se trouve pas, je vous prierai d'accepter la mienne. » Deux jeunes officiers, le lieutenants Huot et Richard de Tussac, furent également merveilleux de courage et de sang-froid; chargés de défendre les portes de Pordenone, et n'ayant avec eux, chacun qu'un détachement de vingt hommes, ils arrêtèrent l'ennemi pendant longtemps; blessés tous deux, ils ne cédèrent leur poste qu'accablés par le nombre et sous les charges réitérées de la cavalerie.

Ce désastre fut doublement fatal, car le lendemain, il amena la bataille de Sacile, autre échec cruel à nos armes.

Encore peu expérimenté au commandement en chef d'une armée, le prince Eugène entendait avec douleur les propos des soldats, qui ne se retiraient qu'en murmurant devant un ennemi qu'ils avaient l'habitude de vaincre. L'affaire de Pordenone n'était pas faite pour imposer silence aux jugeurs, et, par un sentiment d'amour-propre regrettable, quoique bien facile à comprendre, le jeune général se crut obligé, coûte que coûte, de faire tête à l'archiduc.

Réunies aux divisions Broussier et Seras, les divisions Grenier, Barbou et Severoli, pouvaient s'élever à trente-six mille hommes, moitié vieux soldats d'Italie, moitié jeunes soldats, mais ceux-ci ayant déjà une instruction assez avancée.

L'armée autrichienne, composée d'excellentes troupes, montait à quarante-cinq mille hommes; il y avait donc déjà dans les forces respectives une assez grande disproportion.

La bataille fut livrée le 16 avril, un dimanche, ce qui fit dire à un dévot que le prince Eugène l'avait perdue en violation du repos dominical; à quoi on lui répondit : « Mais l'archiduc Jean qui l'a gagnée? — L'archiduc Jean est le dévot, avait entendu la messe. » Cela était vrai : au moment où commençait notre attaque, le général autrichien assistait à l'office divin avec tout son état-major; il n'eut que le temps de monter à cheval, et peu s'en fallut que ce qui devint pour lui une victoire, ne fût une surprise : l'exemple encore chaud de Pordenone, l'eût rendue inexcusable.

Le prince vice-roi avait pris position en avant de Sacile, à un village appelé Fontana-Fredda. A notre droite, formée par les divisions Seras et Severoli, nous avions devant nous les villages de Tamai, Palse et Porcia, entremêlés de clôtures et présentant un sol inondé et de nombreux canaux, derrière lesquels les Autrichiens s'étaient établis fortement. A notre centre, formé des divisions Grenier et Barbou, se présentait une grande route allant perpendiculairement de notre ligne à celle de l'ennemi; à notre gauche, formée de la division Broussier, s'étendait une plaine où s'apercevaient deux villages, celui de Roveredo, occupé par les Français, et celui de Cordenons où avaient bivouaqué les Autrichiens.

Ce fut sur les villages de Porcia et de Palse que se porta tout l'effort du combat. Le village de Palse fut enlevé au pas de charge et à la baïonnette par la brigade du général Garreau, qui tomba blessé d'un coup de feu; les divisions Seras suivirent ce mouvement. Une colonne, s'avançant de Porcia, sous les ordres du général Colloredo, força, par sa masse, les divisions françaises à abandonner le terrain qu'elles avaient conquis.

Le général Seras, à la tête d'une réserve, fit un retour offensif, qui parut d'abord couronné de succès; mais les Autrichiens, retranchés dans les maisons de Porcia et de Palse, opposèrent une résistance opiniâtre dont ne parvinrent pas à triompher des renforts envoyés sur le terrain de la lutte par les généraux Grenier et Barbou.

Pendant que cet engagement meurtrier continuait, un des corps de l'armée autrichienne s'avançant obliquement sur Fontana-Fredda, aborda à notre gauche la division Broussier; les 9e, 84e et 32e, beaux régiments à quatre bataillons, dont était composée cette division, reçurent avec un rare sang-froid le choc des forces supérieures qui venaient les assaillir, et malgré le désavantage de leur position en plaine, en présence d'une nombreuse cavalerie, se formant en carré, ils se maintinrent longtemps devant l'ennemi, auquel ils firent éprouver des pertes considérables. Mais le corps autrichien, très nombreux, ne tarda pas à déborder notre gauche, et bientôt, en arrière de Fontana-Fredda, il menaça le bourg de Sacile, où se trouvait sur la Livenza, le seul pont qui pût nous offrir une retraite facile. Le prince Eugène s'inquiéta pour ses communications, et quoique rien ne fût encore décidé, il ordonna un mouvement rétrograde, que la division Brousier protégea par une attitude dont l'énergie fut au-dessus de tout éloge. Durant la retraite, le lieutenant Pellegrin, du 84e, eut une jambe emportée par un boulet; quelques soldats se préparaient à l'enlever : « Non, mes amis, leur dit-il, en se défendant vivement contre leur zèle; laissez-moi ici et retournez à vos rangs où votre présence est bien plus nécessaire. Il ne faut pas que le régiment perde sept hommes au lieu d'un seul ; si l'ennemi est généreux, il prendra soin d'un brave. »

Des deux côtés les pertes furent à peu près égales ; mais dans la nuit, le prince Eugène ayant cru devoir pousser jusqu'à Conegliano pour se mettre plus sûrement à couvert sur la Piave, le croisement des troupes avec l'artillerie et les bagages amena une confusion pendant laquelle les soldats commencèrent à se débander. Un temps effroyable rendait d'ailleurs les routes presque impraticables et faisait déborder les rivières ; dans ce désordre, nous perdîmes en soldats pris ou égarés, un nombre à peu près égal à celui que nous avait coûté la bataille. La Piave fut repassée avec une allure de déroute, et si l'archiduc Jean n'eût mis trois jours à arriver sur cette rivière, un grand désastre eût pu s'ensuivre.

Le 22, le quartier-général autrichien fut porté à Trévise, et Palma-Nova où les Français avaient une garnison de trois mille cinq cents hommes se vit bloquée. Le 27, le prince Eugène avait son quartier-général à Caldiero, non loin de Vérone, sur la rive gauche de l'Adige. Là s'arrêta son mouvement de retraite. Retranché dans une forte position, il put attendre les renforts qui lui venaient de l'Italie intérieure et rallier la division Lamarque qui arrivait du royaume de Naples ; mais son meilleur auxiliaire dans le moment, ce fut le général Macdonald, envoyé par l'Empereur pour venir en aide à son expérience militaire encore incomplète.

Depuis le commencement de l'empire, malgré une capacité incontestée, Macdonald, par suite de sa liaison avec Moreau, n'avait pas été employé. Resté républicain, il portait encore le costume des généraux du Directoire, et, au premier moment, les jeunes officiers ne furent pas éloignés de le trouver ridicule. Mais l'heureuse impulsion que ses conseils ne tardèrent pas à donner aux affaires de l'armée d'Italie l'eurent bientôt fait prendre au sérieux, et, sous sa direction, qu'il eut l'habileté de ne pas trop faire sentir au vice-roi, déjà nous étions en mesure de reprendre l'offensive, quand les nouvelles arrivées d'Allemagne vinrent faire passer à l'ennemi l'attitude hésitante et la démoralisation qui, un instant avait pu être remarquées dans nos rangs.

Pendant que ces événements avaient lieu en Italie, sur le flanc gauche de Napoléon, le grand-duché de Varsovie, que le traité de Tilsitt avait formé des duchés de Posen et de Varsovie, était envahi par l'armée autrichienne, marchant sur une seule ligne. Le 14 avril, l'archiduc Ferdinand passa la Pilica, près de Novemiasto, sans rencontrer de résistance. Le 17, à Pietrikosi, son avant-garde se trouva en présence des premiers postes polonais, et les culbuta. Le 19, le jour même où avait lieu le combat de Tengen, le prince Poniatowski, ministre de la guerre du grand-duché, fut attaqué à la tête de l'armée polonaise, dans la position de Rauszyn, où il avait concentré toutes ses forces. Pendant huit heures, à la tête de douze mille hommes, il tint tête à trente mille Autrichiens ; mais, après avoir perdu quinze cents hommes, obligé de céder au nombre, il opéra sa retraite en bon ordre sur le camp retranché de Varsovie. Cerné dans cette position, il craignit pour la capitale du grand-duché les conséquences d'une lutte désespérée, et obtint pour Varsovie une bonne capitulation. Retiré sur la rive droite de la Vistule, entre Modlin et Sierock, il y garda une attitude qui n'était pas celle d'un vaincu, mais celle d'un homme qui, forcé de reconnaître la puissance du nombre, attend venir les événements.

1807

CAMPAGNE D'AUTRICHE
BOMBARDEMENT ET PRISE DE VIENNE

I

Lettre de l'Empereur au Prince Eugène. — Ses dispositions pour marcher sur Vienne.

La proclamation que l'Empereur avait adressée à l'armée, de son quartier-général de Ratisbonne, fut envoyée en Saxe, à Bernadotte, avec ordre de se mettre en mouvement. Il avait pour instruction de contenir les Autrichiens en Bohème, en tenant sa ligne d'opérations sur Ratisbonne. L'Empereur, lui disait la lettre du major-général, étant décidé à marcher sur Vienne, attendait avec impatience son arrivée entre Ratisbonne et la Bohême, pour coordonner les opérations de son corps avec celles des autres corps de l'armée. La dépêche ajoutait que des renforts lui seraient préparés à Ratisbonne, où le général Rouyer avait l'ordre de concentrer toutes les troupes arrivant successivement des derrières de l'armée ; la division Dupas, poursuivant sa marche par le cœur de l'Allemagne, avait ordre de se porter provisoirement sur le même point.

Le prince Poniatowski reçut aussi un exemplaire de la proclamation impériale. L'Empereur lui faisait dire en même temps que, vu la distance qui les séparait, il ne pouvait que s'en rapporter à son intelligence et à son zèle pour agir le plus efficacement dans le sens des intérêts communs.

L'Empereur s'était médiocrement ému en apprenant la perte de la bataille de Sacile, que le prince Eugène lui avait annoncée en deux lignes, dans une lettre ainsi conçue : « Mon père, j'ai » besoin de votre indulgence. Craignant votre blâme si je recu- » lais, j'ai accepté la bataille et je l'ai perdue. » Mais le vice-roi, par une mauvaise honte, n'ayant fait suivre cette lettre d'aucun rapport détaillé, l'Empereur, impatienté de ne pas savoir au juste les pertes qu'il avait faites en Italie et les dangers qui pouvaient menacer son flanc droit pendant qu'il allait marcher sur Vienne, n'accompagna pas l'envoi de sa proclamation à l'armée d'Italie de paroles aussi confiantes que celles qu'il adressait au prince Poniatowski.

Sans cesser d'être pour son fils adoptif plein des sentiments les plus affectueux, dans la lettre qu'il lui fit parvenir, il se reprochait la faiblesse qu'il avait eue de confier à un jeune homme inexpérimenté la conduite d'une armée. « Je fais, di- » sait-il, ce que je n'ai jamais fait, et ce qui doit répugner par- » dessus tout à un sage capitaine ; je marche mes ailes en l'air, » ne sachant pas ce qui se passe sur mes flancs... La guerre, » ajoutait Napoléon, est un jeu sérieux dans lequel on com- » promet sa réputation, les troupes et son pays... J'aurais dû » envoyer Masséna, et vous donner le commandement de la ca- » valerie sous ses ordres. Le prince royal de Bavière commande » bien une division sous le duc de Dantzig. Je pense que, si les » circonstances deviennent pressantes, vous devez écrire au roi » de Naples de venir à l'armée. Vous lui remettrez le comman- » dement et vous vous rangerez sous ses ordres. Il est tout » simple que vous ayez moins d'expérience à la guerre qu'un » homme qui la fait depuis dix-huit ans. »

Mais ce n'était là qu'une boutade que le vice-roi s'était attirée, bien plus par son silence intempestif que par la perte d'une bataille. Comme tous les hommes vraiment supérieurs, Napoléon était toujours plein d'indulgence pour les fautes de ses lieutenants; il savait faire entrer en ligne de compte ce qu'il avait en lui-même assez de ressource pour les réparer, et ne leur demandait pas d'égaler son incomparable génie.

Avant de prendre le parti de marcher sur Vienne, parti dont l'Empereur, on a pu le voir par les termes de la lettre ci-dessus, ne méconnaissait pas toute la gravité, il s'était demandé s'il ne serait pas plus simple et mieux dans la logique de la situation de passer avec l'archiduc Charles sur la rive gauche du Danube, de le rejeter dans les montagnes de la Bohême, et de lui enlever, par l'énergique insistance de sa poursuite, ses bagages, son artillerie, ses magasins, ce qui eût très probablement amené la fin de la campagne ? En suivant cette marche, Napoléon se serait épargné les terribles batailles d'Essling et de Wagram, et les mortelles anxiétés, qui, pour lui, remplirent l'intervalle de ces deux affaires. Mais la prudence voulait-elle qu'il s'arrêtât à la détermination que plusieurs historiens lui ont reproché de ne pas avoir prise, et son esprit toujours si droit et si juste ne dut-il pas être frappé de bien des considérations qui se présentaient pour l'en détourner ?

D'abord, dans le moment donné, il avait besoin de frapper l'esprit de l'Europe, et surtout celui de l'Allemagne, par quelque grand fait décisif, et, si magnifiques que fussent les résultats produits par les cinq journées qu'avait couronnées la prise de Ratisbonne, ces résultats, si l'on peut s'exprimer ainsi, n'étaient pas aussi parlants à l'imagination que devait l'être l'occupation de la capitale ennemie.

Or, ce n'était pas pour une vaine satisfaction de vanité, mais bien pour répondre à un danger très-réel, que Napoléon pensait à produire un coup de tonnerre. Pendant que déjà depuis plusieurs semaines le Tyrol était en insurrection, le 28 avril, c'est-à-dire quatre jours après la victoire de Ratisbonne, le major prussien Schill, qui, aux siéges de Dantzig, de Colberg et de Stralsund, avait fait avec succès la guerre de partisan, était tout à coup sorti de Berlin, emmenant cinq cents hussards de son régiment. Bientôt, suivis de trois cents hommes d'un bataillon d'infanterie légère qui portait son nom, il était entré à Wittemberg, avait recruté sur sa route, et, à la tête d'un rassemblement assez important, s'était dirigé sur la Westphalie, en annonçant que le roi de Prusse, résidant alors à Kœnisberg, venait de déclarer la guerre à la France, et qu'il était l'avant-garde de l'armée prussienne prête à entrer en campagne. Précédemment, deux autres officiers prussiens, le major Katt et le colonel Doernberg, aide-de-camp du roi, avaient fait des levées de boucliers pareilles, et si l'audace de ces espèces de guérillas patriotiques n'avait pas eu un sort meilleur que celui qui était réservé à la tentative de Schill, elles n'en accusaient pas moins un sourd frémissement de l'Allemagne qui déjà s'était manifesté par des mouvements insurrectionnels sur plusieurs autres points.

Mais, à supposer même que Napoléon n'eût pas eu un intérêt à montrer par l'occupation de Vienne tout ce que sa fortune avait d'irrésistible, ces cinquante mille hommes harassés par cinq jours de luttes qui, avant d'être des victoires, avaient été des combats, était-il en mesure de pousser bien ardemment l'archiduc Charles, qui, par sa jonction avec l'armée de Bohême, se trouvait à la tête d'au moins quatre-vingt mille hommes, et avait sur nous deux jours d'avance? Comment, d'ailleurs, aurait vécu l'armée française, quand; sur les routes déjà épuisées de la Bohême, l'armée autrichienne nous aurait précédés, de surcroît? Et si, après nous avoir entraînés à sa suite, l'archiduc revenait sur la rive droite du Danube et ralliait à lui les quarante mille hommes du corps de Hiller et de l'archiduc Louis, qui n'avaient pas encore évacué la Bavière ; et s'il était rejoint par les douze mille hommes de Chasteler et par les quarante-cinq mille de l'archiduc Jean, qui commençait à se retirer devant le prince Eugène, c'était donc cent soixante-douze mille hommes des meilleures troupes autrichiennes qui se seraient tout à coup opposés à nous sur la véritable ligne de communication.

En ayant l'air de prendre la voie la plus longue, la plus compliquée et la plus ardue, l'Empereur prenait donc en réalité la plus courte et la plus facile. Voici, pour le succès de sa marche une fois arrêtée sur Vienne, quelles furent ses dispositions.

Dès le 22 avril, avant de quitter Landshut pour se porter à Eckmühl, il avait envoyé le maréchal Bessières à la poursuite des deux corps du général Hiller et de l'archiduc Louis; c'étaient ceux qui, formant la gauche de l'archiduc Charles, en avaient été si habilement coupés; ils avaient continué de tenir la campagne en Bavière, pendant que le reste de l'armée se trouvait rejeté sur la rive gauche du Danube, par Ratisbonne.

Le 23, lorsqu'il s'emparait de cette ville, l'Empereur avait détaché Masséna avec ordre de surveiller la ligne du Danube, qu'il devait côtoyer, en descendant par Straubing, jusqu'à Passau et Lintz, de manière à empêcher la réunion des tronçons de l'armée autrichienne, séparés par le fleuve. Masséna marchait avec les divisions Boudet, Legrand et Carra-Saint-Cyr, et comme la division Molitor, qui faisait partie de son corps, en avait été détournée pour seconder le mouvement du maréchal Bessières, l'Empereur, pour le remplacer, lui avait donné la division Claparède, une des divisions d'Oudinot.

Quant au maréchal Davout, une nouvelle organisation venait de lui rendre les divisions Morand et Gudin, distraites de son corps, lors de l'affaire d'Abensberg, mais il se séparait définitivement de la division Saint-Hilaire, qui, avec deux divisions du général Oudinot, devait être attachée au corps du maréchal Lannes. A la tête des divisions Morand et Gudin, qui lui revenaient, de la division Friant, qui ne l'avait jamais quitté, et de la division légère du général Montbrun, Davout commandait à trente mille hommes. Il avait pour mission de passer sur la rive gauche du Danube, à la suite de l'archiduc Charles, de le convoyer jusqu'aux frontières de la Bohême, puis de revenir sur la rive droite, pour marcher derrière Masséna, tandis que la rive gauche continuerait à être éclairée par la cavalerie de Montbrun.

Au moment où le maréchal Davout, revenu par Ratisbonne, quitterait cette ville pour suivre le mouvement de Masséna, il devait y être remplacé par le général Dupas, commandant une division française de cinq mille hommes et une division de cinq mille hommes formée par un des contingents des petits princes de la Confédération. Ce corps, à son tour et un peu plus tard, devait se mettre en marche pour suivre Davout. Enfin, Bernadotte, quittant Dresde, et traversant le Haut-Palatinat, devait venir avec seize à dix-huit mille Saxons occuper Ratisbonne, à la place de la division Dupas.

Tous les passages du Danube ainsi gardés par échelons, de Ratisbonne à Lintz, l'Empereur résolut de se mettre lui-même à la tête du corps de Lannes, c'est-à-dire de la division Saint-Hilaire, de la division Demont et de la moitié disponible du corps d'Oudinot, auxquels il joignit la Garde qui venait d'arriver, et les régiments de cuirassiers Nansouty et Saint-Sulpice. Avec ces forces, il devait marcher à la suite de Bessières, pour l'appuyer au besoin, ou pour tomber sur l'archiduc Charles, si celui-ci essayait de repasser le Danube sur notre flanc ou sur nos derrières. Enfin, le maréchal Lefebvre était chargé, avec les Bavarois, d'occuper Munich, d'y ramener le roi, que la division Jellachich, distraite du corps de Hiller, en avait chassé dès le commencement de la campagne. De Munich, les Autrichiens devaient être poussés sur Saltzbourg, de là les Bavarois entreraient en force dans le Tyrol pour y réinstaller leur domination, et en même temps, du côté de l'Italie, ils surveilleraient l'archiduc Jean.

Toutes ces dispositions militaires arrêtées, l'Empereur donna au matériel, vivres, transports, hôpitaux, les soins si intelligents et si attentifs qu'il était dans l'habitude de consacrer à cet intérêt tout positif, mais néanmoins de premier ordre, dans la conduite des armées. Il prit aussi quelque souci des questions diplomatiques, et notamment demanda des explications sur la singulière affaire du major Schill, qui pouvait lui faire mettre en doute la sincérité des dispositions pacifiques de la cour de Berlin. Au fond ces explications lui étaient-elles bien nécessaires? et Napoléon, avec sa prodigieuse perspicacité, avait-il besoin qu'on lui répondit qu'en Prusse il y avait alors une opinion publique plus prussienne que le roi de Prusse, ce qui revient à dire que les nations ne prennent pas toujours aussi tranquillement leur parti de l'humiliation que les dynasties régnantes? Mais les agitations de cette opinion, l'Empereur savait bien qu'il en aurait toujours raison à coups de victoires, et pourvu que le roi, alors retiré à Kœnisberg, se montrât déférent et fidèle, il comptait sur les coups terribles qu'il préparait à l'Autriche pour calmer l'émotion du reste de l'Allemagne. Afin de pousser vivement l'œuvre commencée, le 26 avril, c'est-à-dire deux jours après le combat de Ratisbonne, il se mit en marche vers Landshut, bien décidé à ne plus perdre un moment pour s'avancer sur Vienne.

II

Combat de Neumarkt. — Destruction du pont de Lintz. — Terrible combat d'Ebesberg. — La division Claparède. — La division Legrand.

Après l'affaire de Ratisbonne, rejeté dans le Haut-Palatinat, avec environ quatre-vingt mille hommes, l'archiduc se retirait en effet sur la Bohême. Pendant quelques jours il s'arrêta à l'entrée des défilés qui mènent dans ce pays, et prit à Cham une position où il attendait son matériel et ses traînards; mais, sur une démonstration que fit Davout de ce côté, il décampa, abandonnant aux Français du matériel et des malades, qui devinrent nos prisonniers, et prit le parti de regagner le Danube par la route intérieure de la Bohême, espérant atteindre le pont de Lintz, et par là se réunir au corps de Hiller et de l'archiduc Louis.

Ceux-ci s'étaient persuadé que le gros de l'armée française était engagé à la suite de l'archiduc; ils résolurent donc de reprendre l'offensive contre Bessières, auquel ils ne savaient pas plus d'une quinzaine de mille hommes, et espéraient avec les trente-huit ou quarante mille qu'ils avaient sous leurs ordres, lui faire éprouver un échec.

Bessières marchait, ayant en tête la cavalerie légère du général Marulaz, au centre les Bavarois du général de Wrède, et à l'arrière-garde l'infanterie du général Molitor.

Son avant-garde fut attaquée en avant de la petite rivière de la Roth, non loin de Neumarkt. La cavalerie de Marulaz se conduisit avec bravoure, et, par plusieurs charges énergiques, elle arrêta la masse des Autrichiens. Mais bientôt elle fut obligée de se replier sur le centre formé par les Bavarois, qui, au nombre de six à sept mille hommes, ne pouvaient faire une longue résistance contre trente mille Autrichiens. Bessières était à table dans la petite ville de Neumarkt, quand on vint l'avertir du danger que couraient son avant-garde et son centre, d'être culbutés dans la Roth, sur laquelle n'existait qu'un pont tout à fait insuffisant pour qu'ils pussent par cette voie opérer leur retraite. Dans le moment, par bonheur, arrivait le général Molitor, suivi de sa division. Le maréchal Bessières, qui était un général de cavalerie, voyant qu'il s'agissait d'un combat d'infanterie, en laissa toute la direction au général Molitor; celui-ci se porta aussitôt au delà de la Roth, à la tête de ses quatre régiments.

Remarquant une hauteur boisée d'où l'on pouvait heureusement protéger la retraite, il en fit chasser les Autrichiens par le 2e de ligne, qui s'y établit solidement. A la droite de cette hauteur, il plaça les 16e, 37e et 67e régiments, et, par un feu bien nourri, fit une diversion à l'attaque déjà victorieuse de l'ennemi contre les Bavarois. Ceux-ci purent alors repasser la Roth, bientôt suivis de trois des régiments français ; le 2e, qui couvrait la retraite, eut avec les Autrichiens un engagement furieux; il était si animé dans sa resistance, que le général Molitor, lui ordonnant de se replier, était à peine écouté. A plusieurs reprises, il chargea les Autrichiens à la baïonnette, et les laissa stupéfaits par la façon toujours menaçante dont il opéra son mouvement rétrograde au-delà du pont.

Le faible avantage que venaient d'obtenir les Autrichiens ne les engagea pas à poursuivre dans la voie de l'offensive; car, presque au même moment, ils connurent la retraite de l'archiduc Charles en Bohême, à la suite d'éclatants revers, et, prévoyant que bientôt ils auraient l'Empereur sur les bras, avec toutes ses forces, ils se hâtèrent de se replier sur l'Inn, et de l'Inn sur la Traun, ligne extrêmement importante à défendre pour une armée qui veut couvrir Vienne.

L'armée toute entière se portait en effet sur l'Inn ; les Bavarois marchant, par Munich et Wasserbourg, sur Saltzbourg ; Lannes, par Muldorf, sur Burghausen ; Bessières, par Neumarkt, sur Braunau. Dans le même moment, Masséna arrivait devant Passau, que les Autrichiens n'avaient pas mieux mis en état de défense, après l'avoir occupé, que les Bavarois, auxquels ils l'avaient enlevé dans les premiers jours de la campagne. Néanmoins, la citadelle était restée dans les mains des derniers et elle fut débloquée à l'arrivée des Français.

Le général de Wrède, suivant du côté de Saltzbourg le corps de Jellachich, qui se retirait à marches forcées sur le Tyrol, joignit son arrière-garde à Lauffen, et lui enleva ses bagages, avec bon nombre de prisonniers. Après avoir passé la Salza, il trouva les Autrichiens arrêtés non loin de Saltzbourg, y entra pêle-mêle avec eux. Tous les magasins que l'ennemi avait dans cette ville tombèrent au pouvoir de la division bavaroise; le corps de Jellachich, qui laissa entre leurs mains un nombre considérable de prisonniers, se retira aux trois quarts désorganisé.

L'armée française, arrivée sur l'Inn, et maîtresse de tout l'espace entre Braunau et Saltzbourg, n'avait pas un moment à perdre pour marcher sur la Traun, car cette ligne correspondait au débouché de Lintz, par lequel il était encore possible à l'archiduc Charles de venir se réunir au corps du général Hiller et de l'archiduc Louis. Le 27 avril, Lannes, Bessières et Masséna commencèrent leur mouvement en avant de l'Inn; Masséna se dirigeant de Passau sur Efferding; Lannes et Bessières, de Burghausen et Braunau sur Ried. Le 30, l'Empereur se porta avec toute sa garde sur Burghausen. Vers Dittmaning, le chef d'escadron Margaron, avec cinquante chasseurs, fit mettre bas les armes à un bataillon de Landwehr. Le général Oudinot s'empara de Ried, où il trouva plus de vingt mille quintaux de farine, et fit quinze cents prisonniers. Lannes et Bessières occupèrent Wels, qui renfermait également de grands approvisionnements en vivres et munitions. Pendant que Masséna se hâtait vers Lintz, l'avant-garde de la division Carra-Saint-Cyr rencontra un petit corps autrichien sur la route de Ried à Neumarkt. Cette avant-garde, composée de chevau-légers wurtembergeois, de dragons badois et de trois compagnies du 4e de ligne, se porta si impétueusement sur les Autrichiens, qu'en un moment ils furent mis en déroute et laissèrent cinq cents prisonniers. Le major Descorches Sainte-Croix, aide-de-camp de Masséna, s'empara d'un drapeau.

Le 2 mai, après avoir échangé quelques coups de feu, en avant d'Efferding, avec l'arrière-garde du général Hiller, Masséna continua de s'avancer vivement vers Lintz, où il était le 3, à la pointe du jour. Il n'eut pour y entrer qu'à culbuter quelques postes qui ne se défendirent pas; mais il était grandement temps qu'il arrivât, car des détachements de l'armée de l'archiduc, envoyés pour occuper le passage, eurent le temps de détruire le pont de Lintz et d'amasser sur la rive gauche les bateaux dont il était formé.

Toutefois, un autre pont, pouvant encore plus facilement servir à la jonction des archiducs, était situé à deux lieues au-dessous, à Mauthausen. Ce pont se trouvait au confluent du Danube et de la Traun, sur laquelle on se rappelle que le général Hiller et l'archiduc Louis étaient convenus de prendre position, et, en effet, après avoir traversé Lintz sans s'y arrêter, Masséna aperçut au delà de la Traun l'armée ennemie se disposant à lui disputer le passage.

Au-delà du pont qui, se prolongeant sur plusieurs îlots, n'avait pas moins de deux cents toises de longueur, s'élevait un plateau escarpé couronné par la petite ville d'Ebersperg, et, plus haut encore, apparaissait le château-fort de cette ville; la tête du pont, la pente du plateau, la ville et le château étaient occupés par une masse autrichienne, qu'on pouvait évaluer de trente-six à quarante mille hommes.

On a beaucoup reproché à Masséna la sanglante rencontre dont nous allons faire le récit, et il est certain que le jour même ou le lendemain, la Traun devant être passée à quelques lieues au-dessus, par plusieurs colonnes en marche dans cette direction, la position des Autrichiens se trouvant tournée, serait tombée d'elle-même. Mais on doit aussi se rappeler que des détachements de l'armée du prince Charles se trouvaient à Lintz en même temps que nous; pendant toute sa marche sur cette ville, Masséna, ayant sa gauche au Danube, avait pu apercevoir, de l'autre côté de ce fleuve, les troupes de l'archiduc hâtant leur marche sur Lintz, et il était naturel de penser que, prévenues sur ce point, elles s'empresseraient de gagner le pont de Mauthausen, pour faire leur jonction avec le corps de la rive droite : cette conjoncture venant à se réaliser, toutes les forces réunies de l'Autriche se seraient trouvées en travers du chemin que nous suivions pour occuper Vienne. Ce fut sans doute sous le coup de ce danger, que Masséna se décida à aborder une position qu'on pouvait croire inexpugnable. Il faut dire aussi que la conscience d'une audace vraiment surhumaine dans les hommes qu'il commandait pouvait le porter à cette témérité.

Quelques postes de cavalerie légère et des tirailleurs autrichiens s'étaient portés en avant du pont, dans un village nommé Klein-Munchen. Chargés par la cavalerie du général Marulaz, les cavaliers repassèrent le pont, tandis que les tirailleurs se logeaient dans les jardins et dans les maisons du village. Un officier d'une bravoure emportée, le général Cohorn, commandant la première brigade de la division Claparède, lance les voltigeurs de cette brigade sur Klein-Munchen, et, après un engagement assez vif, met hors de combat ou fait prisonniers tous les hommes qui s'y étaient retranchés.

Recommençant alors Arcole, à la tête des tirailleurs du Pô et des voltigeurs corses, il donne le premier l'exemple de s'engager sur le pont, qu'encombrent des fascines incendiaires et que domine de toutes parts le feu de l'ennemi. Parvenu de l'autre côté, au pas de course, après avoir laissé en route, morts ou blessés, beaucoup des siens, il ne s'arrête pas au pied de la pente escarpée qui mène à Ebersberg, la gravit sous une pluie de balles, pénètre dans la ville, force les Autrichiens de la lui abandonner, ne suspend cet impétueux mouvement qu'au moment où, arrivé sur la grande place d'Ebersberg, que domine le château, il se voit le point de mire de toute son artillerie.

Engagé plus tôt qu'il ne l'aurait voulu, Masséna dépêche des aides-de-camp pour hâter l'arrivée de ses autres divisions; puis, afin de faire diversion à la terrible canonnade que les Autrichiens dirigent du haut du plateau, il met en ligne toutes les bouches à feu de son corps d'armée. Nos artilleurs comprennent l'intérêt pressant de leur intervention; ils semblent se multiplier, et, par la justesse et le bon emplacement de leur tir, malgré l'infériorité du nombre de leurs pièces, ils égalisent la lutte des deux artilleries, se répondant d'une rive à l'autre de la Traun. Ce n'était pas assez pour le salut de la brigade Cohorn, si témérairement engagée; il fallait aller la secourir sur place, et les deux autres brigades de la division Claparède, les brigades Lesuire et Ficatier, sous la conduite de Claparède lui-même, s'élancent au delà du pont.

Il était temps que ce renfort arrivât ; honteux du petit nombre d'assaillants auquel ils avaient cédé, les Autrichiens avaient repris en force un retour offensif, et le général Cohorn avait été refoulé, non-seulement au-delà de la grande place, mais au-delà même de l'entrée d'Ebersberg. Le général Claparède, à la tête de ses trois brigades, ne tarde pas à repousser les Autrichiens, et il parvient même jusqu'aux portes du château, où il essaye vainement de pénétrer. Une seconde attaque des Autrichiens, toujours plus nombreux, puisqu'ils combattaient trente-six mille contre sept ou huit mille, force les Français de rétrograder jusque sur la grande place ; mais au lieu de l'évacuer, le général Claparède ordonne d'occuper les maisons dont elle est bordée, et, du haut des fenêtres, fait il pleuvoir une grêle de balles sur les Autrichiens. Ceux-ci s'acharnent à la prise des habitations, dont ils font le siège une à une, cependant le château tire toujours, sans s'occuper si les projectiles atteignent des amis ou des ennemis. Bientôt le feu est mis en plusieurs endroits par des obus, et Ebersberg devient une fournaise où l'on ne respire plus.

L'avantage devait rester au nombre, et la division Claparède n'espérait presque plus être secourue, car le feu avait pris au pont, et la communication était interrompue entre les deux rives. Le pont pourtant put être préservé, et, à la fin, on aperçut le général Legrand, à la tête de sa division, qui venait d'arriver, s'avançant sur le pont, redevenu praticable ; mais les morts et les blessés dont il était encombré, aussi bien que les travaux nécessités par l'incendie, retardaient sa marche, ce qui lui fit répondre avec un merveilleux sang-froid à un officier qui s'était approché pour lui expliquer la position : « Je n'ai pas besoin de conseils, mais de place pour ma division. »

L'espace enfin lui est ouvert : sur sa droite, il jette le 20e léger pour déborder les Autrichiens qui enveloppaient Ebersberg, et avec le 18e de ligne, il marche au centre par la rue principale. Débouchant bientôt sur la grande place, il en repousse l'ennemi à la baïonnette, et, tandis que la division Claparède reprend haleine, malgré le feu terrible du château, il s'en approche, fait enfoncer les portes par ses sapeurs, et, y pénétrant, fait passer par les armes tout ce que la fuite ne lui dérobe pas.

Ebersberg est donc définitivement conquis, mais le séjour n'en est pas tenable ; l'incendie, que nul n'a souci d'éteindre, en fait bientôt un monceau de ruines d'où s'échappe une épouvantable senteur de chair roussie. Jamais la guerre n'a réalisé un plus repoussant spectacle.

Au-delà d'Ebersberg, l'armée autrichienne est en bataille sur des hauteurs, et la combattre au milieu d'une atmosphère qu'infecte plus l'odeur des cadavres brûlés, est une sorte de fête pour nos soldats ; mais, du lieu élevé où il est placé, l'ennemi voit dans la plaine, au-delà de la Traun, les longues colonnes des divisions Boudet et Carra-Saint-Cyr ; d'un autre côté, sur sa gauche, il aperçoit un gros de cavalerie qui a passé la Traun à Wels ; il n'ose pas se commettre avec ces forces imposantes et, en même temps que le confluent de la Traun, il nous abandonne le passage de Mauthausen ; mais pendant qu'il bat en retraite, les coureurs de l'archiduc Charles ont détruit sur ce point le pont du Danube, et les bateaux ont été dirigés sur Krems, le dernier point où l'armée de Bohême pourrait encore opérer sa jonction avec celle qui venait d'être battue.

La cavalerie que les Autrichiens avaient aperçue sur leur gauche était un fort détachement que Lannes, après avoir passé la Traun, sans trouver d'ennemis devant lui, avait dépêché sous les ordres du général Durosnel, jugeant, au bruit de l'effroyable canonnade d'Ebersberg, qu'une sérieuse affaire était engagée. L'intervention de cette force qui, arrivée quelques heures plus tôt, aurait fait tomber probablement, sans combat, la position d'Ebersberg, est l'argument dont on s'est le plus servi pour reprocher à Masséna d'avoir attaqué. Du reste, ce que l'on aura peine à croire, et ce qui est encore une nouvelle preuve de l'audace dans le danger, cet affreux combat ne nous avait coûté que dix-sept cents hommes, tandis que les Autrichiens avaient eu trois mille hommes mis hors de combat, et avaient laissé dans nos mains quatre mille prisonniers et beaucoup de drapeaux et de bouches à feu ; mais ce qui avait donné à cette lutte un caractère exceptionnel et vraiment effroyable, c'était cette ville en feu, devenue une espèce de cratère où les blessés périssaient sans pouvoir en être retirés, et où les morts même étaient consumés dans un linceul de flammes. L'Empereur, accouru au bruit de la canonnade, fut sur le point, en présence de ce hideux spectacle, de faire à Masséna le reproche que lui ont adressé quelques historiens ; mais il y a une raison de la guerre comme il y a une raison d'État, qui lui défendit de dire sa pensée, et un victorieux dont la témérité, tout en ayant engendré cet affreux désastre, avait été si heureuse. Se détournant avec horreur de ce lieu, où tous les sens étaient révoltés, il alla avec la Garde camper au-delà de la ville incendiée.

III

Un légionnaire de dix-huit ans. — Marche des Français sur Vienne. — L'Empereur devant cette capitale. — Le peuple à Vienne et à Madrid. — Dispositions clémentes de l'Empereur. — Lettres du prince de Neufchâtel. — Entêtement de l'archiduc Maximilien. — Bombardement de Vienne. — Sa capitulation. — Proclamation de l'Empereur à l'armée.

Une chance restait encore à l'archiduc Charles d'opérer sa jonction avec Hiller et l'archiduc Louis, c'était d'arriver avant nous à Krems et d'y passer le Danube sur le pont de Mautern ; mais, bien que tous les ponts eussent été coupés sur l'Ens, que nous avions à franchir après la Traun, et qu'un retard de près de quarante-huit heures eût été ainsi apporté à notre marche, le prince généralissime procédait toujours avec trop de lenteur pour nous devancer.

Le 6 au matin, nous traversâmes l'Ens pour nous porter sur Amstetten ; avant d'arriver à cette ville, nous eûmes un court engagement de cavalerie avec une arrière-garde ennemie. Le général Édouard Colbert, qu'il ne faut pas confondre avec son frère Auguste, tué en Espagne quelques mois auparavant, chargea les Autrichiens à la tête du 29e chasseurs, les mit en déroute et fit prisonniers cinq cents hulans ; leur colonel se rendit au jeune Lauriston, sorti des pages depuis six mois, et qui l'avait attaqué corps à corps ; l'Empereur décora le sous-lieutenant de dix-huit ans qui soutenait si bien l'honneur de son nom.

Désormais, l'armée marchait réunie par la seule route conduisant à Vienne, entre le pied des Alpes et le Danube ; le 6 au soir, elle entra à Amstetten sans trouver de résistance, et le surlendemain, elle arrivait à Molk, où l'Empereur établit son quartier-général dans l'abbaye de ce nom. Le 8, nous étions à Saint-Polten. En cet endroit, où convergent les routes d'Italie, de Bohême, de la haute et basse Autriche, et celle de Vienne, qui passe à travers les gorges du Kahlenberg, on aurait dû s'attendre à une chaude rencontre avec les Autrichiens, si leur jonction avait pu s'opérer ; mais, ayant perdu l'espoir de se réunir sur la rive droite, ils étaient en pleine retraite. Après avoir gagné la rive gauche par le pont de Krems, dont ils avaient ensuite replié les bateaux derrière eux, ils s'étaient contentés d'envoyer un fort détachement sur Vienne, par la route directe de Saint-Polten, afin de concourir à la défense de cette capitale, dès lors sérieusement menacée. Le 8, à neuf heures du soir, le maréchal Lannes reçut l'ordre de porter, le lendemain de bonne heure, tout son corps sur Vienne. Il devait être soutenu par les divisions Nansouty et Saint-Sulpice ; Masséna eut l'ordre de suivre en seconde ligne et à très-courte distance. L'Empereur manda en même temps au maréchal Davout d'envoyer directement sa cavalerie légère à Mautern, pour couvrir, du côté du Danube, le flanc gauche de l'armée pendant sa marche sur Vienne ; la division Gudin, du même corps, devait venir se concentrer à Saint-Polten, et le reste du corps, filer sur Molk.

Le 10, à dix heures du matin, Napoléon parut aux portes de Vienne avec le corps du maréchal Lannes : « C'était, dit le bulletin officiel, à la même heure, le même jour et un mois juste après que l'armée autrichienne avait passé l'Inn, pour envahir la Bavière. »

La capitale de l'Autriche allait-elle se défendre ? Si l'on se rappelle la proclamation de l'archiduc Charles, et la guerre à outrance qu'elle faisait entrevoir, on devait supposer une résistance énergique, d'autant mieux que l'orgueil national devait se révolter à l'idée de livrer une seconde fois, sans coup férir, la principale ville de l'empire.

Vienne à cette époque, n'était pas à proprement parler une place forte, bien que l'ancienne ville fût protégée par une enceinte avec bastions et contrescarpe. On se fera une idée de l'étendue de cette enceinte, quand on saura qu'elle renfermait environ cinq cents maisons et quatre-vingt mille habitants. Peu à peu l'accroissement de la population avait formé autour de la ville intérieure huit quartiers, auxquels était resté le nom de faubourgs. Chacun d'eux égalait en superficie l'espace occupé par la cité ; ils formaient un ensemble de treize cents maisons habitées par plus de deux cent vingt mille âmes ; un grand nombre de ces maisons étaient des palais ou des demeures de l'aspect le plus aristocratique.

Les faubourgs eux-mêmes n'étaient pas tout à fait ouverts ; à l'entour, régnait une enceinte terrassée qui, bien que dépourvue d'ouvrages avancés, pouvait offrir une résistance de quelques jours. Le bois d'ailleurs ne manque pas dans la ville que menaçaient alors les Français, et le lecteur a vu le parti qu'on avait tiré au siège de Dantzig de ce moyen précieux de retranchement. L'arsenal contenait cinq cents bouches à feu, les vivres n'étaient pas difficiles à y amener en quantités considérables ; à supposer même que l'on s'épouvantât à l'idée de supporter un siège en forme, on pouvait au moins tenir jusqu'à l'arrivée de l'archiduc Charles, et c'est là, sans doute, ce qu'il avait espéré. Mais le point de départ de la guerre se marquait dans toutes les dispositions secondaires. On l'avait entreprise avec l'idée que Napoléon, empêtré dans la déplorable affaire de l'Espagne, ne serait pas à temps en Allemagne pour lutter contre les forces immenses que l'on avait mises sur pied. Bien loin de penser qu'on eût à défendre la capitale, on avait eu cet loin de la guerre portée au delà du Rhin, témoin cet immense équipage de ponts dont nous nous étions rendus maîtres à Landshut. Plus tard, quand les revers étaient venus, leur succession avait été si précipitée, qu'il était déjà bien tard pour prendre des mesures défensives. D'ailleurs, les gouvernements chez lesquels manque toute publicité, se trouvent souvent en présence de difficultés, qui, à côté de commodités incontestables, se rencontrent au système du silence absolu. On avait caché à la population viennoise tout ce qui s'était passé depuis le commencement de la campagne. L'archiduc n'avait jamais été battu; si maintenant il était en Bohême, c'était de son plein gré, et par suite de ses savantes manœuvres. Si même, par impossible, on voyait les Français se présenter devant Vienne, il faudrait bien se persuader que c'était quelque division aventureusement jetée de ce côté par Napoléon, et qui ne tarderait pas à payer cher cette pointe qu'elle aurait osée. En un mot c'était à peu près le même langage qui, cinq ans plus tard, en 1814, devait être tenu à la population parisienne. Le moyen alors de concilier cette sécurité dans laquelle on voulait endormir le peuple viennois, avec de grands travaux de fortification qui auraient été exécutés?

A part donc quelques canons placés sur les remparts de la ville vieille, rien n'était préparé pour sa défense à l'heure où la cavalerie du général Colbert, et la brigade Conroux, de la division Tharreau, parurent à l'entrée du faubourg de Maria-Hilf.

La manière dont se présentait ce détachement, qu'on sut bientôt suivi de Napoléon et de toute son armée, ne s'accordait guère avec la supposition à l'avance répandue dans la population, d'un simple parti venant témérairement insulter Vienne, et devant presqu'aussitôt être châtié de son insolence.

Toujours, chez le bas peuple, qui n'a rien à perdre aux bouleversements, le sentiment national a toute l'énergie de son instinct. Lors donc que celui de Vienne connut la vérité, malgré la placidité proverbiale du caractère autrichien, il fut en proie à la même exaspération que nous avons eu précédemment à décrire dans la population de Madrid, et les résultats de cette exaspération furent presque exactement les mêmes dans les deux capitales. A Vienne comme à Madrid, le parlementaire envoyé pour faire sommation à la ville, fut insulté, et courut risque de la vie. Il n'y eut pas jusqu'au boucher de Madrid, qui ne se retrouvât dans la capitale de l'Autriche, et un homme de cette profession ayant renversé de son cheval le colonel Lagrange, qui était porteur de la sommation, ce cheval servit à promener en triomphe comme une sorte de Masaniello, le héros populaire qui s'était rendu coupable de cette grossière violation du droit des gens. Sur le passage de ce cortège les maisons et les boutiques se fermaient, ce qui ne faisait qu'ajouter aux dispositions tumultueuses de la multitude. Voyant ce qui se passait, un officier français, le capitaine Roidot, escalade la grille qui ferme l'entrée du faubourg, et, le sabre à la main, il force le gardien à lui livrer les clés. La cavalerie Colbert entre alors au grand trot, suivie de l'infanterie, qui marche au pas de charge; le faubourg est traversé presque sans résistance, mais, arrivées à portée des remparts de la vieille ville, nos colonnes sont accueillies par un violent feu de mitraille, et le général Tharreau est au nombre des blessés. Nouvelle sommation est adressée à la place, qui répond par de nouvelles volées de canon; toutefois il faut dire que les projectiles font beaucoup moins de mal à nos soldats, qui se sont mis à couvert, qu'aux habitations des faubourgs traitées ainsi ennemis.

Si l'Empereur s'émut de cette résistance inutile, ce fut bien moins à cause de l'obstacle qu'elle lui créait, qu'à cause des nécessités rigoureuses qu'elle lui laissait entrevoir.

L'Empereur n'était terrible que sur le champ de bataille; c'était un preneur benin de capitales qui n'aimait pas à se porter avec elles à de dures extrémités. Il fit occuper seulement l'entrée des faubourgs, nomma gouverneur de Vienne le général Andréossy, qui précédemment y avait été son ambassadeur, ce choix assurément indiquait les intentions les plus conciliantes. En même temps il adressa aux habitants une proclamation pour leur rappeler la conduite des Français en 1805, et pour leur promettre une pareille douceur de traitement, s'ils s'en rendaient dignes par leur calme et leur bon sens.

Aussitôt, le général Andréossy prit possession de ses fonctions; il fit un appel aux principaux habitants, les organisa en municipalités, forma une garde bourgeoise pour le maintien de l'ordre, et essaya d'établir des communications avec la vieille ville, à laquelle il fit représenter qu'elle ne pouvait se défendre sans être elle-même le principal instrument de la ruine de la ville extérieure.

Cependant le feu continuait : une députation des faubourgs pensa alors à se rendre auprès de l'archiduc Maximilien, qui s'était chargé de la défense de la place avec plus de présomption et d'emportement que de talents militaires. Avant de faire cette démarche, la députation demanda à être présentée à Napoléon, pour recueillir de sa bouche des paroles rassurantes qu'elle voulait porter à ses concitoyens. L'Empereur fit mieux, il la chargea d'une lettre qu'il fit écrire à l'archiduc par Berthier; cette lettre était ainsi conçue :

« Monseigneur, le duc de Montebello a envoyé ce matin à Votre Altesse un officier parlementaire accompagné d'un trompette: cet officier n'est pas revenu. Je la prie de me faire connaître quand elle est dans l'intention de le renvoyer. Le procédé peu usité qu'on a employé dans cette circonstance me force à me servir des habitants de la ville pour communiquer avec Votre Altesse.

» Sa Majesté l'Empereur et Roi, mon souverain, ayant été conduit à Vienne par les événements de la guerre, désire épargner à la grande et intéressante population de cette capitale les calamités dont elle est menacée, et me charge de représenter à Votre Altesse que, si elle continue à vouloir défendre la place, elle occasionnera la destruction d'une des plus belles villes de l'Europe, et fera supporter les malheurs de la guerre à une multitude d'individus, que leur état, leur sexe et leur âge devraient rendre étrangers aux maux causés par les armes.

» L'Empereur, mon souverain, a manifesté dans tous les pays où la guerre l'a fait pénétrer, sa sollicitude pour éviter aux populations non armées de pareils désastres. Votre Altesse doit être persuadée que Sa Majesté est sensiblement affectée de voir toucher au moment de sa ruine cette grande ville; elle regarde comme un titre de gloire de l'avoir déjà sauvée.

» Cependant, contre l'usage établi dans les forteresses, Votre Altesse a fait tirer du côté du faubourg, et ce canon pouvait tuer non un ennemi de votre souverain, mais un homme et un enfant de ses plus zélés serviteurs. J'ai l'honneur de faire observer à Votre Altesse que, pendant cette journée, l'Empereur s'est refusé à laisser entrer aucune troupe dans les faubourgs, se contentant seulement d'en occuper les portes, et de faire circuler des patrouilles pour maintenir l'ordre. Mais si Votre Altesse continue à vouloir défendre la place, Sa Majesté sera forcée de faire commencer les travaux d'attaque, et la ruine de cette capitale sera consommée en trente-six heures par le feu des obus et des bombes de nos batteries, comme la ville extérieure sera détruite par l'effet des vôtres. Sa Majesté ne doute pas que toutes ces considérations n'influent auprès de Votre Altesse, et ne l'engagent à renoncer à un projet qui ne retarderait que de quelques moments la prise de la ville. Je prie Votre Altesse de me faire connaître sa dernière résolution. »

Un redoublement de la canonnade fut la réponse à cette lettre. Poussé à bout, l'Empereur monta à cheval avec Masséna, et alla reconnaître le côté de la place par lequel elle pourrait être attaquée avec le moins de dommage pour les malheureux habitants.

Il remarqua que vers un bras du Danube, séparant les faubourgs de la promenade appelée le *Prater*, on pouvait établir des batteries qui, en couvrant de feux l'enceinte fortifiée, n'attireraient sa riposte que sur quelques habitations clair-semées et sur les îles du fleuve. Il ordonna que des nageurs allassent, au-delà du bras qu'il s'agissait de passer, chercher des barques qui s'y trouvaient en assez grand nombre. Des hommes de la division Boudet, ayant à leur tête le capitaine Pourtalès, aide-de-camp de Berthier, et l'aide-de-camp du général Boudet, Sigaldi, exécutèrent cet ordre, en sorte que bientôt on eut moyen de faire passer sur l'autre rive deux compagnies de voltigeurs, sous le commandement du chef d'escadron Talhouet, officier d'ordonnance.

Les voltigeurs allèrent droit au pavillon de Lusthaus, dans le Prater : ce pavillon était occupé par un poste de grenadiers autrichiens; après les en avoir chassés, nos soldats s'y retranchèrent et en firent la tête d'un pont de bateaux que l'on travailla à jeter sur le bras du Danube.

Pendant sa construction, quinze pièces de canon furent mises en batterie sur la rive que nous occupions, et protégèrent la position de nos voltigeurs. Dans le même temps, une batterie de vingt obusiers était préparée par les généraux Bertrand et Navelet, à l'extrémité du faubourg de Landstraas, non loin du fleuve, et à neuf heures du soir, après une sommation nouvelle restée sans résultat, commença le bombardement. En moins de quatre heures, dix-huit cents obus furent lancés sur l'enceinte fortifiée, et bientôt la vieille ville parut en flammes.

Ce fut alors, si le rapprochement n'a pas été inventé après coup, qu'un parlementaire aurait été envoyé à l'Empereur pour le supplier de changer la direction des batteries qui menaçaient le Burg, résidence impériale où la jeune archiduchesse Marie-

Louise était restée malade de la petite-vérole ; il va sans dire que Napoléon se serait empressé de déférer à cette prière.

L'archiduc Maximilien s'obstinait pourtant à ne pas rendre la ville, et quand il sut que nous nous préparions à passer le petit bras du Danube, ce qui allait lui ôter tout moyen d'être secouru, et fermait la seule issue que la ville, déjà investie de toute part, offrit encore à ses défenseurs, il jugea utile de nous troubler dans l'établissement du pont en cours de construction. Pour y parvenir, il envoya deux bataillons de ses meilleures troupes, qui, au milieu de la nuit, vinrent attaquer le pavillon de Lusthaus. Mais les voltigeurs de Boudet avaient abattu des arbres derrière lesquels ils étaient à l'abri d'une surprise, et ils se gardaient soigneusement. Laissant approcher les Autrichiens, ils les accueillirent par des décharges à bout portant, pendant que, de l'autre rive, l'artillerie les foudroyait par un feu de mitraille. Mis en déroute, ils rentrèrent à Vienne, où leur mésaventure donna à réfléchir à l'archiduc Maximilien. Craignant d'être pris lors de l'occupation de la ville, où il n'espérait plus se maintenir, le 12, avant le jour, il en sortit avec dix bataillons de ligne, la portion la plus solide de la garnison, traversa le Danube et brûla les ponts après lui, laissant pour le remplacer le général Beloutte, avec environ deux mille hommes de landwehr.

Le nouveau gouverneur n'avait pas deux partis à prendre : dès le matin, il envoya un officier à nos avant-postes pour demander que l'on cessât le feu, et annoncer qu'une députation allait se rendre à Schœnbrünn, auprès de l'Empereur, qui occupait ce château impérial à une lieue de Vienne.

Peu après, en effet, cette députation, composée des personnages les plus distingués de la ville, était reçue par Napoléon dans le parc de sa résidence, et en retour des protestations de la soumission la plus absolue, en regrettant les cruelles extrémités auxquelles on l'avait réduit, il promettait que Vienne n'éprouverait pas un autre traitement que celui qu'elle avait obtenu lors de la première occupation française.

Dans la soirée, une capitulation fut signée entre le général Andréossy d'une part, et le lieutenant-général de Vaux, et le colonel Beloutte, représentant d'autre part, le général O'Reilly, et le lendemain les troupes d'Oudinot prirent possession de Vienne.

L'Empereur n'y fit pas d'entrée, il continua de résider à Schœnbrünn, et le même jour, de ce château, il adressait la proclamation suivante à son armée :

« Soldats ! un mois après que l'ennemi passa l'Inn, au même jour, à la même heure, nous sommes entrés dans Vienne.

» Ses landwehrs, ou levées en masse, ses remparts créés par la main impuissante de la maison de Lorraine, n'ont point soutenu nos regards ; les princes de cette maison ont abandonné la capitale, non comme des soldats d'honneur qui cèdent aux circonstances, mais comme des parjures que poursuivent leurs propres remords. En fuyant de Vienne, leurs adieux à ses habitants ont été le meurtre et l'incendie ; comme Médée, ils ont de leurs propres mains égorgé leurs enfants.

» Le peuple de Vienne, selon l'expression de la députation des faubourgs, délaissé, abandonné, veuf, sera l'objet de vos égards ; j'en prends les bons habitants sous ma spéciale protection ; quant aux hommes turbulents et méchants, j'en ferai une justice exemplaire.

» Soldats, soyons bons pour les pauvres paysans, pour le bon peuple qui a tant de droits à votre estime ; ne conservons aucun orgueil de nos succès, voyons-y une preuve de cette justice divine qui punit l'ingrat et le parjure. »

A côté de cette proclamation, il est assez curieux de lire les quatre lignes si simples par lesquelles l'Empereur annonçait la prise de Vienne à l'Impératrice.

Schœnbrünn, le 12 mai 1809.

« Je t'expédie le frère de la duchesse de Montebello pour t'apprendre que je suis maître de Vienne, et que tout ici va parfaitement. Ma santé est fort bonne.

» NAPOLÉON. »

IV

Les Français à Vienne. — La garde bourgeoise. — L'officier de santé et la chanoinesse. — Napoléon journaliste.

L'Empereur avait ordonné que la discipline la plus exacte fût observée par le soldat ; pas un acte, pas une parole offensante n'était tolérée contre l'habitant. Il voulut même que les Viennois se gardassent eux-mêmes, et ils furent organisés en milice nationale, avec la précaution toutefois de ne mettre à la disposition de cette garde urbaine que quinze cents fusils ; c'était le nombre de citoyens qui chaque jour étaient commandés pour le service de sûreté.

Du reste, une anecdote consignée dans les mémoires de M. de Bausset, préfet du palais, prouve avec quelle sévérité l'Empereur tenait la main à l'engagement qu'il avait pris de faire respecter les personnes et les propriétés.

Un des chirurgiens-majors de la Garde avait été logé dans la banlieue de Vienne, chez une chanoinesse âgée, et proche parente du prince Jean de Lichstenstein, dont elle portait le nom. Les exigences de cet officier de santé furent déraisonnables. Dans un moment où le vin de Hongrie avait sans doute un peu dérangé sa raison, il eut la malheureuse idée d'écrire à madame de Lichstenstein, une lettre en des termes si extravagants et en même temps si injurieux, que cette dame crut devoir recourir à la protection du général Andréossy, afin d'être débarrassée d'un hôte aussi fâcheux. Pour appuyer sa demande, elle envoya la lettre qui lui avait été écrite par l'officier de santé dont M. de Bausset n'a pas voulu dire le nom ; voici le début de cette lettre : « Si le maréchal duc de Dantzig, de *glorieuse mémoire*, était logé chez vous, il vous dirait : *princillon*, etc. »

Le reste de l'épître répondait à ce commencement. Le général Andréossy la fit parvenir aussitôt au major-général prince de Neufchâtel, avec celle que lui avait écrite madame de Lichstenstein : les deux lettres furent mises sous les yeux de l'Empereur, qui fit donner l'ordre au chirurgien-major de se trouver le lendemain à la parade.

Ce jour là, l'Empereur descendit rapidement le grand escalier du château, le visage courroucé, ne parlant à personne, et tenant à la main la lettre de l'officier de santé. — Faites venir X**, dit-il à haute voix. — Celui-ci se présenta. — Monsieur, est-ce vous qui avez écrit et signé cette lettre infâme ? — Grâce, Sire, j'avais bu et ne savais ce que je faisais. — Malheureux ! outrager un de mes plus braves lieutenants, et en même temps une femme déjà assez à plaindre d'avoir à supporter une partie des malheurs de la guerre ! Je n'admets point votre excuse, je vous dégrade de la Légion d'honneur, vous n'êtes pas digne d'en porter l'insigne. Général Dorsenne, ajouta l'Empereur, en s'adressant à cet officier, colonel-major du régiment des grenadiers à pied de la Garde, faites exécuter cet ordre... Insulter une vieille femme ! reprit encore Napoléon ; mais ! je respecte une vieille femme comme si c'était ma mère !

Cette bourrasque si bien méritée n'eut pas de longues suites ; celui qui se l'était attirée était un homme de mœurs douces et d'une remarquable capacité. On intercéda pour lui, et on fit comprendre à l'Empereur qu'en réalité sa tête n'avait pas conduit sa main. L'Empereur pardonna : l'exemple, d'ailleurs, avait produit l'effet qu'il en avait attendu.

Puisque nous avons permis à l'anecdote de venir un moment faire trêve à la relation des opérations militaires, un mot encore de digression sur un sujet auquel on ne reprochera pas sans doute d'être étranger à notre cadre : il s'agit des fameux bulletins de *la Grande Armée*.

On aurait tort de croire que ces bulletins fussent continuellement de sèches et techniques relations d'événements et de faits de guerre. Sans aucun doute, l'Empereur y consignait ses victoires ; en quelques phrases rapides et énergiques, il donnait le résumé de ces grandes et savantes manœuvres qui aboutissaient toujours à quelque grande bataille décisive, et mettait à la portée de toutes les intelligences, et le résultat obtenu, et la déduction des moyens par lesquels il avait été préparé. Mais il ne se bornait pas l'usage de ces grandes communications officielles adressées à la France, et par contre-coup à l'Europe. A de certains moments, le bulletin de *la Grande Armée* prenait l'allure d'un article de journal. L'Empereur y discutait, y insérait des documents, y consignait jusqu'à des *on dit*, jusqu'à des bruits hasardés, et ayant besoin de confirmation, mais qui avaient pour lui la valeur de favoriser, ou des projets militaires, ou sa politique. Dans ces occasions (le mot pourra paraître étrange, mais il n'en sera pas moins vrai), Napoléon devenait journaliste, et journaliste dans toute l'acception du mot, avec l'animation passionnée qui donne aux faits un certain tour, qui jette à ses adversaires l'ironie et le sarcasme; qui fait des insinuations, des rapprochements, et qui, plus soucieuse de l'effet qu'elle a voulu produire, que de la vérité absolue, s'occupe bien moins de préparer des documents à l'histoire, que d'obtenir une action donnée et actuelle sur le milieu contemporain.

Plusieurs de ces caractères se trouvent réunis dans le bulletin qui fut envoyé à Paris, après la prise de Vienne. L'Empereur était alors indigné contre le cabinet autrichien, qui l'avait troublé dans la conclusion de cette affaire d'Espagne, dont un instinct secret lui disait toute la gravité. Il avait besoin d'établir que la guerre qui lui avait été déclarée était déloyale, qu'elle se faisait à l'encontre des conseils de tous les gens sensés; qu'elle n'était sortie que des inspirations et des subsides de l'Angleterre, son éternelle ennemie. Il lui fallait encore pourvoir à une sourde fermentation de l'esprit public qu'entretenaient, en Allemagne, les brochures de quelques écrivains nationaux; enfin, par un entraînement auquel il avait déjà cédé dans ses bulletins de la campagne de Prusse, l'Empereur trouvait utile de rendre ridicule les adversaires que pourtant il avait passablement abaissés dans la campagne de cinq jours qui avait abouti à la prise de Ratisbonne. En lisant le bulletin que nous reproduisons ici comme un curieux spécimen de sa manière, on va voir avec quelle verve, avec quelles ressources d'esprit, cet étonnant génie s'y prenait pour déconsidérer ses ennemis.

HUITIÈME BULLETIN.

Vienne, le 16 mai 1809.

« Les habitants de Vienne se louent de l'archiduc Reinier. Il était gouverneur de Vienne, et lorsqu'il eut connaissance des mesures révolutionnaires ordonnées par l'Empereur François II, il refusa de conserver le gouvernement. L'archiduc Maximilien fut envoyé à sa place. Ce jeune prince, avec toute l'inconséquence de son âge, déclara qu'il s'enterrerait sous les ruines de la capitale; il fit appeler les hommes turbulents et sans aveu qui sont toujours nombreux dans une grande ville, les arma de piques et leur distribua toutes les armes qui étaient dans les arsenaux. En vain les habitants lui représentèrent qu'une grande ville parvenue à un si haut degré de splendeur, au prix de tant de travaux et de trésors, ne devait pas être exposée aux désastres que la guerre entraîne après elle; ces représentations excitèrent sa colère, et sa fureur était portée à un tel point, qu'il ne répondait qu'en ordonnant de jeter sur les faubourgs des bombes et des obus qui ne devaient tuer que des Viennois, les Français trouvant un abri dans leurs tranchées et leur sécurité dans l'habitude de la guerre.

» Les Viennois éprouvèrent des frayeurs mortelles, et la ville se croyait perdue, lorsque l'Empereur, pour épargner à la capitale les désastres d'une défense prolongée, en la rendant promptement inutile, fit passer le bras du Danube et occuper le Prater.

» A huit heures, un officier vint annoncer à l'archiduc qu'un pont se construisait, qu'un grand nombre de Français avaient passé la rivière à la nage, et qu'ils étaient déjà sur l'autre rive. Cette nouvelle fit pâlir ce prince furibond, et porta la crainte dans ses esprits. Il traversa le Prater en toute hâte; il renvoya au delà des ponts chaque bataillon qu'il rencontrait, et il se sauva sans faire aucune disposition et sans donner à personne le commandement qu'il abandonnait; c'était cependant le même homme qui, une heure auparavant, protestait de s'ensevelir sous les ruines de la capitale!

» La catastrophe de la maison de Lorraine était prévue par les hommes sensés des opinions les plus opposées. Manfredini avait demandé une audience à l'Empereur, pour lui représenter que cette guerre pèserait longtemps sur sa conscience, qu'elle entraînerait la ruine de sa maison, et que bientôt les Français seraient dans Vienne. Bah! Bah! répondit l'Empereur, ils sont tous en Espagne.

» Thugut, profitant de l'ancienne confiance que l'Empereur avait mise en lui, s'est aussi permis des représentations réitérées.

» Le prince de Ligne disait hautement : Je croyais être assez vieux pour ne pas survivre à la monarchie autrichienne (1). Lorsque le vieux comte Wallis vit l'Empereur partir pour l'armée : « c'est Darius, dit-il, qui court au devant d'Alexandre : il » aura le même sort. »

» Le comte Louis de Cobenzel, principal auteur de la guerre de 1805, étant à son lit de mort, et vingt-quatre heures avant de fermer les yeux, adressa à l'Empereur une lettre fort pathétique. « Votre Majesté, écrivait-il, doit se trouver heureuse de l'état où l'a mise la paix de Presbourg; elle est au second rang parmi les puissances de l'Europe; c'est celui de ses ancêtres. Qu'elle renonce à une guerre qui entraînera la ruine de sa maison : Napoléon sera vainqueur et il aura le droit d'être inflexible, etc., etc. » Cette dernière action de Cobenzel a jeté de l'intérêt sur ses derniers moments.

» Le prince de Zizendorf, ministre de l'intérieur, plusieurs hommes d'état demeurés étrangers, comme lui, à la corruption et aux fatales illusions du moment, beaucoup d'autres personnages distingués, et ce qu'il y avait de plus considérable dans la bourgeoisie, partageaient tous, exprimaient tous la même opinion.

» Mais l'orgueil humilié de l'empereur François II, la haine de l'archiduc Charles contre les Russes, le ressentiment qu'il éprouvait en voyant la Russie et la France intimement unies, l'or de l'Angleterre, qui avait corrompu le ministre Stadion; l'inconséquence et la légèreté d'une soixantaine de femmes; l'hypocrisie et les faux rapports de l'ambassadeur Metternich, les intrigues des Razumowski, des Dalpozzo, des Schlegel, des Gentz et d'autres aventuriers que l'Angleterre entretient sur le continent pour y fomenter des dissensions, ont produit cette guerre insensée et sacrilège.

» Avant que les Français eussent été vainqueurs, sur le champ de bataille, on disait qu'ils n'étaient pas nombreux; qu'il n'y en avait plus en Allemagne; que les corps n'étaient composés que de conscrits; que la cavalerie était à pied, la garde impériale en révolte, les Parisiens en insurrection contre l'empereur Napoléon. Après nos victoires, on dit que l'armée française était innombrable; qu'elle n'avait jamais été composée d'hommes plus aguerris et plus braves; que le dévouement des soldats à Napoléon triplait, et qu'il centuplait leurs moyens : que la cavalerie était superbe, nombreuse, redoutable; que l'artillerie, mieux attelée que celle d'aucune autre nation, marchait avec la rapidité de la foudre, etc., etc., etc.

» Princes faibles! cabinet corrompu! hommes ignorants, légers, inconstants! voilà cependant les pièges que l'Angleterre vous tend depuis quinze années, et vous y tombez toujours. Mais enfin la catastrophe que vous nous prépariez est accomplie; la paix du continent est assurée pour jamais.

» L'Empereur a passé hier la revue de la division de la grosse cavalerie du général Nansouty; il a donné des éloges à la tenue de cette belle division, qui, après une campagne aussi active, a présenté cinq mille chevaux en bataille. Sa Majesté a nommé aux places vacantes, et accordé le titre de baron, avec dotation en terre, au plus brave officier, et la décoration de la légion d'honneur avec une pension de douze cents francs au plus brave cuirassier de chaque régiment.

» On a trouvé à Vienne cinq cents pièces de canon, beaucoup d'affûts, beaucoup de fusils, de poudre, de munitions confectionnées et une grande quantité de boulons et de fer coulé.

» Il n'y a eu que dix maisons brûlées pendant le bombardement. Les Viennois ont remarqué que les malheurs sont tombés sur les partisans les plus ardents de la guerre, aussi, disaient-ils que le général Andreossy dirigeait les batteries.

» La nomination de ce général au gouvernement de Vienne a été agréable à tous les habitants. Il avait laissé dans la capitale des souvenirs honorables, et il jouit de l'estime universelle.

» Quelques jours de repos ont fait beaucoup de bien à l'armée, et le temps est si beau que nous n'avons presque pas de malades. Le vin qu'on distribue aux troupes est abondant et de bonne qualité. »

Pendant que l'Empereur prenait le temps d'inspirer et de surveiller la rédaction de ce bulletin si soigneusement circonstancié, dont il savait que le retentissement serait énorme en Allemagne et en Europe, sa pensée était occupée du plus immense problème militaire qui puisse jamais être offert aux méditations d'un capitaine.

Livrer une grande bataille; la livrer contre toutes les règles de l'art de la guerre, adossé à un fleuve, et ayant derrière lui la capitale ennemie, et, pour aller chercher cette bataille, exécuter en présence d'une armée de cent mille hommes, et sous

(1) Il est mort en 1815, pendant le congrès de Vienne.

le feu d'une formidable artillerie, le passage d'un des plus rapides cours d'eau de l'Europe, lequel n'a pas moins de cinq cents toises de largeur, telle était la tâche qui lui était faite par la position de l'archiduc Charles sur la rive gauche du Danube. Et cette fois, on ne dira pas que la victoire fut acquise à Napoléon par l'ascendant irrésistible de son étoile; car, au moment où il semblait toucher au résultat que les plus habiles dispositions avaient préparé, nous allons voir un caprice de la fortune venir le lui retirer des mains, et le forcer de demander à toutes les ressources de son génie le moyen de le ressaisir. Mais, avant d'entreprendre le récit de ce grand drame militaire qui, commençant le 21 mai à la sanglante bataille d'Essling, ne devait avoir son dénouement que le 6 juillet, à Wagram, nous avons à dire les événements dont l'Italie avait continué d'être le théâtre.

V

Position de l'armée française sur l'Adige. — Attaque du fort de Malghera. — Combat de Bastia. — Retraite des Autrichiens. — Passage et bataille de la Piave. — Évacuation de l'Italie par l'archiduc Jean. — Insurrection du Tyrol comprimée.

Nous avons laissé l'armée du prince Eugène repliée sur l'Adige, où elle se réorganise, en attendant des nouvelles d'Allemagne. Quinze jours s'écoulèrent, sans que l'archiduc Jean entreprit le passage de cette rivière; et, en effet, c'était une opération grave et qui méritait qu'on y pensât. Remis de l'instant de démoralisation, nos soldats faisaient, sur le Haut-Adige, de fréquentes reconnaissances qui devenaient des combats, et nous y eûmes assez de fois l'avantage pour ajouter à l'hésitation naturelle de l'ennemi. Dans une des reconnaissances, on fit prisonnier le comte de Goess, intendant-général de l'armée autrichienne. Dans son portefeuille furent trouvées des instructions et les pleins pouvoirs du cabinet de Vienne, pour l'organisation politique et administrative du royaume d'Italie, que l'on tenait déjà pour conquis. L'organisateur fut envoyé au fort de Fenestrelles, pour y méditer ses plans.

Le 28 avril, l'armée, entièrement reconstituée, occupait les positions suivantes :

L'aile droite, sous le commandement du général Macdonald, composée des divisions Broussier et Lamarque, et d'une brigade de dragons, sous les ordres du général Guérin, gardait la ligne de l'Adige, depuis Ronco jusqu'à Caldiero.

Le centre, commandé par le général Grenier, était formé de la division portant son nom, et qu'on avait confiée provisoirement au général Abbé; de la division Seras, et de quatre escadrons du 8e hussards. Ces troupes occupaient tout l'espace entre Caldiero et le village de San-Martino, où étaient établis deux régiments d'infanterie, le 51e et le 52e.

Le général Baraguey-d'Hilliers commandait la gauche, composée des divisions italiennes Severoli et Fontanelli, plus la division Rusca, un moment détaché dans le Tyrol, mais venant de rejoindre l'armée; ces trois divisions étaient en position devant Vérone.

La division d'infanterie du général Durutte, formée de troupes récemment arrivées de Toscane, mais n'étant pas encore au complet, était à Isola-Della-Scala, couvrant la forteresse de Mantoue. La division de cavalerie légère du général Sahuc était en avant de Caldiero, à cheval sur la route de Vicence. Le général Pully, avec ses dragons, était à Vago, observant le cours de l'Adige, jusqu'à Reverchiava; enfin, la garde royale italienne était en arrière de San-Martino; ces derniers corps composaient la réserve. Le grand parc d'artillerie était à Vérone, et le prince vice-roi avait son quartier-général à Vago.

Venise était occupée par le général Barbou avec une partie de sa division : parmi les forts élevés autour de cette ville, celui de Malghera, qui l'unit au continent, formait un point d'une extrême importance. On était occupé de le mettre en défense par des travaux pour lesquels le prince vice-roi avait recommandé la plus grande célérité, quand le 23 avril, l'archiduc Jean fit sommer le général français de lui remettre la place. Il fut répondu au parlementaire que la question serait résolue sur la brèche.

Deux heures après, un corps nombreux, commandé par l'archiduc en personne, avait investi le fort, qui fut aussitôt battu par une artillerie formidable. La brèche pratiquée, les Autrichiens s'avancèrent sur plusieurs colonnes, pour donner l'assaut au front de l'Ouest. Arrivés au bord du fossé, ils se disposaient à le franchir, quand une décharge générale de l'artillerie du fort qu'on avait vivement amenée sur le point menacé, porta dans les colonnes ennemies un tel désordre qu'il leur fut impossible de se reformer. Ayant perdu, dans cette attaque, plus de huit cents hommes, l'archiduc renonça à emporter Malghera de vive force, et convertit le siège en blocus.

Vers le 28 avril, l'archiduc reçut du conseil aulique l'ordre de suspendre son mouvement en avant. On lui faisait savoir les premiers échecs éprouvés en Bavière, et il devait, en conséquence, manœuvrer de manière à ne pas s'éloigner des états héréditaires. Sans connaître encore les dispositions nouvelles de l'ennemi, le prince Eugène avait ordonné une reconnaissance générale sur les avant-postes de celui-ci. L'aile droite de l'armée française s'avança vers Villa-Nova, où l'ennemi déploya sur l'Alpon un corps assez considérable d'infanterie et de cavalerie, avec vingt pièces de canon. Le général Grenier, avec les deux divisions du centre, et le 8e hussards, marcha sur la Soave. Il y trouva les Autrichiens retranchés, et se contenta d'échanger avec eux quelques coups de canon. A l'aile gauche, l'ennemi fut repoussé des postes qu'il occupait dans les montagnes, au nord de Vérone ; à la suite, un engagement très-vif et qui se prolongea pendant près de deux jours, eut lieu sur les hauteurs de Bastia, que les Autrichiens disputaient aux divisions Sorbier et Bonfanti. La garde italienne se comporta fort bien dans cette rencontre ; bien que l'ennemi, par la force du nombre, fût resté maître du terrain, ce combat fut glorieux pour l'armée d'Italie ; elle eut à regretter le général Sorbier, frappé mortellement.

Pendant la nuit du 30 avril au 1er mai, les Autrichiens, qui n'avaient engagé si vivement l'action autour des hauteurs de Bastia, que pour masquer leur mouvement rétrograde, évacuèrent la ligne de l'Alpon, dont ils détruisirent tous les ponts, et commencèrent à se retirer sur Vienne.

De moment en moment, au quartier-général français, on attendait des nouvelles du théâtre des opérations conduites par l'Empereur et il ne fallait pas une très-vive imagination pour se persuader que ces nouvelles seraient des victoires. Averti de la marche d'un convoi de bagages qui filait dans la direction du Frioul, le général Macdonald devina quelques grands succès obtenus en Bavière, et, s'étant rendu avec le prince vice-roi aux avant-postes, il s'assura que l'archiduc Jean était en pleine retraite.

Aussitôt le général Macdonald fit rétablir les ponts sur l'Alpon, et l'armée tout entière se porta en avant. Le 2, l'avant-garde française rencontra près de Montebello une arrière-garde ennemie, et la mena tambour battant jusqu'à Olmo. Le 9e régiment s'empara de ce village. Le général Debroc fut dangereusement blessé dans cette action.

L'arrière-garde autrichienne se retirait avec précipitation : dans la nuit du 2 au 3, elle traversa la Brenta, et rejoignit le gros de l'armée sur les hauteurs d'Arméola.

L'armée française, portée à environ soixante mille hommes, conservait l'organisation en trois corps que nous avons précédemment fait connaître. Macdonald marchait à droite dans la plaine ; le général Grenier, au centre, par la grande route de Frioul ; le général Baraguey-d'Hilliers à gauche, le long des montagnes ; la réserve en arrière. Les routes étaient encore mauvaises, les ponts partout détruits, l'ennemi ne pouvait donc être suivi avec tout l'élan que nos soldats, charmés d'avoir repris l'offensive, étaient disposés à mettre dans leur marche.

Ce fut seulement le 5 que l'avant-garde française put être au-delà de la Brenta. Dans la soirée, la division Seras enleva Bayans et y fit quinze cents prisonniers. A Marostica, un bataillon ennemi se laissa surprendre et mit bas les armes.

Pendant que les autres divisions passaient la Brenta, la division Durutte s'était portée sur Trévise, par la route de Mestre. Le soir même, le faubourg San-Antonio fut enlevé par les Français, et, dans la nuit suivante, détermina l'évacuation de la ville ; nous y trouvâmes des approvisionnements considérables en farines, grains et fourrages.

Le 7 mai au soir, on était sur les bords de la Piave. L'ennemi en avait coupé tous les ponts, mais la rivière était guéable, et malgré l'attitude de nos adversaires, qui avaient suspendu leur mouvement de retraite, et avaient pris position sur l'autre rive, on résolut de passer.

Le passage devait s'effectuer sur deux points. L'avant-garde, commandée par le général Dessaix, et formée de quarante-huit compagnies de voltigeurs et de détachements de cavalerie légère, devait se porter seule sur la rive gauche, afin de protéger ensuite le passage de l'infanterie, au gué dit de la Grande-Maison ou Lovadina, pendant que la cavalerie passerait à celui de San-Michele.

La position des Autrichiens, sur la rive droite de la Piave, était menaçante; leur front, garni d'une artillerie formidable, s'étendait sur un rideau de collines, en avant duquel se montraient des grand-gardes de cavalerie très-rapprochées.

L'avant-garde, ayant de l'eau jusqu'aux aisselles, passa néanmoins sans difficulté. L'ennemi ne fit aucune démonstration de résistance, au contraire, ses grand-gardes se repliaient précipitamment, mais c'était avec l'intention d'attirer sous le feu de ses batteries la petite fraction de l'armée qui allait se trouver seule sur la rive gauche. Cette habileté eut le succès qu'en avait été attendu ; nos soldats, s'étant laissé entraîner à la poursuite des fuyards, se trouvèrent en présence d'une batterie de vingt-quatre pièces de canon, subitement démasquée. En même temps, les Autrichiens firent volte-face et ramenèrent en désordre les imprudents tombés dans ce piége.

Le général Dessaix parvint pourtant à former l'infanterie en deux carrés, et, malgré le choc le plus terrible, il put se maintenir jusqu'à l'arrivée de Macdonald avec sa droite. Un peu plus tard, le général Grenier, malgré une crue subite de la rivière qui montait de moment en moment, se trouva sur la rive gauche avec le centre. Alors un grand retour offensif, commandé par le prince vice-roi, qu'on voyait payer de sa personne dans les endroits les plus périlleux, porta le désordre dans les rangs autrichiens.

Le 28e dragons, conduit par le général Poinçot, et le 29e par le général Pully, se précipitèrent sur la batterie de vingt-quatre canons qui nous avait fait tant de mal au commencement de l'action, et en prirent plus de la moitié. Avant même que toute l'armée fût de l'autre côté du fleuve, l'ennemi était rejeté sur la route de Conegliano, où il parvint néanmoins à se reformer derrière des digues élevées à droite et à gauche de cette route.

Attaqué vivement par toute l'armée du prince vice-roi, à ce moment réunie au delà de la Piave, l'archiduc Jean fit une longue résistance ; ce ne fut qu'à huit heures du soir, qu'il put être définitivement repoussé au delà de Conegliano. Il laissait dans nos mains beaucoup de canons et de bagages, deux mille cinq cents morts ou blessés, et un nombre à peu près égal de prisonniers. Il en avait perdu environ autant dans sa retraite de l'Adige à la Piave ; c'était donc, en quelques jours, une diminution de sept mille hommes qu'avait subie l'armée autrichienne.

Le 11, le prince Eugène était arrivé sur le Tagliamento, dont le passage, par suite d'une crue extraordinaire des eaux, offrit quelques difficultés. On se porta aussitôt sur San-Daniele, où l'ennemi paraissait vouloir se concentrer. Attaqués avec vigueur dans cette position, les Autrichiens ne s'y défendirent pas avec moins d'énergie, mais leur confiance du commencement de la campagne était passée chez nos soldats ; ils ne purent tenir nulle part, et, au moment où l'empereur occupait Vienne, les quarante-huit mille hommes de l'archiduc Jean, réduits à trente mille au plus, évacuaient l'Italie. Parvenu aux gorges des Alpes Carniques, le général autrichien avait été obligé de sacrifier quinze cents hommes pour sauver les bagages et le matériel de l'armée.

Rejeté au delà des Alpes, l'archiduc Jean ne garda avec lui que vingt mille hommes. Il avait l'intention, s'il en était temps encore, de se réunir, du côté de Saint-Polten, à l'archiduc généralissime ; s'il arrivait trop tard, il comptait rallier les généraux Chasteler et Jellachich, et se porter avec eux de Léoben sur Gratz, pour de là gagner la Hongrie, et opérer sa jonction avec la principale armée autrichienne.

Il détacha, sous les ordres du Ban de Croatie Ignace Giulay, quelques bataillons de ligne, dix-huit escadrons et plusieurs batteries d'artillerie, avec la mission de lever l'insurrection croate et d'aller renforcer ensuite le corps du général Stoïchewich, qui était opposé à Marmont en Dalmatie.

Afin de se réunir le plus tôt possible à l'Empereur, et de pourvoir au danger que courait le général Marmont d'être accablé sous des forces décidément supérieures, le prince Eugène donna à Macdonald quinze mille hommes de troupes excellentes, qu'il devait conduire par la route de Laybach, pour débloquer Palma-Nova, occuper Trieste et rallier Marmont, avec lequel il viendrait ensuite le rejoindre par Gratz, sur la route de Vienne. Pour lui-même, avec le reste de l'armée d'Italie, il prit la route qui devait le conduire vers Napoléon.

Sommé, comme nous l'avons raconté plus haut, de mettre bas les armes, le général Marmont avait répondu à cette intimation par plusieurs avantages remportés sur l'ennemi. Il restait dans sa position défensive, lorsque, dans les premiers jours de mai, la retraite du général Stoïchewich lui donna un premier indice des événements accomplis en Bavière. Marmont, qui avait des ordres pour se rapprocher le plus tôt possible de l'Allemagne, se mit aussitôt en marche à la suite de l'ennemi. Il se dirigea par Zeng et Fium, cherchant à se réunir au corps de Macdonald, qui, de son côté, s'efforçait de le rallier. Le 16, il atteignit les Autrichiens à Monkitta, et remporta sur eux un avantage signalé ; le général Stoïchewich fut fait prisonnier.

Dans le Tyrol, la nouvelle des victoires remportées par Napoléon avait également contribué aux succès que ne tarda pas à obtenir le maréchal Lefebvre sur les troupes réunies de Chasteler et de Jellachich, qui pouvaient se monter à dix-sept ou dix-huit mille hommes. Après avoir battu les Autrichiens dans la position de Worgel, le duc de Dantzig se porta sur Inspruck, qui dut se rendre à discrétion. Mais André Hofer et le major Teimer se retirèrent vers les cimes inaccessibles qui séparent le Tyrol allemand du Tyrol italien, se tenant prêts à renouveler l'insurrection quand elle aurait des chances plus favorables. Chasteler et Jellachich, avec des troupes fort réduites, se mirent en route vers la Hongrie, afin de se réunir par cette voie à l'archiduc Charles.

1809

CAMPAGNE D'AUTRICHE

ESSLING

I

Préparatifs du passage du Danube. — Occupation de l'île Lobau. — Passage du fleuve. — L'armée autrichienne. — L'armée française.

L'Empereur était arrivé à Vienne avec le corps du maréchal Lannes, celui de Masséna, la Garde et la réserve de la cavalerie. Ayant à assurer ses derrières, soit à Krems, soit même à Lintz, si l'archiduc se présentait sur l'un de ces deux points, et devant aussi lui faire face à Vienne, il assigna au maréchal Davout Saint-Polten pour quartier-général, lui prescrivit d'avoir au même endroit deux de ses divisions, et d'en répandre une de Molk à Mautern. De cette façon, en une journée, Davout, selon l'exigence du moment, était en mesure de se porter soit à Krems, soit à Vienne.

Pour parer au danger de Lintz, qui était beaucoup moins probable, dix mille Wurtembergeois y furent laissés aux ordres du général Vandamme, avec mission de rétablir le pont, de le fortifier à l'une et à l'autre de ses extrémités, et de faire de fréquentes reconnaissances en Bohême. A Passau, point également important, il plaça le maréchal prince de Ponte-Corvo, qui arrivait avec les Saxons, et lui adjoignit la portion française de la division Dupas ; l'autre portion, formée du contingent des petits princes allemands, occupa Ratisbonne, sous les ordres du général Rouyer.

Mais, afin de ne pas employer indéfiniment tant de monde à la surveillance des passages du Danube, l'Empereur ordonna, sur tous les points où une tentative des Autrichiens pouvait être prévue, de grands travaux de fortification qui nous assuraient la possession des ponts, dont le rétablissement fut jugé utile.

Des hôpitaux, de grands approvisionnements en grains et en munitions, des fours pour la manutention du pain, furent également, par ses ordres, échelonnés sur la ligne du Danube. Enfin, pour éclairer les routes d'Italie, par lesquelles on devait bientôt s'attendre à voir paraître l'archiduc Jean, et pour le forcer au plus grand détour possible quand, rentré dans les états héréditaires, il serait en mesure d'opérer sa jonction avec l'archiduc Charles, l'Empereur, au moyen de sa nombreuse cavalerie, forma comme un réseau où devait inévitablement venir se heurter l'armée autrichienne, quand elle arriverait poussée par le prince Eugène.

Tous ces soins pris, restait toujours la difficile question du passage du Danube, pour aller livrer la bataille à la principale armée autrichienne.

Après un long détour par la Bohême, l'archiduc Charles s'était rapproché du fleuve ; il avait rallié le général Hiller et l'archiduc Louis, passés le 7 mai sur la rive gauche, ce qui aurait porté son armée sous Vienne à plus de cent mille hommes, s'il n'avait trouvé utile de laisser en observation, sur les frontières de la Bohême, le corps de Kollovrath, opposé ainsi à Vandamme et à Bernadotte.

L'Empereur avait toute raison de hâter le grand choc qui se préparait; car, d'un moment à l'autre, l'armée de son adversaire pouvait s'accroître des troupes que les Autrichiens avaient en Italie. De son côté, sans doute, il devait s'attendre à rallier Eugène, Macdonald et Marmont, mais la proportion des forces respectives ne resterait pas la même, puisque indépendamment de la bataille à livrer, il fallait toujours penser à la difficulté du passage. Or, celle-ci s'augmentait à la fois, et du nombre des troupes que l'on devait trouver devant soi, et du nombre de celles que l'on aurait à jeter sur l'autre rive.

Une idée venait naturellement à l'esprit : remonter le Danube jusqu'à Krems, afin de le passer hors de vue de l'archiduc. Malheureusement, dans ce cas, il fallait, ou abandonner Vienne, ou y laisser, pour le contenir, une force imposante qui aurait manqué le jour de la bataille; et quelle force est assurée de se maintenir au milieu d'une population de trois cent mille âmes, si celle-ci vient à se soulever et lui fait la terrible guerre des rues?

Vienne restait donc le vrai lieu du passage; seulement, sans cesser de peser sur la ville, on pouvait choisir entre divers points.

Devant Vienne et un peu au-dessous, le Danube s'étale, se divise en bras nombreux, et par là même se fait plus large et partant moins rapide et moins profond. Plus bas, vers Presbourg, il se resserre, s'encaisse, devient moins coupé, mais ses eaux gagnent en rapidité et en profondeur ce qu'elles perdent en superficie.

Des fleuves comme le Danube ne se passent pas à gué, et, devant une armée comme celle de l'archiduc, on ne pouvait penser à recommencer le fameux passage du Rhin. Il fallait tout prosaïquement passer sur des ponts; or, pour jeter un pont, le point à choisir est certainement celui où le courant a le moins de rapidité, celui où il est coupé par des îlots qui permettent la division du travail, et celui enfin où les bords offrent le moins d'escarpement.

Tout cela se rencontrait à une très petite distance de Vienne, au-dessus et au-dessous. Mais une combinaison bien plus favorable encore, et qui ne pouvait manquer de frapper l'attention de l'Empereur, c'était, dans le cours du fleuve, l'existence de deux grandes îles ayant assez d'étendue pour contenir une armée entière, et se trouvant disposées de manière qu'à l'abri des regards et de l'artillerie ennemis on pût y effectuer un premier passage, qui ne présenterait d'autres difficultés que la lutte avec la rapidité du courant. La chance devenait encore meilleure, si ces îles, plus rapprochées de la rive où l'ennemi nous attendait, ne laissaient plus à franchir sous son feu, qu'un bras de peu d'étendue, tandis que le grand bras serait traversé hors de la portée des boulets.

Les deux îles offrant toutes ces conditions réunies étaient, au-dessus de Vienne, vis-à-vis du village de Hussdorff, celle de Schwartze-Laken, et à deux lieues au-dessous, vis-à-vis d'Enzersdorff, l'île de Lobau.

L'Empereur eut d'abord l'intention de les faire toutes deux servir à son dessein. Mais on ne réussit pas dans l'occupation de la Schwartze-Laken. On ne remarqua pas qu'elle se reliait, par une jetée avec la rive gauche occupée par les Autrichiens : cinq cents hommes, qui, conduits par un chef de bataillon, y furent transportés dans des barques, se virent peu après attaqués par trois bataillons ennemis arrivés par la jetée. Leur résistance fut héroïque, mais, acculés au grand bras du Danube, toute retraite leur devenait impossible; ils furent tous tués ou faits prisonniers.

Il y eut pourtant à ce cruel échec cette consolation, que l'attention de l'ennemi se porta tout entière sur l'île de Schwartze-Laken; prenant par son succès la confiance qu'il n'avait pas jusque-là, à peine s'occupait-il de ce qui se passait dans l'île de Lobau.

Dans son remarquable ouvrage sur la campagne de 1809, le général Pelet a exprimé l'opinion assez probable que, si l'occupation de la première des îles se fût accomplie heureusement, les Autrichiens épouvantés eussent été amenés cinq mois plus tôt à demander la paix. Deux grands noms de moins, Essling et Wagram, eussent été à inscrire dans les annales militaires; mais le terrible carnage qui signale ces deux batailles eût été épargné à l'humanité.

L'île Lobau a une lieue de longueur, et sa largeur est d'une lieue et demie; ainsi, même à mi-chemin de cette largeur, on ne pouvait être atteint par les boulets autrichiens; elle est boisée, et des arbres de haute taille formaient, pour nos travaux, un rideau impénétrable à la vue de l'ennemi. De l'île à la rive gauche, le fleuve ne présente plus qu'une largeur de cinquante-cinq toises; le grand bras, placé en arrière, offre une largeur d'environ quatre cents toises; mais cette largeur est coupée inégalement par un banc de sable qui, aux deux tiers de la traversée, offrait un repos.

Passer dans des barques une force assez considérable pour être assuré de se maintenir dans l'île une fois envahie, n'était pas la partie difficile de l'entreprise, puisque l'opération ne devait pas s'exécuter devant l'ennemi; mais la vraie difficulté, c'était la construction du pont pour faire passer l'armée après les détachements qu'on aurait conduits dans des barques; la réunion des matériaux fut déjà un grave embarras, sans compter celui de leur emploi. Les Autrichiens avaient eu soin de brûler ou de couler à fond la plupart des gros bateaux qui pouvaient servir à l'établissement du pont; les cordages, élément de première importance, se trouvaient difficilement, on les avait cachés. Enfin on n'avait pas de fortes ancres, qui ne sont pas d'usage de la navigation dans le voisinage de Vienne, où le fleuve a moins de profondeur, et il aurait fallu les faire venir de Presbourg ou de Comorn. Ce ne fut que par des miracles de patience et d'invention que les généraux d'artillerie et du génie Pernetti et Bertrand, parvinrent, sous l'active direction de l'Empereur, à suppléer à l'insuffisance des ressources dont ils disposaient. L'événement ne tarda pas à le prouver, cette insuffisance n'avait été qu'incomplètement conjurée.

Tout étant prêt dans Vienne, vers le 16 ou 17 mai, les matériaux furent descendus à la hauteur de l'île de Lobau, vis-à-vis d'Ebersdorf, où l'Empereur vint établir son quartier-général. La cavalerie, sauf une division de chasseurs laissée en observation sur la frontière de Hongrie, et particulièrement les quatorze régiments de cuirassiers, furent rapprochés de Vienne. Davout arriva avec les divisions Friant et Gudin, la division Morand devant rester opposée au corps de Kollovrath, que l'archiduc avait laissé vers Lintz; ces renforts ajoutés aux corps de Lannes, de Masséna, et à la Garde et à la réserve de cavalerie, mettaient sous la main de Napoléon environ quatre-vingt mille hommes, contre quatre-vingt-dix mille que pouvait avoir l'archiduc.

Le 18, l'opération du passage commença vers les six heures du soir, sous les yeux de l'Empereur; la division Molitor, du corps de Masséna, fut successivement transportée par des barques, dans l'île de Lobau.

Quelques avant-postes autrichiens occupaient la partie qui fait face à Ebersdorf; ils furent refoulés, mais le général Molitor eut le soin de ne pas dépasser le milieu de l'île, de manière à laisser à l'ennemi du doute sur ses intentions.

Pendant ce temps, on travaillait activement à l'établissement du grand pont, où ne furent pas employés moins de soixante-dix bateaux du plus fort tonnage. La difficulté de soustraire ces bateaux à la rapidité du courant ne tarda pas à être augmentée par la complication d'une crue qui avait été prévue, mais qui, de moment en moment, s'annonçait plus menaçante. La construction du pont occupa toute la journée du 19; il ne fut terminé que dans la journée du 20. Il fallut encore s'occuper de l'établissement d'un pont à chevalets sur un petit canal qui traversait l'île Lobau dans sa longueur, et qui avait été la limite devant laquelle le général Molitor s'était arrêté. Ordinairement à sec, ce canal s'était rempli sous l'influence de la crue du Danube. La division Molitor fut bientôt suivie par la division Boudet, suivie elle-même de la division de cavalerie légère du général Lassalle et de plusieurs batteries d'artillerie. L'île fut alors occupée dans toute sa largeur, et on arriva en un petit bras du fleuve dont la largeur de la Seine, à Paris, peut donner une idée.

Passé à son tour dans l'île, Napoléon fit établir sous ses yeux, par le lieutenant-colonel d'artillerie Aubry, le pont qui devait servir au passage du petit bras; les Autrichiens firent les frais de ce dernier travail avec l'équipage qu'ils avaient laissé prendre à Landshut. Le point choisi pour jeter le pont avait été indiqué à l'Empereur par le général Molitor. C'était un rentrant assez prononcé que formait vers nous le Danube, et qui permettait de dominer de droite et de gauche, avec de l'artillerie, le terrain sur lequel l'ennemi aurait pu nous attendre au moment de l'attérage.

Le major Descorches de Sainte-Croix, aide-de-camp du maréchal Masséna, et M. Baudru, aide-de-camp du maréchal Bessières, se jetèrent dans les barques, avec deux cents voltigeurs, et, pendant qu'ils refoulaient les tirailleurs autrichiens, le câble qui devait servir de point d'appui au pont, fut solidement attaché. Aussitôt le pont établi, le général Lassalle passa avec quatre régiments de cavalerie et les voltigeurs des divisions Molitor et Boudet.

Au delà du pont on trouvait un petit bois qui venait aboutir aux deux côtés du rentrant formé par le fleuve; quelques détachements autrichiens en furent chassés. Passé le bois, on rencontrait à gauche le village de Gross-Aspern, et à droite, celui d'Essling, deux pauvres localités alors ignorées, et que la dévastation et des torrents de sang allaient recommander aux souvenirs de la postérité.

Le général Lassalle, franchissant au galop un fossé rempli d'eau qui règne de l'un à l'autre village, repoussa les avant-postes autrichiens, et balaya la plaine du Marchfeld, qui s'étend à perte de vue depuis le Danube jusqu'à la rivière de la Marsch, sur les frontières de la Hongrie, et par une pente insensible de quelques lieues, va gagner les hauteurs de Wagram.

Voyant venir à lui une forte avant-garde de cavalerie, le général Lassalle repassa le fossé dont il vient d'être parlé. Nos voltigeurs, embusqués dans ce fossé, reçurent par un feu à bout portant la cavalerie autrichienne, qui se retira emportant quelques blessés. C'était là, le 20 mai au soir, le commencement de la bataille d'Essling.

Sans doute dans l'espérance que tout irait comme dans l'île de Schwartz-Laken, l'archiduc n'avait pas fait d'autre démonstration depuis le commencement du passage. Évidemment il voulait attirer les Français au delà du Danube, pour se jeter en masse sur eux, quand ils auraient le fleuve à dos. Il avait d'ailleurs confiance dans quelques dispositions secrètement prises pour compromettre la solidité des ponts, et il comptait en outre sur l'intensité de la crue du Danube, dont les habitants avaient remarqué tous les symptômes.

L'armée autrichienne était divisée en six corps : 1° celui de Bellegarde, comprenant vingt bataillons et seize escadrons; 2° celui du prince de Hohenzollern, formé de vingt-deux bataillons et huit escadrons; 3° celui du prince de Rosenberg, comprenant vingt-six bataillons et vingt-quatre escadrons; 4° celui du général Hiller, formant dix-neuf bataillons et vingt-deux escadrons; 5° le corps du prince Jean de Lischtenstein, ou la réserve de cavalerie, comprenant soixante-dix-huit escadrons de cuirassiers, chevau-légers et dragons; 6° enfin la réserve de grenadiers, au nombre de seize bataillons, sous les ordres du général Kienmayer.

Ces forces étaient rangées sur deux lignes, derrière Gerasdorf, entre la montagne dite le Bisamberg et la petite rivière nommée Russbach; le corps du général Hiller formait l'aile droite près de Stammersdorf; à sa gauche, était le corps de Bellegarde, et immédiatement après celui-ci, le corps de Hohenzollern, qui se prolongeait dans l'alignement du village de Wagram. Le prince de Rosenberg était sur le Russbach, formé en colonnes de bataillons; une partie de ses troupes occupait Wagram, et faisait à ce point l'extrémité de l'aile gauche de l'armée. Toute la réserve de cavalerie en seconde ligne remplissait l'intervalle entre l'aile gauche du corps de Hohenzollern et l'aile droite du corps de Rosenberg. La réserve de grenadiers était plus en arrière, à Saüring. L'armée avait sur son front deux cent quatre-vingt-huit pièces de canon ou obusiers.

Il n'y eut guère que la moitié des troupes placées sous les ordres immédiats de l'Empereur qui prit part à la bataille d'Essling, à savoir : le corps du maréchal Lannes; le corps de Masséna; la petite division Demont, formée du 4° bataillons du corps de Davout; le régiment des fusiliers de la garde; le régiment des tirailleurs commandé par le général Curial; le régiment des anciens grenadiers, commandé par le général Dorsenne; trois divisions de grosse cavalerie, et deux divisions de cavalerie légère.

Le corps du maréchal Lannes était formé de la division Saint-Hilaire; 10° léger, 3°, 57° et 105° de ligne, et de la division des grenadiers d'Oudinot, dix bataillons.

Le corps de Masséna comprenait quatre divisions d'infanterie. La division Legrand : 26° léger, 18° et 19° de ligne français, 1°°, 2° et 3° régiments d'infanterie badoise, et un bataillon de chasseurs du même pays. — La division Carra-Saint-Cyr : 24° léger, 4° et 46° de ligne, et quatre bataillons des troupes de Hesse-Darmstadt. — La division Molitor : 2°, 16° 37° et 67° de ligne. — La division Boudet : 3° et 5° léger, 56° et 93° de ligne.

La cavalerie, sous les ordres du maréchal Bessières, se composait de :

La division Nansouty : 1°° et 2° carabiniers, 2°, 3°, 9° et 12° cuirassiers. — La division Saint-Sulpice : 1°°, 5°, 10° et 11° cuirassiers. — La division Espagne : 4°, 6°, 7° et 8° cuirassiers. — La division de cavalerie légère du général Lassalle : 8° et 9° hussards, 3°, 7°, 13, 14°, 16°, 19°, 20°, 23° et 24° chasseurs. — Et la division Marulaz : 23°, 3°, 14° et 19° chasseurs. Plus quelques régiments de cavalerie allemands.

Reste maintenant à dire les événements des deux sanglantes journées auxquelles les Français donnent le nom de bataille d'Essling, et les Allemands, celui de bataille d'Aspern, comme si entre ces deux villages sur lesquels se déchaînèrent si cruellement les fureurs de la guerre, ils avaient voulu faire un partage égal de l'immortalité.

II

Crue du Danube. — L'Empereur décide à ajourner la bataille. — Sa détermination contraire. — Disposition des deux armées. — Attaque d'Aspern. — Belle défense de Molitor. — Attaque d'Essling. — Attaque sur notre centre. — Furieux combat de cavalerie. — Fin de la première journée d'Essling.

La crue du Danube, sur laquelle l'archiduc Charles avait compté comme devant lui être une puissante auxiliaire, ne s'était pas fait longtemps attendre, car dans le moment même où le petit bras de l'île Lobau était passé par l'avant-garde française, une hausse de trois pieds s'était subitement manifestée dans le niveau des eaux, et, en amenant la rupture du grand pont, elle donnait raison aux esprits sages, et notamment à Masséna, qui avait trouvé le passage hâtif et imprudemment conduit. La cavalerie du général Marulaz se trouva coupée en deux par cet accident; une portion dut rester à Ebersdorf, tandis que l'autre était déjà dans la Lobau; le pont néanmoins put être rétabli pendant la nuit.

Sans savoir encore au juste s'il aurait une bataille à livrer, l'Empereur ne voulait pas se laisser déposséder de la position que l'ennemi lui avait permis d'occuper sans coup-férir. Avec ce rentrant du fleuve qui offrait un point si favorable pour déboucher, le village d'Aspern à gauche, et celui d'Essling à droite, reliés par un fossé, formaient une sorte d'arme où l'armée pouvait se déployer avec sécurité; la division Molitor alla donc occuper Aspern, tandis qu'Essling était occupé par la division Boudet. La division Lassalle bivouaqua entre les deux villages, en avant du petit bois dont nous avons parlé; l'Empereur, avec un détachement de la garde, vint s'établir dans une ferme dite la Tuilerie; on voit par là que la crue l'inquiétait médiocrement, et qu'il tenait singulièrement à s'asseoir dans la position prise en avant du fleuve. De l'ennemi, aucune nouvelle certaine; les uns le disaient disposé à accepter la bataille, d'autres soutenaient que nous n'avions devant nous qu'une forte avant-garde de cavalerie.

Le 21, vers midi, l'Empereur avait été rejoint par la division entière du général Marulaz, par les cuirassiers Espagne, la division d'infanterie Legrand et une partie de l'artillerie. Depuis le moment où le pont avait été rétabli, c'était toutes les forces qui avaient pu passer; une seule voie et la longueur du trajet dans l'île Lobau, devaient rendre naturellement le défilé très-lent.

A la même heure, le prince de Neufchâtel monta au clocher d'Essling, et, de ce point élevé, il aperçut distinctement l'armée autrichienne descendant la plaine du Marchfeld, et décrivant autour de la position que nous occupions un demi-cercle d'une vaste étendue. L'Empereur, qui avait une grande confiance dans la faculté d'évaluation de son major-général, ne s'épouvanta pas à l'idée d'attendre avec les vingt-trois ou vingt quatre mille hommes qu'il avait sous la main, l'armée de quatre-vingt-dix mille hommes que Berthier lui annonçait. Espérant l'arrivée continue des troupes restées sur la rive droite, il était décidé à livrer la bataille, quand on vint lui annoncer un redoublement de la crue du Danube; monté de trois pieds depuis la veille, il venait encore de s'élever de quatre.

A ce coup, Napoléon ne résigna à ne pas lutter plus longtemps contre la force des choses, et s'il eût suivi son instinct, la bataille d'Essling, boucherie inutile qui ne décida rien, n'aurait pas eu lieu. Déjà il avait donné l'ordre de la retraite, et la division Molitor exécutant ce mouvement avait évacué Aspern; mais de vives représentations lui furent adressées relativement à cette position que l'on allait perdre, et qui plus tard, pour être reconquise, coûterait d'énormes sacrifices. En même temps, nouveau caprice du Danube dont les eaux commençaient à baisser, ce qui avait permis le rétablissement du grand pont, sur lequel les convois de munitions avaient maintenant la liberté de défiler. Il n'en fallait pas tant pour restituer à l'Empereur la pensée d'en finir; contre-ordre est donné à la retraite; le général Boudet doit se maintenir énergiquement à Essling, qu'il n'a pas quitté; Molitor a carte blanche pour reprendre Aspern, où les Autrichiens l'ont remplacé, mais sans avoir eu le temps de s'y établir. Le maréchal Lannes, qui est venu rejoindre l'Empereur en devançant son corps d'armée, est chargé du commandement de l'aile droite, c'est-à-dire de la défense d'Essling; de plus, la cavalerie est placée sous ses ordres, au grand mécontentement du maréchal Bessière, qui, sans être dépossédé de son commandement, ne doit plus l'exercer que d'une façon subordonnée. Masséna est chargé de l'aile gauche, c'est-à-dire de la défense d'Aspern ; en arrière du village, la division Legrand va prendre place avec la cavalerie du général Marulaz; celle de Lassalle et la division des cuirassiers Espagne doivent occuper l'espace entre les deux villages; enfin, une masse de tirailleurs s'est embusquée dans le fossé qui les relie ; voyons, maintenant, les dispositions de l'ennemi.

Il a formé cinq colonnes, qui sont en marche pour aborder notre position au delà du fleuve. La première, sous le général Hiller, doit, en longeant le Danube, venir attaquer Aspern ; la seconde, sous le lieutenant-général de Bellegarde, a le même but. Enfin, la troisième, aux ordres du prince de Hohenzollern, joindra un peu plus tard, s'il est nécessaire, ses efforts aux deux premiers; car, Aspern, couvrant le pont par lequel l'armée française débouche dans la plaine, a paru le point le plus important à emporter. Le corps de Rosenberg forme les deux autres colonnes destinées à nous chasser d'Essling et de la petite ville d'Enzersdorf; entre les deux attaques, la réserve de cavalerie du prince de Lischtenstein doit servir de trait d'union Fort en arrière, à Breitenlée, les grenadiers d'Aspre, troupe d'élite, forment la réserve.

Il pouvait être trois heures de l'après-midi quand l'attaque commença. Au lieu d'avoir à défendre Aspern, le général Molitor eut à le reprendre sur l'avant-garde du général Hiller, qui déjà s'en était emparé. A la tête des 16e et 67e de ligne, il se porta sur la grande rue du village. Conduits par deux intrépides officiers, les colonels Morin et Petit, les deux régiments s'avancèrent au pas de charge, baïonnette en avant, et bientôt ils eurent balayé la rue jusqu'à l'église placée à son extrémité. Pour recevoir le choc de la colonne de Hiller, qui arrivait au secours de son avant-garde, le général Molitor plaça son monde derrière un gros épaulement qui entourait Aspern. Après plusieurs décharges meurtrières, l'ennemi en désordre fut abordé à la baïonnette et culbuté. Pendant une assez grande distance il était occupé à se reformer pour renouveler son attaque, le général Molitor employait les deux autres régiments de sa division : le 37e à reprendre à gauche un îlot dont les Autrichiens s'étaient emparés, et d'où ils menaçaient la communication d'Aspern avec le pont du passage; le 2e, à couvrir à droite, l'entrée du village, pour empêcher qu'il ne fût tourné. Également à droite, mais en arrière du village, la division Legrand attendait le moment d'être employée. Du côté d'Essling, la division Boudet n'avait encore affaire qu'aux avant-gardes de Rosenberg.

Aussitôt qu'il se sent appuyé par la colonne Bellegarde, qui entre en ligne, le général Hiller revient à la charge. Retranchés derrière l'épaulement, le 16e et le 76e arrêtent quelque temps les assaillants par un feu bien nourri ; mais la masse des Autrichiens finit par les accabler, et ils sont obligés de se retirer dans l'intérieur du village, où le général autrichien Vacquand les suit et parvient à s'établir. Le général Molitor fait alors avancer le 2e, qui se porte à cette attaque avec la dernière énergie ; tantôt vainqueurs, tantôt vaincus, les deux partis, sans pouvoir avoir raison l'un de l'autre, se disputent la possession de la grande rue. Bientôt le village n'est plus un champ de bataille, c'est le théâtre de mille petits combats sanglants et opiniâtres. Chaque rue, chaque maison, chaque grange forme une scène de carnage. S'apercevant que les colonnes autrichiennes, qui forment au moins trente-six mille hommes, envoient sans cesse des renforts au général Vacquand, Masséna, pour faire une diversion, lance sur la masse ennemie les six régiments de la cavalerie légère de Marulaz. Les Autrichiens se forment en carrés, quelques-uns de ces carrés sont rompus, d'autres résistent. En somme, le plus grand nombre ne se laisse point entamer. L'effet désiré néanmoins est produit, et l'ennemi cesse de porter de nouvelles forces sur Aspern. Barricadé dans les maisons avec ses trois régiments, Molitor oppose une résistance désespérée ; les charrues, les charrettes, les herses, les fléaux, les fourches, les haches sont employés, soit pour se couvrir et se retrancher, soit comme armes offensives, pour suppléer le sabre et le fusil. On se bat dans l'église, dans le cimetière, autour de chaque arbre. Le moindre espace de terrain y est disputé. Pour être maître du village, il faut faire le siège de chaque habitation, et Aspern est pris et repris jusqu'à six fois.

Pendant que se continuait cette lutte acharnée, qui était encore loin de son terme, le village d'Essling n'était pas moins disputé. Après s'être emparée d'Enzersdorf, assez faiblement occupé, la cinquième colonne s'était rabattue sur Essling, soutenue bientôt par la quatrième, qui avait suivi ses mouvements. Un épaulement de terre se rencontrait à Essling comme à Aspern, et il avait également servi au maréchal Lannes à recevoir les assaillants venus se briser contre cet obstacle.

Mais la lutte, si l'on peut ainsi parler, allait se généraliser. Voyant qu'elle n'était nécessaire à aucune des deux attaques,

la colonne Hohenzollern, soutenue par la cavalerie du prince de Lichtenstein, se mit en marche sur notre centre, et en perçant entre les deux villages, elle pouvait nous rendre la retraite nécessaire. Voyant ce danger, Lannes ordonna aux quatre régiments de cuirassiers du général Espagne, et aux régiments de chasseurs du général Lassalle de charger à fond sur la colonne autrichienne. Bessières, déjà blessé de ce que le commandement supérieur de la cavalerie avait été transporté au maréchal Lannes, voit dans la forme de cet ordre une injure : *charger à fond*, comme s'il avait l'habitude de charger autrement. Mais le moment n'est pas venu de s'expliquer ; il obéit, et s'élance à la tête des cuirassiers, laissant la cavalerie de Lassalle en réserve. L'artillerie ennemie est d'abord mise en déroute, et plusieurs des carrés, formés par l'infanterie, sont enfoncés. Mais, pendant le désordre qui suit toujours une charge, même victorieuse, nos cuirassiers se voient assaillis par la masse de la cavalerie de l'archiduc, et sont violemment ramenés. Lassalle s'élance à leur secours, et rétablit le combat, qui devient une mêlée furieuse. Un biscayen tue le brave général Espagne, et, un instant, Bessières avec son aide-de-camp est sur le point d'être fait prisonnier par les hussards, au milieu desquels il se trouve engagé. Lassalle vient à son aide, les cuirassiers ont eu le temps de se rallier, et concurremment avec la cavalerie légère, ils abordent de nouveau l'infanterie autrichienne, dont le mouvement sur notre centre est contenu.

Mais, bien que privées du concours de la colonne Hohenzollern, les colonnes Hiller et Bellegarde n'en continuent pas moins énergiquement leur attaque sur Aspern, dont, après une lutte de cinq heures, elles sont presque entièrement maîtresses. Heureusement, le grand pont rétabli a donné passage à la brigade de Saint-Germain, de la division des cuirassiers Nansouty, et à la quatrième division du corps de Masséna, celle du général Carra-Saint-Cyr. Masséna peut alors disposer de la division Legrand, qu'il avait dû jusque-là tenir en réserve. Arrivant, comme à Ebersperg, pour ramener une partie perdue, le général Legrand, avec les deux mêmes régiments, le 26e léger et le 18e de ligne, s'avance au pas de charge dans la grande rue d'Aspern, refoule les Autrichiens, et les force à s'enfermer dans l'église. Au centre, Lannes appelle les cuirassiers Saint-Germain, pour remplacer les cuirassiers Espagne, qui ont fait des pertes énormes, et dirige de nouvelles charges sur l'infanterie de Hohenzollern. La cavalerie autrichienne se jette de nouveau sur la nôtre, qui cette fois est soutenue par la cavalerie Marulaz, celle de Lassalle étant rendue de fatigue. Un instant le général Marulaz se trouve compromis au milieu d'un carré qu'il a enfoncé ; renversé de son cheval, il va être pris ou tué, quand ses chasseurs parviennent à le dégager.

La lutte durait depuis six heures, tant à Essling qu'à Aspern et dans la plaine, il était près de neuf heures du soir ; l'archiduc Charles se rendait compte des pertes que nous avions faites, et il espérait toujours que l'enlèvement des ponts ne nous permettrait pas d'amener de nouvelles troupes sur le terrain ; il crut avoir le lendemain meilleure chance de nous jeter au Danube, et ordonna de cesser le feu.

Les deux armées bivouaquèrent en présence l'une de l'autre, se retrouvant dans les mêmes positions qu'elles occupaient la veille. Mais l'artillerie de l'ennemi, de beaucoup supérieure à la nôtre, avait fait dans nos rangs d'immenses ravages. Dans chacune des divisions Espagne, Lassalle et Marulaz, un quart au moins de l'effectif avait succombé; à Aspern, près de la moitié de la division Molitor était restée. Il fallait donc que l'Empereur pût appeler à lui, de la rive droite, au moins vingt mille hommes, et surtout que le service des parcs d'artillerie fût assuré.

III

Lannes et Bessières. — Deuxième journée d'Essling. — Les attaques sur Essling et sur Aspern repoussées. — Notre attaque sur le centre de l'ennemi. — Son succès. — Le pont du Danube emporté. — Position critique de notre armée. — Le maréchal Lannes atteint par un boulet. — Dernier effort de l'ennemi sur Essling. — Rapp et Mouton. — Fin de la deuxième journée.

Pendant que l'Empereur présidait en personne au défilé des renforts qui arrivaient, le bruit d'une vive altercation parvint jusqu'à lui, c'était Bessières qui demandait compte à Lannes de ordres, selon lui, injurieux qu'il en avait reçu ; la querelle en était venue au point que les deux maréchaux étaient près de mettre l'épée à la main. Il fallut que l'Empereur s'interposât et leur fit comprendre le ridicule de cette querelle, au milieu des dangers de l'armée et presque sous le feu de l'ennemi.

Les embarras de la situation continuaient, en effet, d'être extrêmes ; le Danube montait toujours, et sans compter le danger que la violence des eaux faisait courir au grand pont d'être à tout moment emporté, l'exécution des mesures ordonnées par l'archiduc lui était une autre menace. Il fallait incessamment détourner des bateaux chargés de pierres et abandonnés à la rapidité du courant, qui leur communiquait une puissance de heurt immense. A d'autres moments, c'étaient des arbres énormes jetés dans le cours du fleuve, ou des brûlots qu'il fallait tenir à distance. D'ailleurs, rien que dans la continuité du passage des troupes et des lourdes voitures d'artillerie, il y avait de quoi inquiéter pour la solidité du pont, qui par moments, fléchissait sous le poids, et se trouvait de quelques pouces au-dessous de l'eau.

Souvent interrompu, le défilé put continuer jusqu'à minuit ; mais à cette heure, pour la troisième fois, le grand pont se rompit ; la crue du Danube était alors de quatorze pieds ; les généraux Bertrand et Pernetti firent fort néanmoins de rétablir le passage. Effectivement, avant la pointe du jour, la communication fut de nouveau possible, et, au lever du soleil, la division Saint-Hilaire, les deux divisions d'Oudinot, la Garde à pied, une seconde brigade des cuirassiers Nansouty, toute l'artillerie, la division Demont, un renfort de cavalerie légère et les parcs étaient au-delà de l'île Lobau. L'armée se trouva ainsi portée à environ soixante mille hommes ; mais l'artillerie ne se montait guère qu'à cent quarante-quatre bouches à feu, et les Autrichiens en avaient près de trois cents ; la crainte de l'Empereur était toujours que les munitions ne vinssent à lui manquer.

Dès quatre heures du matin, les tirailleurs des deux armées commencèrent à échanger des coups de fusil ; les maréchaux étaient venus prendre les ordres de l'Empereur, qui, déjà à cheval, se rendait compte de l'importance des renforts arrivés pendant la nuit. Il vit avec joie que l'ennemi n'avait rien changé à sa disposition du jour précédent, que des masses allaient encore se porter sur les deux villages, et, qu'à un moment donné, en perçant son centre par un effort vigoureux, il y aurait lieu de faire emploi de la fameuse manœuvre qui tant de fois lui avait réussi.

Lannes et Masséna gardèrent leur commandement de la veille. Du côté d'Aspern, se rendant bien compte de l'importance de cet îlot, d'où l'ennemi avait un instant menacé notre communication avec l'île Lobau, Masséna avait fait exécuter, pendant la nuit, quelques travaux de fortification ; dans ce poste, il plaça la division Molitor, réduite de trois mille hommes par la terrible lutte où elle s'était trouvée engagée la veille. La division Legrand, qui s'était maintenue dans l'intérieur du village, fut chargée, avec le concours de la division Carra-Saint-Cyr, d'achever ce qu'elle avait commencé, en débusquant de l'église et du cimetière les Autrichiens qui y étaient retranchés. La division Demont resta en réserve, au besoin, elle dut être appuyée par les tirailleurs de la Garde, troupe de nouvelle formation à laquelle l'Empereur voulut que Masséna donnât le baptême du feu.

Du côté d'Essling, le général Boudet continuait d'occuper le village où l'ennemi avait vainement essayé de pénétrer. A gauche, en avant d'Essling, le maréchal Lannes plaça la division Saint-Hilaire, les deux divisions Oudinot, les cuirassiers et la cavalerie légère : cette ligne couvrait tout l'espace entre les deux villages. En arrière, les fusiliers de la Garde et la Vieille-Garde formaient la réserve : l'artillerie était disposée dans les intervalles de la ligne de bataille ; elle avait aussi une batterie placée au-delà du petit bras du Danube, pour commander par son feu un espace entre Essling et le Danube, qui, à la suite de notre retraite d'Enzersdorf, était devenu accessible à l'ennemi.

L'action commença par une vive canonnade, qui, de tous les points de la circonférence de la ligne ennemie, portait ses feux croisés sur notre centre ; peu après, les colonnes d'Hiller et de Bellegarde se dirigeaient sur Aspern, dont le général Vacquand occupait depuis la veille, l'église et le cimetière. Renforcé par deux régiments de la division Carra-Saint-Cyr, le 24e léger, colonel Pourailly, et le 4e de ligne, colonel Boyeldieu, le général Legrand, malgré les forces ennemies qu'il savait en marche, n'hésita pas à attaquer les Autrichiens dans la position de l'église où ils s'étaient retranchés. Un moment il se vit menacé d'être débordé par une colonne ennemie qui, suivant une rue latérale, remontait le village pendant que lui-même le descendait ; mais le 4e de ligne coupa cette colonne et lui fit mettre bas les armes, pendant que la vive attaque de Legrand forçait le général Vacquand d'évacuer Aspern, dont nous restâmes en possession.

Du côté d'Essling, l'ennemi ne faisait aucun progrès ; Napoléon pensa que le moment était venu d'opérer contre le centre le mouvement décisif dont il avait conçu la pensée dès le commencement de la journée.

Il pouvait être alors neuf heures ; ayant reçu l'ordre de l'Empereur, à la tête de vingt mille fantassins et de six mille cavaliers, Lannes se dirige sur le corps de Hohenzollern. Faiblement lié au corps de Rosenberg par la cavalerie du prince de Lichtenstein, et appuyé à trop grande distance par les grenadiers, ce corps ne doit point soutenir le choc qui le menace ; et en effet, sous l'effort de la division Saint-Hilaire et des deux divisions Oudinot, il ne tarde pas à plier et à être forcé de nous céder du terrain. En s'apercevant du danger qui menace son centre, l'archiduc Charles ordonne à la réserve des grenadiers d'avancer, et lui-même accourt sur le point où le combat est le plus animé. Payant de sa personne plus qu'il ne convient à un général d'armée, on le voit s'emparer du drapeau du régiment de Zach, et s'efforcer d'enlever ses soldats et de les reporter en avant. Pour comprimer cet élan, Lannes lance Bessières avec les cuirassiers. L'infanterie a beau se former en carrés, elle ne peut tenir sous ce puissant effort, et déjà des prisonniers, des drapeaux, des canons, sont tombés dans nos mains et font présager le succès final de notre attaque.

Mais tout à coup Lannes est averti qu'il doit suspendre son mouvement ; la victoire en nos mains était presque certaine, et les chefs de corps reçoivent avec stupéfaction l'ordre de se replier ; c'est qu'une désastreuse nouvelle venait de parvenir à l'Empereur. Le grand pont, malgré tous les efforts des généraux Bertrand et Pernetti, est irrémédiablement rompu. Davout attendu avec deux divisions, ne peut plus passer, et, ce que Napoléon a tant redouté, les munitions commencent à manquer.

En présence de ce mouvement de retraite, l'archiduc se doute de ce qui arrive ; après avoir créé devant lui de l'espace par une effroyable canonnade, qui nous fait subir des pertes énormes, notamment celle du général Saint-Hilaire, un des plus glorieux généraux de l'armée, il ordonne sur toute la ligne un retour offensif, et nos soldats n'auront bientôt plus à lui opposer que leurs baïonnettes, s'ils se ménagent aux cartouches, et veulent répondre coup pour coup au feu de l'ennemi.

Sa ligne, ramenée laborieusement, mais sans désordre, à la hauteur du fossé qui relie Aspern à Essling, Lannes fait prendre position à la division Saint-Hilaire et aux divisions Oudinot. Laissant approcher à demi-portée de fusil le corps de Hohenzollern et les grenadiers, par un feu de mousqueterie et mitraille admirable de sang-froid et de précision ; il porte la désordre dans leurs rangs. Les cuirassiers sont alors lancés sur cette infanterie déjà étonnée ; mais, à leur tour, ils sont assaillis par la cavalerie de Lichtenstein. Les hussards et les chasseurs de Lassalle et de Marulaz viennent, comme la veille, à l'aide de notre grosse cavalerie, et, après une longue mêlée, où quinze mille cavaliers se ruent avec fureur les uns sur les autres, le mouvement de l'ennemi sur notre centre parait arrêté.

Les efforts de l'ennemi redoublent sur nos deux ailes. Aspern est de nouveau attaqué par les généraux Hiller et Vacquand, avec des forces tellement supérieures, que les tirailleurs de la Garde, malgré la conscience du grand nom qu'ils ont à soutenir, sont entraînés dans le mouvement de retraite des divisions Legrand et Carra-Saint-Cyr qu'ils étaient venus appuyer. Mais, rassemblant les débris de ces deux divisions, l'héroïque Legrand, la pointe de son chapeau coupée par un boulet, marche, l'épée à la main, à la tête de ces soldats sans pareils, et, par un suprême effort, il force l'ennemi à évacuer les ruines fumantes qui s'étaient appelées Aspern dans la matinée.

Au centre, le combat s'était éteint, la mort n'en continuait pas moins de moissonner dans nos rangs, réduits à supporter, presque sans riposter, l'effet d'une canonnade incessante, et qui adressait ses coups d'autant plus juste, que, pour ménager les munitions, nos artilleurs ne leur répondaient qu'à de longs intervalles. Un de ces coups allait porter au cœur de l'armée. Sans cesse Lannes, parcourant le front de la ligne, allait d'un corps à un autre pour soutenir les courages ; un officier le supplia de quitter au moins son cheval, de manière à ne pas rester un point de mire pour les coups de l'ennemi ; il cède à ce conseil, et, fatalité singulière, c'est au moment où il met pied à terre, qu'un boulet vient lui fracasser les deux jambes. Un officier d'état-major et le maréchal Bessières, déplorant sa susceptibilité de la veille, se précipitent vers l'illustre victime, qui gît à terre, à demi-évanouie et inondée de sang. Placé sur le manteau d'un cuirassier, et ensuite sur un brancard que des grenadiers ont formé avec leurs fusils croisés et quelques branchages, le blessé a une demi-lieue à parcourir avant d'arriver à la plus prochaine ambulance. Partout sur son passage, ce triste cortège répand la consternation ; car, de tous les maréchaux de l'Empire, Lannes était le plus populaire, et à la grandeur de cette perte, on peut mesurer le péril de l'armée.

C'est à Essling, qui, dans les deux journées du 21 et du 22, fut pris et repris jusqu'à treize fois, que tout va se décider. Pendant que les deux colonnes de Rosenberg cernent le village, l'archiduc lui-même, à la tête des grenadiers, pousse au centre une attaque désespérée ; voyant le danger, l'Empereur appelle un de ses aides-de-camp, le général Mouton, qui devait bientôt prendre de l'île Lobau un nom moins menteur à son bouillant courage, et avec les fusiliers de la Garde, il le charge de sauver la position.

Depuis longtemps, retiré dans un vaste grenier crénelé, le général Boudet se défendait contre une masse d'assaillants toujours croissante, mais il allait être obligé de céder quand arriva le secours envoyé par l'Empereur.

Les fusiliers parviennent à faire évacuer une partie du village, et les soldats de Boudet respirent ; mais les grenadiers d'Aspre ne tardent pas à revenir à la charge ; il faut alors que l'Empereur envoie, sous les ordres d'un autre de ses aides-decamp, le général Rapp, deux nouveaux bataillons des fusiliers. Les deux généraux ne se font pas illusion sur la gravité de la situation ; ils savent qu'après les troupes qu'ils conduisent, il ne reste plus à l'Empereur que les Grenadiers et les chasseurs de la Vieille Garde. Rapp propose au général Mouton de faire, pour en finir, une charge à la baïonnette. Les deux braves se serrent la main, et, à la tête de leurs soldats, par lesquels ils sont bien sûrs d'être suivis, ils fondent tête baissée sur l'ennemi ; le choc est si violent, que celui-ci se voit forcé d'abandonner le village, et cette fois, c'est pour ne plus renouveler son attaque.

La lutte durait depuis trente heures, et les munitions commençaient aussi à manquer du côté de l'archiduc. Il ordonne donc de suspendre le mouvement offensif : mais, profitant de la supériorité de son artillerie, il accable des boulets et des obus qui lui restent nos lignes, obligées de subir, l'arme au bras, ces terribles adieux. Au milieu du bruit de la canonnade, on n'entend que la voix des officiers laissant tomber par intervalles les mots : *Serrez les rangs!* A mesure, en effet, que le boulet y fait une trouée, il faut combler le vide, car c'est par une attitude résolue et impassible que l'ennemi, jusqu'à l'heure où les ténèbres mettront fin à cette situation terrible, pourra être tenu à distance, et c'est seulement à ce moment que la retraite devra commencer.

Pendant toute la journée, l'Empereur, pour avoir l'œil aux moindres nécessités de la situation, s'était tenu dans une place où à tout moment parvenaient les boulets de l'ennemi. Vainement on l'avait supplié de ménager une vie de laquelle dépendait le salut de l'armée. On va même jusqu'à prétendre que, dans un moment où la canonnade redoublait de violence, un des colonels de la Garde s'était approché de lui d'un air menaçant, et lui avait dit avec une brusquerie et un emportement de zèle dont on ne lui avait pas su trop mauvais gré : « *Retirez-vous, Sire, ou je vous fais enlever par mes grenadiers.* » — Toutefois, quand il vit que l'archiduc renonçait à l'espoir de nous emporter nos positions, après s'être assuré que Masséna était en mesure de se maintenir à Aspern, et qu'Essling restait définitivement en notre possession, il se décida à passer dans l'île de Lobau, pour y préparer la retraite.

Le petit bras du Danube était devenu une grande rivière, et ce n'était pas sans d'énergiques efforts que, même de ce côté, la communication avec l'île pouvait être maintenue ; des brûlots, comme sur le grand bras, étaient dirigés contre le pont, tourmentait d'ailleurs la violence des eaux : les câbles rompaient, les bateaux, à tout moment, menaçaient de s'en aller à la dérive, et les pontonniers étaient empêchés dans leur travail par les milliers de blessés qui ne pouvant recevoir de secours dans les ambulances encombrées, se traînaient, ou étaient apportés jusqu'aux abords du pont, devant lequel ils faisaient foule. La confusion était encore augmentée par de longues files de chevaux blessés et sans maîtres, que leur instinct portait vers les eaux du fleuve ; quelques-uns s'y jetaient à la nage ; entraînés par le courant, ils venaient s'embarrasser dans les cordages du pont, et rendus furieux par les violentes secousses qui se communiquaient aux pontons. Du reste, il suffit d'avoir vu l'intelligence et l'égoïsme brutal d'une multitude ayant à s'écouler, même dans les conditions les moins passionnées, dans un étroit passage, pour se représenter ce que devait être, au milieu de toutes les horreurs de la guerre, cet affreux amas d'hommes et d'animaux mutilés qui, dominés par l'instinct de la conservation, venaient s'entasser sur un seul point, sans autre issue qu'un frêle assemblage de planches jetées sur un abîme. Pour faire place même à l'Empereur, il fallut user d'une certaine violence, et ce ne fut pas sans courir quelque danger qu'il put arriver dans l'île Lobau.

Le premier objet qui frappa ses yeux, spectacle lamentable entre tous les épisodes de la scène de désolation, qui s'étendait de l'une et l'autre rive, ce fut la litière qui emportait le maréchal Lannes qu'on venait d'amputer. Courant à lui, l'Empereur le serra dans ses bras et lui dit les larmes aux yeux : — Lannes, me reconnais-tu ? C'est ton ami ! c'est Bonaparte. Lannes, tu nous seras conservé ! Ranimé par cette étreinte et par cette voix, le maréchal ouvrit les yeux, et jeta convulsivement ses bras autour du cou de Napoléon qu'il tint longtemps embrassé ; puis, d'un accent entrecoupé : Vous allez perdre, lui dit-il, votre meilleur ami, votre fidèle compagnon d'armes, et sauvez l'armée. — Il y a heureusement loin de cette scène touchante, à ces imprécations et à ces reproches furieux que quelques relations mettent dans la bouche du mourant ; Lannes vécut jusqu'au 30 mai, mais dès le 24, il était tombé en proie à un délire rempli encore de souvenirs de gloire et de combats, et, visité plusieurs fois par l'Empereur, il ne le reconnut pas plus que tous ceux qui l'approchaient.

Le cœur contristé, mais l'esprit toujours sain et présent, Napoléon profita des dernières lueurs de jour pour parcourir l'île de Lobau et s'assurer que l'armée, quand elle aurait pu opérer sa retraite, s'y trouverait solidement abritée.

Avant de quitter le champ de bataille, il avait fait dire à ses lieutenants, à Masséna, à Bessières, à Berthier, à Oudinot qui allait remplacer le duc de Montebello, à Davout, resté sur la rive droite du Danube, et à quelques chefs de corps, de se rendre dans la Lobau, où il avait à conférer avec eux. Un conseil de guerre était si peu dans les habitudes de Napoléon, qu'à cette convocation, la grandeur du désastre apparut sous un jour plus sombre. Le grand capitaine n'avait donc plus foi dans les inspirations solitaires de son génie, et le malheur commençait donc à lui donner un maître sous lequel fléchissait son indomptable volonté ? Prévenus de ces idées, ses lieutenants, à mesure qu'ils étaient invités à dire leur avis, se livrèrent à toute la franchise de leur impression, et tous opinèrent pour repasser sur la rive droite du Danube et s'y concentrer.

Alors, l'Empereur prit la parole, et, au grand étonnement de ceux qui l'écoutaient, il se révéla à eux sous l'aspect d'un homme dont la journée qui finissait n'avait pas même entamé la confiance. « L'armée était-elle vaincue ? Non, elle avait eu à lutter contre un imprévu, contre un caprice de la fortune, mais, aidés de cette complicité des événements, les Autrichiens n'étaient pas parvenus à la débusquer de sa position, et le champ de bataille lui était resté. Sans doute, les pertes étaient considérables, mais celles de l'ennemi devaient être d'un tiers plus fortes, car il avait constamment combattu à découvert, tandis que nous occupions des positions plus ou moins retranchées. Ses efforts lui avaient trop coûté pour qu'on dût le croire en mesure de nous inquiéter vivement. On aurait donc le temps de rallier l'armée d'Italie, de ramener dans les rangs nombre de blessés, de faire rejoindre les renforts qui étaient en marche et de rétablir les ponts du Danube dans des conditions de solidité qui ne donneraient plus ouverture à aucun mécompte. Sans doute il fallait repasser le petit bras du fleuve, mouvement qui pouvait s'opérer dans la nuit même, sans laisser entre les mains de l'ennemi aucun trophée. Mais si l'on voulait abandonner l'île Lobau, outre que tout était à recommencer pour un passage ultérieur, les hommes valides pourraient seuls conduits dans des barques sur la rive droite ; ni l'artillerie, ni la cavalerie, ni les blessés ne se prêtaient à être transportés de cette manière ; il fallait donc les abandonner aux mains de l'archiduc, qui, maître de tant de débris, aurait le droit de sonner une fanfare de victoire et être entendue de toute l'Europe. Alors, ce n'était plus au delà du Danube, c'était au delà du Rhin que s'arrêtait notre retraite, car on devait s'attendre à un soulèvement de l'Allemagne entière quand on nous croirait amoindris et vaincus. Pour prévenir un pareil danger, que fallait-il faire ? Profiter de la nuit pour ramener l'armée dans l'île Lobau ; s'y établir plus fortement que jamais et repousser peut-être le lendemain une tentative de l'archiduc, tentative qui, dans tous les cas ne pouvait être bien sérieuse. Masséna se chargerait de tenir jusqu'au milieu de la nuit à Aspern, ensuite il ferait défiler l'armée, et il saurait bien avoir raison de l'ennemi s'il essayait de pénétrer dans l'île. Sur la rive droite, si l'archiduc avait la hardiesse d'y passer, en descendant jusqu'à Presbourg, Davout, avec les forces dont il disposait, ne serait pas embarrassé de le contenir, et il avait fait à Awerstaedt une plus rude besogne. Ni les vivres, ni les munitions ne manqueraient dans la Lobau, où des bateaux allaient les transporter sans relâche. Qu'avait-on à objecter à ce plan si simple et qui sauvait tout ? »

En développant avec une conviction chaleureuse ce consolant aperçu de la situation, l'Empereur avait peu à peu fait passer dans toutes les âmes la confiance dont il était rempli, et relevé ous les courages. Masséna et Davout acceptèrent avec enthousiasme la tâche qui leur était dévolue, et personne ne douta plus d'un meilleur avenir. L'effet qu'avait voulu produire Napoléon était obtenu. Des conseils, il n'en avait pas besoin; car son parti était résolûment pris, mais il s'était promis, en parlant tout haut de ses projets et ses espérances, de remonter au niveau de son inspiration personnelle des esprits dans lesquels il avait entrevu le découragement et le doute, et qu'il voulait pénétrer de sa confiance et de sa sérénité. Tandis que Masséna retournait sur la rive gauche pour se mettre à la tête de l'armée, Davout se hâtait de repasser le fleuve pour reprendre son commandement. Jusqu'à près de minuit, l'Empereur resta dans l'île, donnant ses ordres et pourvoyant à toutes les nécessités. Quand il lui sembla que ses soins et sa vigilance n'avaient rien laissé en souffrance, il regagna le bord du grand Danube et voulut le passer sans retard.

L'obscurité profonde, la rapidité du fleuve débordé, les énormes corps flottants qu'il charriait et qui pouvaient faire chavirer une frêle embarcation, tout concourait à rendre le passage extrêmement périlleux; rien ne put retenir Napoléon. Il se sentait d'impérieux devoirs, et savait que jamais, hors de sa présence, ses ordres n'étaient exécutés avec cette ardente activité qu'il obtenait de tout ce qui opérait sous ses yeux. Rendant presque inévitable pour ses historiens futurs la classique comparaison de César et de sa fortune, dont pas un de ceux qui nous ont précédé n'a su se garer, il s'embarqua, avec Berthier et Savary, sur une nacelle que conduisaient d'adroits pontonniers, et à une heure du matin il était rendu à Ebersdorf. Aussitôt il fit rassembler tout ce que l'on put trouver de bateaux, prit soin qu'on les chargeât de vin, de biscuit, d'eau-de-vie, de gargousses, de cartouches et d'objets de pansement, et jusqu'à l'heure où il put croire que les premiers besoins de l'armée étaient satisfaits, il ne cessa pas d'avoir l'œil à la continuité de ces envois.

Vers minuit, la Garde impériale, qui était le corps le plus rapproché du fleuve, s'était mise en marche pour repasser le pont du petit bras. Masséna avait ordonné que chaque corps se chargeât de ses blessés et de ses canons. La grosse cavalerie passa après la garde, pendant que la cavalerie légère et les voltigeurs restaient en ligne pour dérober la retraite à l'ennemi, qui, malgré les ténèbres, continuait encore de nous envoyer au hasard quelques boulets. Les divisions Saint-Hilaire et Oudinot, suivies des divisions Legrand et Carra-Saint-Cyr, défilèrent ensuite, ainsi que la cavalerie légère, et enfin, à la pointe du jour, les divisions Boudet et Molitor, évacuant Essling et Aspern, achevaient le mouvement. Vers six heures du matin, lorsque déjà depuis longtemps le soleil était levé, l'ennemi, voyant peu à peu disparaître nos avant-postes, se douta de ce qui se passait, et il se mit en devoir de nous suivre. Mais, brisée des fatigues de la veille, craignant peut-être un piége, et, par-dessus tout, dominée par les habitudes du tempérament autrichien, l'armée de l'archiduc se porta à cette poursuite avec une lenteur qui la rendit à peu près inutile. Ce fut seulement après avoir dépassé Essling, lorsque, parvenue au bord du Danube, elle put découvrir les dernières colonnes traversant le pont, que ses tirailleurs s'avancèrent avec résolution, et que leurs balles et l'artillerie firent dans nos rangs quelque victimes.

A ce dernier moment, Masséna fut héroïque; on avait beau lui représenter que l'audace de l'ennemi croissait de moment en moment, que tout le monde était passé et qu'il restait presque seul, exposé à toutes les chances de cet isolement, tranquille comme un voyageur qui, avant de quitter une chambre garnie, s'assure qu'il ne laisse rien après lui de son bagage, il faisait ramasser les armes abandonnées, et voulut même qu'on chassât de la rive le fleuve les chevaux errants sur la rive, de manière à ne rien laisser aux mains de l'ennemi. Ces derniers soins pris sous les balles des tirailleurs qui, déjà, pleuvaient autour de lui, il monta sur le pont, dont il ordonna de couper les amarres. Devenu alors une embarcation, le pont céda au mouvement imprimé par le courant et vint se ranger le long de la rive à laquelle il restait attaché. Jamais retraite ne s'était accomplie avec plus de calme et de fierté.

1809

CAMPAGNE D'AUTRICHE,

WAGRAM

I

Inaction de l'archiduc Charles. — Marche de l'armée d'Italie. — Combat de San-Michele. — L'archiduc Jean se retire sur la Raab. — Marche heureuse du général Macdonald. — Pertes de l'armée autrichienne dans sa retraite.

Il n'y a pas beaucoup à s'étonner que l'archiduc Charles, après la retraite des Français dans l'île Lobau, n'ait pas essayé de les y forcer.

Tandis que nous occupions des positions retranchées, son armée avait combattu à découvert, ses pertes étaient donc beaucoup plus considérables que les nôtres et, comme nous, il avait à peu près épuisé ses munitions.

Il faut ajouter qu'il n'avait pas d'équipage de pont à sa disposition, et qu'une fois passé dans l'île Lobau, il se serait trouvé en face de troupes d'élite combattant avec le courage du désespoir, sous un homme comme Masséna.

Une autre manœuvre était réalisable; les forces françaises se trouvant coupées en deux par la crue du Danube, l'archiduc Charles aurait pu gagner Presbourg, passer là le fleuve et venir, avec 70,000 hommes, attaquer Davout qui en avait tout au plus 40,000. Mais cette marche demandait deux jours, et, pendant ce temps, les deux tronçons de notre armée avaient à toute force le moyen de se réunir; d'ailleurs, à la bataille d'Averstædt, Davout avait montré que la victoire n'était pas toujours du côté des gros bataillons.

L'inaction de l'Archiduc après la bataille d'Essling n'a donc rien, matériellement parlant, que d'explicable et au point de vue politique elle pouvait être une grande habileté. Le résultat le plus apparent de cette sanglante affaire, c'était un échec essuyé par l'armée de Napoléon qui avait été contrainte de se retirer devant l'ennemi. Cette rareté devait avoir en Europe un grand retentissement; le jeu du prétendu vainqueur était donc de rester sur ce résultat; il devait laisser à sa victoire négative le temps de produire tout l'effet moral qui pouvait en être attendu.

Mais quelque chose de moins facile à comprendre, c'est que depuis le 22 mai jusqu'au 6 juillet, jour de la bataille de Wagram, le généralissime autrichien n'ait absolument rien fait pour troubler les immenses travaux par lesquels l'Empereur s'étudiait à réparer l'imprudence de son premier passage; c'est que la nature, la direction de ces travaux, auxquels participaient un grand nombre d'ouvriers viennois, aient paru rester ignorées de celui contre lequel ils étaient exécutés : apparemment l'Archiduc tenait Napoléon pour un rêveur ayant entrepris une lutte avec l'impossible, et il trouvait habile de le laisser dépenser en pure perte une activité à laquelle il n'entrevoyait pas de résultat.

Malgré les soins que l'Empereur avait donnés au ravitaillement des troupes cantonnées dans l'île Lobau, elles eurent à supporter quelques jours de privations, et nos soldats, qui prennent gaiement toutes les fortunes, durent se mettre à chasser les cerfs et les chevreuils qui abondent dans cette île très-boisée où ils avaient été multipliés pour les plaisirs des archiducs. Toutefois, grâce à l'arrivée des marins de la garde mandés par l'Empereur, aussitôt qu'il avait entrevu la nécessité d'un passage du Danube, les communications avec la rive droite du fleuve ne tardèrent pas à être rétablies. Au bout de quelques jours, tandis que l'île était largement approvisionnée, la Garde, le corps de Lannes, alors placé sous les ordres du général Oudinot, et la division Demont avaient pu rejoindre le corps de Davout : ainsi, à la tête de 60,000 hommes, celui-ci se trouvait en mesure de résister à toute espèce d'agression du côté de Presbourg.

Quant au corps de Masséna, il fut laissé tout entier dans l'île Lobau qui, malgré l'attention de l'ennemi éveillée de ce côté, parut encore le lieu de passage le plus favorable dans la donnée du nouveau plan que venait de concevoir Napoléon. Un délai de plusieurs semaines exigea pour la réalisation de ce plan devait permettre à de nombreux renforts, déjà en route, de venir réparer les pertes de l'affaire d'Essling ; il était, au reste, probable que durant le même intervalle le prince Eugène, à la tête de l'armée d'Italie, aurait pu rejoindre, sous Vienne, la grande armée.

Nous avons laissé le vice-roi marchant à la suite de l'archiduc Jean, par la route de Carinthie, tandis que Macdonald s'avançait par celle de la Carniole, à la suite d'Ignace Giulay, ban de Croatie.

Le 16 mai, c'est-à-dire dix jours avant la bataille d'Essling, le prince Eugène était, à l'entrée des Alpes Carniques, arrêté par le fort de Malborghetto qui s'opposait au passage de son artillerie, tandis que les Autrichiens ayant pris position au-delà, à Tarvis, présentaient un front couvert par un grand nombre de bouches à feu. Après avoir un moment hésité devant la place qui semblait devoir exiger un siège en règle, le vice-roi se décida à risquer un coup de main, et, à la suite d'un assaut qui ne coûta pas plus de 200 hommes, l'obstacle fut dépassé. Attaqués alors dans la position de Tarvis, les Autrichiens, qui nous croyaient sans canons, furent étrangement surpris de se voir inondés de mitraille, et dans une lutte où ils finirent par avoir le dessous, ils perdirent 3,000 hommes et quinze pièces de canon.

Rejeté ainsi de la haute Autriche, dont la route fut bientôt occupée par l'armée victorieuse, l'archiduc Jean se retira sur Gratz en Styrie, afin de gagner la Hongrie, et ordonna à ses lieutenants Jellachich et Chasteller, qui manœuvraient dans le Tyrol, de venir le rejoindre en débouchant par Léoben. Avant d'avoir pu opérer sa jonction, le premier de ces généraux fut attaqué sur les hauteurs de San-Michele, en avant de Léoben, par l'armée du prince Eugène qui, commandant à des forces infiniment supérieures, et animées par une suite non interrompue de succès, lui fit subir une perte de 2,000 hommes tués ou blessés et lui enleva 4,000 prisonniers.

A la suite de la défaite du corps de Jellachich eut lieu un fait qui paraîtrait à peine croyable, si, consigné dans le quatorzième bulletin de la Grande Armée, il n'était en outre confirmé par les témoignages les plus concluants.

Envoyé en reconnaissance du côté de Saltzbourg, un capitaine d'état-major, suivi d'un seul dragon, tomba dans un parti ennemi et fut conduit au général Plunkett qui occupait avec 3,000 hommes les positions de Rottenmann. Au lieu de se laisser traiter en prisonnier, le capitaine Mathieu (c'était le nom de cet officier) a la présence d'esprit de se faire passer pour un parlementaire chargé par le vice-roi d'annoncer au général autrichien la dispersion totale de Jellachich et de lui offrir une composition. Le capitaine Plunkett prend confiance dans cette ouverture, fait mettre bas les armes à ses 3,000 hommes et livre son artillerie, ses caissons et ses fourgons qui défilent sous les yeux de l'entreprenant officier, après qu'il a audacieusement apposé sa signature à la capitulation. Le capitaine Mathieu, lorsque l'Empereur connut ce singulier fait d'armes, fut nommé *baron de Rottenmann*. Quand il déposa entre les mains du général Sorbier, qui commandait l'artillerie de l'armée d'Italie, les armes et les canons dont il s'était emparé à lui seul, il se contenta d'en prendre un reçu et ne voulut pas recevoir la somme importante à laquelle il aurait eu droit d'après les règlements militaires.

Le renfort qu'attendait l'archiduc Jean se trouvait ainsi réduit à environ 3,000 hommes, et les routes de Styrie et de Carinthie, définitivement occupées par les Français, ne laissaient plus au général Chasteller aucune chance de se réunir à lui. Il mit alors une garnison dans la forteresse de Gratz et prit définitivement le chemin de la Hongrie en se dirigeant sur la Raab ; à partir de ce moment rien ne pouvait plus empêcher le prince Eugène de gagner Vienne. Bientôt, en effet, aux environs de Bruck, les avant-gardes des armées d'Allemagne et d'Italie opérèrent leur réunion, et ce fut un touchant spectacle que celui de la joyeuse accolade militaire échangée entre les premiers détachements qui se reconnurent.

Le général Macdonald, avec les 15,000 hommes que le vice-roi avait mis sous sa conduite, n'avait pas été moins heureux dans sa marche. Après avoir, chemin faisant, ramassé beaucoup de prisonniers, il avait trouvé l'ennemi sous Laybach retranché dans un campement presque inexpugnable. Pendant qu'il hésitait à l'attaquer, une panique avait pris aux Autrichiens qui avaient demandé à capituler. Macdonald avait donc occupé Laybach et vers le 30 mai, poussant devant lui 7 à 8,000 prisonniers, il arrivait à Gratz où il attendait les ordres du vice-roi.

On pouvait estimer que depuis Vérone l'ennemi dans sa retraite n'avait pas perdu en morts, blessés ou prisonniers, moins de 20,000 hommes contre à peine cinq mille dont l'armée du prince Eugène s'était affaiblie.

II

Ordre du jour de l'Empereur à l'armée d'Italie. — Ses instructions au prince Eugène. — Bataille de Raab.

En apprenant les victoires de l'armée d'Italie, l'Empereur y vit un moyen de contre-balancer le fâcheux effet que l'échec d'Essling avait dû produire sur l'opinion. Il tenait d'ailleurs à relever la renommée militaire de son fils adoptif de l'atteinte qu'elle avait pu recevoir par la défaite de Sacile. En conséquence il data de Schœnbrunn l'ordre du jour suivant :

« Soldats de l'armée d'Italie ! vous avez glorieusement atteint le but que je vous avais marqué ; le Sömering a été témoin de votre jonction avec la Grande Armée.

» Soyez les bienvenus, je suis content de vous ; surpris par un ennemi perfide avant que vos colonnes fussent réunies, vous avez dû rétrograder jusqu'à l'Adige, mais lorsque vous reçûtes l'ordre de marcher en avant, vous étiez sur le champ mémorable d'Arcole, et là, vous jurâtes, sur les mânes de nos héros, de triompher. Vous avez tenu parole à la bataille de la Piave, aux combats de San-Daniel, de Tarvis, de Goritz, etc. Vous avez pris d'assaut les forts de Malborghetto, de Prados et fait capituler la division ennemie retranchée dans Priwald et dans Laybach. Vous n'aviez pas encore passé la Drave et déjà vingt-cinq mille prisonniers, six cents pièces de bataille, dix drapeaux avaient signalé votre valeur. Depuis, la Drave, la Save, la Muhr n'ont pas retardé votre marche.

» La colonne autrichienne de Jellachich qui la première entra dans Munich, qui donna le signal des massacres dans le Tyrol, environnée à San-Michele, est tombée sous vos baïonnettes : Vous avez fait une prompte justice de ces débris dérobés à la colère de la Grande Armée.

» Soldats ! cette armée autrichienne d'Italie, qui un moment souilla par sa présence mes provinces, battue, dispersée, anéantie, grâce à vous, sera un exemple de la vérité de cette devise : *Dio la mie dede, guai a chi la tocca*; Dieu me l'a donnée, malheur à qui la touche ! »

Au même moment, l'Empereur faisait passer à son fils adoptif des instructions étendues qui devaient le mettre à même de recueillir tout le fruit des succès déjà obtenus.

Selon ces instructions, le prince Eugène devait se diriger sur Œdenbourg pour y rallier les Badois commandés par le général Lauriston et la cavalerie commandée par Colbert et Montbrun. En possession de ces renforts qui grossissaient son armée de 3,000 fantassins et de 4,000 chevaux, il aurait à se porter sur la Raab et manœuvrerait de manière à empêcher que l'archiduc Jean pût faire un retour sur Macdonald ou Marmont ; en même temps, il devait se tenir prêt soit à livrer bataille au général autrichien, soit à concourir avec Marmont et Macdonald au grand choc qui, dans un délai prochain, était inévitable sous les murs de Vienne.

Par suite de ces instructions, le général Macdonald, qui s'était arrêté à Gratz pour attendre Marmont, reçut l'ordre de rejoindre le gros de l'armée d'Italie. Il exécuta cet ordre en laissant devant la citadelle dont nous n'étions pas maîtres, le général Broussier avec une force tout à fait insuffisante pour s'emparer d'une place dont l'attaque ne laissait pas de présenter quelque difficulté, et le 9 juin il avait opéré sa jonction avec le vice-roi.

Préoccupé de la position isolée où restait le général Broussier, le prince crut devoir laisser Macdonald à Papa, et lui-même, à la tête d'environ 36,000 hommes, descendit la Raab à la suite de l'archiduc Jean.

Celui-ci avait d'abord rêvé de faire en Hongrie une guerre isolée, mais sur les ordres réitérés de l'Archiduc généralissime, il s'était mis en devoir de se rapprocher du Danube, et il était arrivé à Raab, place située sur la rivière du même nom, non loin de son embouchure dans le Danube, entre Presbourg et Komorn.

Là existait un camp retranché ; lié à la place ce camp présentait une position d'une bonne défense. Rejoint par l'archiduc palatin Joseph qui lui avait amené les forces de l'insurrection de Hongrie, l'archiduc Jean se trouvait à la tête de 40,000 hommes, dont la moitié seulement était de troupes régulières. Se sentant pressé par l'avant-garde du prince Eugène, le général autrichien, le 13 juin au soir, s'arrêta devant la position de Raab. Le lendemain 14, vers onze heures du matin, après avoir pris le soin d'entremêler ses troupes régulières des 10,000 hommes d'infanterie allemande ou magyare et des 8,000 hommes de cavalerie noble qui formaient l'insurrection hongroise, il était en mesure de recevoir l'attaque des Français.

Ses forces étaient distribuées sur un plateau : sa droite, formée de l'infanterie de Frimont, s'appuyait à la Raab et au camp retranché que défendaient quelques milliers de soldats irréguliers. Vers le centre, protégée par un ruisseau fangeux, l'infanterie de Jellachich et de Colloredo occupait les bâtiments d'une grosse ferme dite de Kismegyer, qui avait été crénelée, et le village de Szabadheghy ; à gauche, dans une plaine marécageuse, était massée la cavalerie hongroise que soutenaient des hussards réguliers.

Voici quelles avaient été les dispositions du prince Eugène. Pendant que le général Lauriston, avec les Badois, bloquait le camp retranché, le général Montbrun, à la tête de ses quatre régiments de cavalerie légère, devait s'étaler devant l'ennemi, de manière à masquer les mouvements de l'infanterie.

Celle-ci, formant trois divisions sous les ordres des généraux Seras, Durutte et Severoli, devait s'avancer par échelons et attaquer la ferme de Kismegyer et le village de Szabadheghy ; la division Pacthod et la garde italienne restaient en réserve. On devait également compter sur le concours de Macdonald ; il avait reçu l'ordre d'amener de Papa 8,000 hommes qu'il y commandait, et déjà au loin on pouvait entrevoir l'avant-garde de sa colonne qui s'avançait précédée des dragons de Pully.

Vers midi, l'affaire s'engagea ; malgré un feu violent d'artillerie, Montbrun exécuta les évolutions qui devaient dérober l'attention de l'ennemi pendant que notre infanterie se mettait en ligne. Quand la division Seras fut en position, Montbrun lança ses régiments au galop et chargea la brillante cavalerie hongroise, qui ne tint pas. Il n'en fut pas de même des hussards de l'archiduc Jean : ils se précipitèrent avec entrain sur nos hardis cavaliers, mais ils ne purent les ébranler et furent vivement ramenés sur leur corps de bataille.

Pendant ce temps, l'infanterie de Seras s'était approchée du plateau occupé par les Autrichiens et se disposait à donner l'assaut à la ferme de Kismegyer, mais elle rencontra, dans le ruisseau qui couvrait la position, un obstacle plus difficile à franchir qu'on ne l'avait cru ; un certain nombre de soldats périt dans cette espèce de fondrière, présentant, sur quelques points, deux pieds de vase recouverte de grandes herbes où l'on enfonçait jusqu'à la ceinture.

Quand on fut à portée de la ferme, que défendaient douze cents hommes d'excellente infanterie, on se vit accueilli par un tel feu de mousqueterie partant de toutes les ouvertures, qu'une hésitation marquée fut aperçue dans nos rangs. Le vice-roi envoya alors au secours de Seras la brigade Roussel ; mais en quelques instants cette brigade eut six à sept cents hommes et soixante officiers hors de combat. Cependant le général Seras avait reformé sa ligne, et, après avoir harangué ses régiments, leur disant que le succès de la bataille dépendait de l'effort suprême qu'ils allaient faire, et que le 14 juin, jour où elle se livrait, était l'anniversaire de Marengo et de Friedland, il fit battre la charge, et, à la tête de ses soldats électrisés par ces grands souvenirs, il se précipita sur la redoutable position.

Arrivés jusqu'aux portes de la ferme, les sapeurs parviennent à les enfoncer à coups de hache ; nos soldats entrent après eux à la baïonnette en avant, et animés par la perte de tant de leurs camarades, ils mettent le feu aux bâtiments et ne font quartier qu'à un très-petit nombre de vaincus.

Durant cette terrible lutte, la division Durutte avait gravi le plateau et, soutenue par l'infanterie italienne de Severoli, elle avait attaqué le village de Szabadhegy. Les Autrichiens soutinrent bravement le choc, et ce ne fut qu'après une défense longue et meurtrière qu'ils évacuèrent le village. Bientôt même, ramenés par l'archiduc Jean, ils y rentrèrent au pas de charge, et leur élan fut tel que les divisions Durutte et Severoli virent leur première ligne refoulée au delà de la seconde, sans que toutefois celle-ci se laissât entraîner. Loin de là, ralliant la ligne compromise, elle la reporta avec elle en avant, et le succès fut enfin décidé par une brigade de la division Pacthod que le vice-roi, partout présent sur le champ de bataille aux endroits les plus périlleux, fit avancer avec un rare à-propos.

Les deux points d'appui de la ligne ennemie, la ferme et le village ainsi enlevés, le rôle de la cavalerie commençait. Montbrun, Grouchy et Colbert se jetèrent sur les traces de l'armée autrichienne qui se retirait en bon ordre ; ils enfoncèrent plusieurs carrés et firent de nombreux prisonniers.

Le 8e de chasseurs à cheval de la division Sahuc se précipita avec un élan extraordinaire sur la droite des Autrichiens qui se retiraient par la route de Saint-Yrani, et jeta dans leurs rangs une telle panique, que plus de 3,000 fantassins, croyant avoir affaire à toute la cavalerie française, avaient déjà mis bas les armes ; mais s'apercevant du petit nombre d'assaillants devant lesquels il fuyait éperdu, l'ennemi reprit l'offensive, et, criblé par le feu des carrés, le 8e allait chèrement payer sa pointe imprudente si le général Sahuc ne fût venu à son secours avec le reste de sa division. Dégagés à temps, nos chasseurs ramenèrent 1,500 prisonniers, quelques canons et des drapeaux.

A la faveur de la nuit, les archiducs opérèrent assez heureusement leur retraite par Saint-Yrani vers les terrains inondés du Danube ; nous avions environ deux mille morts ou blessés ; les Autrichiens avaient perdu trois mille hommes hors de combat, deux mille cinq cents prisonniers et deux mille soldats débandés. Le concours du général Macdonald était resté inutile, il n'arriva qu'à la chute du jour sur le champ de bataille, pour embrasser le prince Eugène qui venait de venger glorieusement la défaite de Sacile.

III

Combat de Gratz. — Le 84e de ligne, *un contre dix*.

Ainsi que le prince Eugène en avait eu le sentiment, laissé seul à Gratz, le général Broussier était dans une position difficile. La citadelle tenait malgré l'énergie de ses attaques, et toujours menacé d'être aux prises avec des forces supérieures, c'était beaucoup pour lui que de garder la ville. Afin de tendre la main au général Marmont, qu'il avait une extrême hâte de rallier, il faisait de fréquentes excursions en Croatie et avait eu souvent des rencontres avec des détachements du corps de Giulay, rencontres dans lesquelles il était toujours resté victorieux. Il ne put toutefois couper le passage du général Chastelier qui, avec cinq mille hommes, gagna la Hongrie, et son ardent désir de se réunir à Marmont, dont l'approche venait de lui être signalée, l'amena à commettre une imprudence qui, du reste, tourna bien glorieusement pour nos armes.

Il partit de Gratz et n'y laissa que deux bataillons du 84e de ligne pour garder la position. Croyant avoir bon marché de cette garnison, le ban Giulay vint les cerner à la tête de 10,000 hommes. Il est vrai de dire que, pour une moitié, ce rassemblement était formé de l'insurrection de Croatie, troupe peu solide et mal disciplinée. Quoiqu'il en fût, la disproportion entre les assaillants et les défenseurs de Gratz restait immense, et le général Plunkett, qui s'était laissé prendre avec 3,000 hommes par un seul officier, en pareil cas, dix fois capitulé. Sachant à quels hommes il commandait, le colonel que l'on vint sommer, et qui s'appelait Gambin, ne se laissa pas intimider ; pendant dix-neuf heures il soutint contre toute armée une lutte héroïque, tua à l'ennemi 1,200 hommes et fit 500 prisonniers. Après avoir épuisé ses cartouches, le colonel Gambin, à la tête des braves du 84e, était résolu à se faire jour au travers les masses ennemies ; déjà même il avait commencé heureusement ce mouvement désespéré, quand le général Broussier, qui avait opéré sa jonction avec Marmont et l'armée de Dalmatie dans les bois de Libog, arriva pour le dégager.

Le 17 juillet suivant, l'Empereur passait en revue dans l'île Lobau le 84e, et faisait mettre à l'ordre du jour, que sur le support de l'aigle de ce brave régiment serait gravée la devise : *Un contre dix*. Le colonel Gambin, créé comte de l'Empire, reçut une dotation considérable, et quatre-vingt-quinze décorations de la Légion d'honneur furent distribuées aux officiers et soldats.

La réunion de Marmont et du général Broussier, qui eux-mêmes ne tardèrent pas à rejoindre le vice-roi, allait mettre fin aux opérations isolées de l'armée d'Italie. Sa tâche, à peu de chose près, était remplie, les corps ennemis qu'elle avait eus devant elle avaient été détruits ou dispersés, les archiducs se trouvaient définitivement rejetés au delà du Danube. Un mot maintenant des opérations de la guerre en Pologne, c'est-à-dire sur le flanc droit de la Grande Armée.

Retiré sur la rive droite de la Vistule, le prince Poniatowski avait constamment empêché les Autrichiens de la franchir, et remontant ce fleuve jusqu'en Gallicie, il y avait si bien réveillé l'esprit polonais, qu'une partie des Galliciens s'était levée et lui avait offert des vivres, des munitions et des hommes. Entré à Sandomir il menaçait Cracovie, et l'armée de l'archiduc Ferdinand avait été obligée à un mouvement de retraite. En passant sur la rive gauche pour inquiéter cette retraite, on pouvait la rendre désastreuse; le général Dombrouski, marchant à la tête de 5,000 hommes, s'était proposé cette tâche; mais ce petit corps y était évidemment insuffisant, et il aurait fallu que les Russes, entrés en ligne vers la fin de juin sous les ordres du prince Gallitzin, eussent coopéré plus franchement. Cette attitude ne put être obtenue d'eux. Malgré les ordres précis et la bonne foi du concours d'Alexandre, l'état-major russe ne se décida jamais à détruire les Autrichiens au profit des Polonais. L'esprit de l'armée moscovite, en dépit de l'alliance des deux souverains, restait hostile à Napoléon et surtout hostile au nom polonais. Ainsi, même sous un gouvernement despotique, les convenances et les intérêts princiers ne parvenaient qu'à dominer très-imparfaitement les entraînements de l'instinct national.

Il faut dire aussi que, de leur côté, les Polonais faisaient tout ce qu'il fallait pour compromettre la sincérité de l'alliance russe. Malgré les plus instantes recommandations, le généreux et éternel rêve du rétablissement de la Pologne était sans cesse dans leurs proclamations; et Napoléon avait beau leur prêcher la patience d'une situation qu'il promettait de modifier dès que le moment serait venu, le moment de la liberté paraît toujours venu pour les peuples qui l'ont perdue et qui se sentent l'énergie de la reconquérir. Il suivit de tout ce tiraillement, que les opérations de la campagne de Pologne, quoique habilement et heureusement conduites par le prince Poniatowski, n'amenèrent aucun résultat décisif; nous y trouvâmes pourtant ce bénéfice que les forces commandées par l'archiduc Ferdinand restèrent inertes et paralysées, et qu'elles manquèrent au grand rendez-vous de Wagram où elles auraient pu peser d'un très-grand poids dans la balance.

Le sentiment national qui dans l'armée russe faisait obstacle à ce que Napoléon obtînt de l'alliance de Tilsitt un concours plus efficace, semblait le menacer en Allemagne de bien d'autres mécomptes. Sur le bruit d'une prétendue position désespérée où l'aurait placé l'affaire d'Essling, le duc de Brunswick-Oels, fils du fameux duc de Brunswick, avait, avec l'appui des Autrichiens, levé un corps composé de réfugiés allemands et surtout de Prussiens, qui de la Bohême s'était avancé sur Dresde où il était entré et avait mis en fuite la cour de Saxe. Un autre corps insurrectionnel moins nombreux marchait pour se réunir au premier, et ce rassemblement, qui aurait pu constituer une douzaine de mille hommes, annonçait le projet de se porter en Westphalie sous les ordres du général Kienmayer, afin d'en expulser le roi Jérôme.

Dans le Tyrol, André Hofer et le major Teimer ayant repris la campagne, avaient de nouveau occupé Inspruck, et la cour de Bavière se voyait encore une fois menacée d'être obligée de quitter Munich. Dans le Vorarlberg, sur les bords du lac de Constance, sur le haut Danube et dans toute la Souabe, les dispositions des populations semblaient également menaçantes; enfin, le major prussien Schill, continuant ses courses, s'était emparé de la place de Stralsund.

Tel était cependant le prestige du nom de Napoléon que tous ces mouvements insurrectionnels restèrent circonscrits, et les populations, tout en se montrant passivement sympathiques, ne trouvèrent pas qu'il fût prudent de s'y associer. Quelques mesures de précaution ne tardèrent pas à comprimer toute cette agitation; le major Schill trouva la mort dans Stralsund en s'y défendant, et par le besoin de faire un exemple, l'Empereur fut entraîné à un raffinement de rigueur qui n'était pas dans ses habitudes. Pour bien constater qu'il voyait dans les insurgés des aventuriers et non des ennemis, il fit conduire au bagne de Toulon quelques-uns des Prussiens qui avaient été pris lors de la défaite de Schill et ils y restèrent jusqu'en 1814.

Il mit également hors des lois de la guerre le marquis de Chastellor, qu'on accusait d'avoir été le promoteur des actes de cruauté sauvage par lesquels avait été signalée la première insurrection du Tyrol et ordonna, s'il était pris, qu'il fût traduit devant une commission militaire et fusillé dans les vingt-quatre heures. A ce violent ordre du jour, l'empereur d'Autriche répondit par une lettre au prince Charles, qui lui ordonnait de faire subir aux généraux Durosnel et Foulers, devenus ses prisonniers, le même traitement qui serait fait au marquis de Chastellor. En apprenant cette bravade, Napoléon entra dans une grande colère, et par son ordre on arrêta à Vienne le prince de Colloredo, le prince de Metternich, le comte de Pergen et le comte de Harddeck, et il fit savoir à l'Archiduc que la vie de ces quatre personnes lui répondait de celle des généraux français. Tout finit par s'arranger à la suite d'une députation que la ville de Vienne et le corps des Etats de la basse Autriche envoyèrent à l'Empereur des Français; ce qui simplifia surtout la question, c'est que le marquis de Chastellor eut le bon esprit de ne pas se laisser prendre. En 1815 il était gouverneur de Venise et mourut tranquillement dans son lit.

Après avoir mis ordre aux velléités d'insoumission dont, au reste, il ne se préoccupa jamais beaucoup, l'Empereur donna ses soins à la concentration de ses forces sur Vienne. Pour éviter que les archiducs, en repassant le Danube à Presbourg ou à Komorn, essayassent de troubler dans leur marche les armées d'Italie et de Dalmatie, quand elles exécuteraient leur mouvement pour se rapprocher de lui, il ordonna au maréchal Davout de détruire le pont de Presbourg, et au prince Eugène de s'emparer de la ville de Raab.

Cette dernière opération fut facile; la place avait été investie dès le lendemain de la bataille par le général Lauriston. Après huit jours de tranchée ouverte, elle se rendit à des conditions que, pour plus de rapidité dans l'occupation de ce point important, on avait eu soin de rendre très-acceptables.

Il n'en fut pas de même de Presbourg. Devant cette ville existait un pont de bateaux établi dès longtemps, à loisir, et qui présentait une grande solidité. Appuyé sur plusieurs îles il était couvert par des retranchements que défendait une nombreuse artillerie. Rien que pour enlever ces retranchements qui étaient de simples épaulements en terre, nous eûmes un engagement où les Autrichiens perdirent 15 à 1,800 hommes, mais où nous en perdîmes huit cents. A cet effort nous avions gagné de voir replier la portion du pont qui confinait à la rive dont nous étions maîtres; le reste demeurait intact, protégé dans chacune des îles où il s'appuyait par des retranchements qu'il aurait fallu successivement enlever de vive force. On espéra avoir raison de cette difficulté par les moyens qui avaient servi contre notre grand pont lors des journées d'Essling; mais celui de Presbourg était à l'épreuve de ces tentatives, qui restèrent sans résultat. L'Empereur ordonna que des batteries établies sur le bord du Danube fissent sur les îles que gardaient les Autrichiens un feu formidable et incessant. L'ennemi perdit du monde, mais n'en conserva pas moins ses positions. On se résolut alors à la cruelle extrémité d'un bombardement dirigé sur la ville, que l'on somma de se rendre ou au moins de détruire son pont. Le général Bianchi, gouverneur de la place, répondit que l'existence de ce pont était pour la monarchie autrichienne une question de vie ou de mort, et que Presbourg supporterait les dernières extrémités avant de consentir à sa destruction. Le bombardement commença: on l'interrompit pour faire une nouvelle sommation à la ville, et à la suite d'un nouveau refus du gouverneur, désespérément obstiné dans sa résistance, le feu dut être repris. A la fin l'Empereur, qui n'aimait pas les rigueurs inutiles, eut pitié de cette malheureuse ville qu'on aurait mise en cendres sans obtenir le résultat demandé. En définitive ce que l'on voulait, c'était d'empêcher les Autrichiens, à un moment donné, de déboucher sur la rive droite du Danube. On pensa, avec raison, qu'un système de retranchements faisant obstacle à cette irruption et rendant le passage du fleuve, sinon impossible au moins très-dangereux, équivalait à la destruction du pont. Ces travaux exécutés, les bombes cessèrent de tomber dans Presbourg où elles n'avaient déjà fait que trop de ruines.

Le passage sur le bas Danube ainsi fermé à l'ennemi, le prince Eugène, de Raab où il était cantonné, pouvait en trois jours être rendu à Vienne, et ses lieutenants, les généraux Macdonald, Marmont et Broussier furent échelonnés de manière à pouvoir être ralliés dans le même délai.

Le corps de Davout avait été ramené sur Vienne, aussi bien que le corps saxon de Bernadotte et la division Dupas. Les passages du haut Danube étaient surveillés par les Wurtembergeois et les Bavarois, et à Ratisbonne se trouvait la division Rouyer, formée du contingent des petits princes allemands; tout était donc disposé pour la grande bataille que Napoléon jugeait inévitable. Restait seulement la difficile question de porter ses forces au-delà du fleuve pour joindre l'archiduc Charles continuant à se tenir immobile et nous attendant.

IV

Préparatifs pour le passage du Danube. — L'île Lobau devenue une place d'armes. — Ponts et bacs pour le passage des troupes. — Emplacement choisi. — Concentration de l'armée française dans l'île. — Inaction continue de l'Archiduc. — Fausse attaque de la division Legrand.

Dans le nouveau passage du Danube qu'il méditait, l'Empereur n'avait plus rien voulu donner au hasard, et par de gigantesques travaux il s'était proposé d'asservir le fleuve qui le séparait de l'ennemi. L'île Lobau restait toujours le point de départ de ses opérations ; il commença par la lier étroitement à la rive droite par la construction d'un pont dont la solidité fût inébranlable et qu'à cet effet il se décida à jeter sur pilotis. Au bout de vingt jours, ce travail avait été exécuté par l'arme du génie, sous la direction du général Bertrand ; à vingt toises au-dessous, restait et avait été consolidé l'ancien pont de bateaux, soin laissé à l'arme de l'artillerie. Pour mettre ces deux grands ouvrages à l'abri du choc des corps flottants, Napoléon avait d'abord pensé à employer une chaîne gigantesque trouvée dans l'arsenal de Vienne, et qu'aujourd'hui, si nous ne nous trompons, on peut voir à Paris au Musée d'artillerie. Cette chaîne avait été prise sur les Turcs qui s'en étaient servis au siège de 1683 ; mais la difficulté de la tendre s'étant trouvée un obstacle à l'usage qu'on en voulait faire, on lui substitua une estacade placée obliquement dans le lit du fleuve, de manière à offrir moins de prise au courant. Afin de compléter la sécurité des deux voies de communication, une croisière continuelle des marins de la garde fut établie pour leur surveillance du côté du fleuve, tandis que du côté de l'île Lobau, elles étaient protégées par une vaste tête de pont où quelques bataillons auraient suffi pour arrêter une armée.

Ainsi dérobée aux caprices du Danube, l'île Lobau fut destinée à devenir un camp retranché. Lors des grandes crues, plusieurs portions de sa surface étaient exposées à être inondées ; de grands travaux de terrassement pourvurent à son assèchement et à une facilité continue des communications. Un magasin à poudre fut construit et aussitôt rempli de munitions confectionnées ; des farines amenées de la Hongrie purent être employées sur place au moyen de fours que l'on multiplia ; plusieurs milliers de bœufs parqués assurèrent la parfaite alimentation du soldat, et les caves et couvents de Vienne fournirent des vins d'une qualité supérieure qui devaient compléter son bien-être. Le raffinement des aménagements intérieurs de l'île fut porté jusqu'à l'éclairage des routes au moyen de lanternes. Il est probable que le gaz y eût été employé, si à cette époque il eût été connu.

Maintenant, comment déboucherait-on de cette place d'armes ? Outre qu'il eût été par trop naïf de restituer l'emplacement qui avait déjà servi lors de l'affaire d'Essling, l'ennemi avait en quelque sorte muré l'espace entre Essling et Aspern par des retranchements, les seuls travaux qu'il eût exécutés, et cet espace d'ailleurs n'était pas suffisant pour le déploiement des colonnes qu'il deviendrait nécessaire de jeter en masse sous le feu d'un ennemi averti et se tenant sur ses gardes.

Mais moins l'Empereur avait la pensée de diriger sur ce point le passage du petit bras, plus il lui convenait que l'Archiduc restât persuadé du peu de fertilité de son imagination. En conséquence, il ordonna beaucoup de travail là où il n'avait pas l'intention de se présenter, et même au dernier moment, il fit faire, entre Essling et Aspern, une démonstration qui cloua, si l'on peut ainsi parler, l'attention des Autrichiens de ce côté.

Le petit bras du Danube, parvenu à l'extrémité de l'île Lobau, se tourne brusquement vers le grand bras, et forme, entre la pointe de l'île et la petite ville d'Enzersdorf, une ligne droite d'environ deux mille toises que borde la plaine de Marchfeld, vaste espace uni et admirablement propre au déploiement d'une armée. Vers le confluent des deux bras, cette plaine est bordée par des bois épais : c'est entre ces bois et la petite ville d'Enzersdorf que Napoléon, dans sa pensée, avait marqué le point du passage.

Quelques îles existaient dans le cours du petit bras, et les soldats qui avaient débaptisé l'île Lobau pour l'appeler l'île Napoléon, avaient donné à ces îlots les noms de circonstance : il y avait l'île Masséna, l'île Alexandre (du prénom du major général Berthier), l'île Montebello, l'île Espagne, l'île Saint-Hilaire ; des ponts fixes joignirent tous ces petits terrains à la Lobau et ils furent hérissés de batteries de gros calibre dont les pièces avaient été prises dans l'arsenal de Vienne. Leur feu, en s'étendant à tout le pourtour de l'île, devait servir à tenir l'ennemi éloigné quand on déboucherait dans la plaine de Marchfeld, laquelle ne présentait aucun accident de terrain pour protéger la difficile opération du passage.

Afin de pouvoir, sous la protection de ce feu, jeter d'un seul coup assez de monde pour faire tête à l'ennemi qui, même surpris, ne devait pas tarder à border de forts avant-postes la rive où nous devions atterrir, Napoléon fit construire de grands bacs pouvant contenir 300 hommes, et il en attacha cinq à chaque corps d'armée qui ainsi serait en mesure de débarquer 1,500 hommes d'un seul coup.

Après cette première occupation du terrain, devaient être jetés quatre ponts : deux de bateaux, un de pontons et un de gros radeaux pour la cavalerie et l'artillerie. Toutes les dispositions étant soigneusement prises d'avance, on devait compter que quelques heures suffiraient à cette opération qui, dans les conditions ordinaires, peut parfois demander des journées ; mais afin qu'une forte colonne pût être de l'autre côté du fleuve presque aussitôt que les avant-gardes, le chef d'escadron Dessales, sous l'inspiration de l'Empereur, fut chargé de construire un pont de bateaux d'une seule pièce. Après l'avoir tenu caché dans un des canaux de l'île qui aboutissent au petit bras, il devait être conduit dans le fleuve, amarré à la rive que nous occupions et livré au courant chargé de le porter à la rive opposée ; afin d'être plus facilement manœuvrable, ce pont fut pourvu d'articulations qui lui permettaient de suivre les inflexions des cours d'eau par lesquels il aurait à passer. D'immenses préparatifs avaient d'ailleurs été faits pour qu'au besoin quatre ou cinq ponts supplémentaires pussent parer aux nécessités imprévues ; le secret de ces immenses travaux était protégé par la vigilance des marins de la garde qui, commandés par le brave colonel Baste, ne cessaient, sur des chaloupes armées d'obusiers, de fouiller les îles et les moindres replis du fleuve ; mais nous ne saurions nous empêcher de le redire, malgré le soin pris pour dérober des préparatifs menaçants à la connaissance de l'ennemi, il demeurera toujours incroyable que, continués pendant presque tout le mois de juin, ils soient restés ignorés du généralissime autrichien, ou, s'ils furent soupçonnés par lui, qu'ils n'aient provoqué de sa part aucune espèce de précautions appropriées.

Le 1er juillet, tout étant prêt, l'Empereur ordonna la concentration des troupes dans l'île Lobau. Rendues le 4, elles devaient passer le fleuve dans la nuit du 4 au 5 et se disposer à combattre le 5 ou le 6 au plus tard, s'il fallait aller chercher l'ennemi.

Ce même jour du 1er juillet, l'Empereur quitta Schœnbrunn et vint s'établir dans l'île Lobau ; il n'était donc plus douteux que dans cette île dût être le point du passage, mais l'endroit précis tout le monde continuait à l'ignorer. Le corps de Masséna, qui n'avait pas cessé de camper dans l'île, fut successivement rejoint par le corps du général Oudinot, la garde, le corps de Davout, les Saxons, la division Dupas, la cavalerie légère, la grosse cavalerie et enfin l'artillerie. Cette concentration se fit sans la moindre confusion ; on avait eu soin d'indiquer, par des poteaux, l'emplacement que devait occuper chaque corps, et le général Mathieu Dumas avait la mission spéciale de veiller au défilé. L'armée d'Italie devait arriver le 4 au matin, et l'armée de Dalmatie et les Bavarois le 5 au plus tard. Tous les corps réunis allaient former un total de 150,000 hommes, dont 26,000 cavaliers et 12,000 artilleurs servant 550 bouches à feu.

A côté de cette prodigieuse activité, c'était vraiment chose fabuleuse que la béate contemplation de l'Archiduc, s'étant contenté de multiplier, du côté d'Essling et d'Aspern, les travaux de défense. Sur le terrain d'un champ de bataille inévitable, il n'avait pas songé à se ménager les avantages d'une position retranchée. Pendant que nos soldats en pays ennemi nageaient dans l'abondance, les Autrichiens, chez eux, n'étaient pas à l'abri des privations ; bivouaqués sur les hauteurs qui s'étendent de Neusiedel à Wagram, ils passaient leur temps à exercer quelques recrues, et cependant l'Archiduc laissait en Pologne un corps de troupes pour y faire une campagne ridicule, et c'est seulement au dernier moment qu'il appela à lui le corps de l'archiduc Jean.

La fausse attaque dont nous avons déjà parlé fut exécutée par la division Legrand, du corps de Masséna. Transportée d'abord sur des nacelles et passant ensuite sur un pont rapidement jeté, cette division vint faire le coup de feu avec les avant-postes autrichiens. Au bruit de la canonnade, le généralissime autrichien sortit de sa torpeur ; croyant que le passage allait se renouveler du côté d'Aspern, il se décida à mettre ses troupes en mouvement.

Déjà le général Nordmann occupait avec une avant-garde, dans la plaine à droite de l'île, une petite redoute dite de la *Maison Blanche*, les bois au confluent des deux bras du Danube, et le château fortifié de Sachsengang. Pendant ce temps, sur un point où aucun danger sérieux ne le menaçait, le prince faisait garder, par un corps tout entier, celui du feld-maréchal Klenau, les ouvrages qu'il avait fait élever entre Essling et Aspern. Les corps de Bellegarde, de Hohenzollern et de Rosenberg, en entendant la canonnade occasionnée par notre fausse attaque, descendirent des hauteurs où ils étaient campés pour soutenir Nordmann et Klenau. Ils restèrent ainsi en position dans la plaine pendant les journées du 1er et du 2 juillet; mais rien ne bougeant plus, et les troupes dans cette plaine découverte souffrant extrêmement de la chaleur, l'Archiduc laissa Nordmann et Klenau en surveillance et regagna son camp.

Dans la journée du 3, il finit pourtant par s'apercevoir d'une grande concentration de forces dans l'île Lobau, et il ordonna à l'artillerie d'Essling et d'Aspern de tirer sur ce rassemblement où pas un boulet ne devait être perdu. Heureusement pour nous il n'avait pas eu, comme son adversaire, la prévoyance de se munir de pièces de gros calibre, et son artillerie de campagne avait trop peu de portée pour faire beaucoup de victimes sur le point où elle dirigea ses coups.

V

Passage du Danube.—Orage nocturne. — Retraite des Autrichiens.— La matinée du 5 juillet. — Notre ligne de bataille. — Mouvement en avant.— Attaque de la position de Wagram.— Échauffourée désastreuse. — Succès momentané des Autrichiens.

Le 4, à la nuit tombante, cachés par les arbres de l'île, les corps de Masséna, de Davout et d'Oudinot purent se masser vers les points où ils devaient passer : Masséna, en face d'Enzersdorf; Davout, plus bas, en face de la *Maison Blanche*, et Oudinot, au-dessous, en face des bois qui bornaient la plaine.

A neuf heures, le corps d'Oudinot se mit en mouvement, la brigade Conroux, de la division Tharreau, prit place dans les bacs, et escortée par la flottille des marins de la garde que commandait le colonel Baste, elle jeta sur la rive gauche les premiers acteurs du terrible drame qui se préparait. Un ciel obscur, chargé de nuages orageux, favorisait singulièrement l'opération; aussi au bout d'un quart d'heure on avait enlevé les sentinelles de l'avant-garde ennemie, et la redoute de la *Maison Blanche* était dans nos mains. Pendant que les bacs continuaient, dans leur va-et-vient, à transporter le reste de la division Tharreau, on s'occupait de jeter le premier pont et, au bout de deux heures, les autres divisions du corps d'Oudinot commençaient à le traverser en colonnes serrées, allant rejoindre la division Tharreau qui n'avait pas cessé de tirailler dans l'obscurité.

A onze heures, le corps de Masséna se mit en mouvement. La manœuvre des bacs se fit avec le même bonheur sous la direction de l'aide-de-camp de Masséna, Descorches de Sainte-Croix. Dans leur ardeur d'aborder la rive ennemie, les soldats sautaient dans l'eau, dès qu'ils pouvaient y avoir pied, et s'empressaient d'aller joindre leur feu à celui de la division fortement engagée avec l'avant-garde autrichienne. Pendant ce temps, le pont d'une seule pièce sortait du canal de l'*île d'Alexandre*, et après avoir été amarré au rivage du petit bras il était heureusement transporté par le courant à l'autre rive. Aussitôt la division Boudet s'était élancée, puis une fois le pont solidement fixé, le reste du corps de Masséna avait suivi.

Le pont de pontons et le pont de radeau furent alors disposés, et bien que, sous le feu de l'ennemi qui, de moment en moment, redoublait d'intensité, l'opération fût devenue plus difficile, au bout de quelques heures ils étaient établis.

Le point de passage ne pouvant plus être un secret, l'Empereur ordonna que toutes les batteries commençassent à fonctionner. Bientôt, neuf cents bouches à feu éclatèrent, et presque au même moment, l'orage qui, depuis quelques heures pesait sur l'atmosphère, vint ajouter le fracas de ses détonations à celui de l'artillerie. Étourdi par la simultanéité de tant d'attaques, l'ennemi ne sut bientôt plus de quel côté porter la résistance, et son émoi faisait un étrange contraste avec le calme et le bon ordre qui présidaient à toute l'opération surveillée par Napoléon en personne.

Quand parut le jour, les trois corps de Masséna, de Davout et d'Oudinot étaient installés au-delà du Danube. L'orage s'était dissipé et un soleil radieux faisait reluire au loin des milliers de baïonnettes. L'avant-garde de Nordmann se montrait en retraite sur tous les points. Criblée de bombes et d'obus, la malheureuse ville d'Enzersdorf était en flammes, et peu après le 46e de ligne, du corps de Masséna, sous les ordres des aides de camp Sainte-Croix et Pelet, l'occupait en en débusquant un bataillon autrichien. A l'autre extrémité, sur la droite de la plaine, Oudinot se rendait maître des bois et faisait capituler le château de Sachsengang. Le point où nous avions franchi le Danube rendait inutiles toutes les défenses exécutées par l'ennemi entre Essling et Aspern, et pour éviter d'y être pris à revers, il fallut que le corps de Klenau les évacuât. Cependant, la garde, les Saxons avec Bernadotte s'apprêtaient à défiler. Transportées pendant la nuit dans l'île Lobau, les armées d'Italie et de Dalmatie, avec la division bavaroise, étaient en mesure de rejoindre, et pourtant l'Archiduc doutait encore et il croyait avoir vingt-quatre heures devant lui avant que le passage fût complètement effectué. Placé sur une haute hauteur auprès de l'empereur François, il se faisait l'illusion de croire que permettre ainsi à l'armée de se concentrer était une manœuvre. « Je laisse passer les Français, disait-il à son frère qui s'inquiétait de leur nombre toujours croissant, mais c'est pour les jeter dans le fleuve. — Je comprends cela, répartit l'empereur, mais il me semble qu'il ne faudrait pas en *laisser passer trop*. » Le mot devint proverbial parmi les militaires de l'époque.

Les trois quarts de son armée au-delà du Danube, Napoléon n'avait plus qu'à pousser en avant pour se donner de l'espace; mais au moment de commander le mouvement offensif, en vue de parer à tout événement possible, il fit ajouter trois ponts à ceux qui existaient déjà, ce qui en porta le nombre à sept. Les ponts établis, il eut encore le soin de les faire couvrir par des fascines et par des sacs à terre qui avaient été préparés d'avance, et ce fut seulement quand ses communications furent surabondamment assurées, qu'il laissa la garde de l'île Lobau au général Régnier, excellent officier sur la prudence et la fermeté duquel il pouvait compter, il ordonna de se porter en avant.

Formée sur deux lignes, l'armée avait à gauche, s'appuyant immobile à Enzersdorf, Masséna; Oudinot était au centre, Davout à droite, marchant pour s'approcher des hauteurs de Wagram. En seconde ligne, Bernadotte était à gauche; Marmont et les Bavarois au centre; à droite l'armée d'Italie; en arrière, la réserve se composait de la garde et des cuirassiers; le reste de la cavalerie était répandu sur les ailes, l'artillerie sur le front de bataille, et au centre apparaissait Napoléon comme l'âme de ce grand corps dont rien n'égalait la confiance, l'animation et l'énergie.

A mesure que nous nous avancions en pivotant sur notre gauche, les corps s'espaçaient de manière à faire place à ceux qui formaient la seconde ligne, et bientôt l'armée n'en forma plus qu'une seule, poussant devant elle l'ennemi qui se retirait vers les hauteurs de Wagram. Chemin faisant nous eûmes quelques engagements avec la cavalerie autrichienne qui essayait de tenir, et nous nous emparâmes de quelques villages défendus par l'infanterie; Masséna, remontant lentement le cours du Danube, rencontrait dans son chemin les redoutes d'Aspern et d'Essling qu'il trouva abandonnées par l'ennemi. Dès lors nous étions maîtres de tous les points où l'Archiduc aurait pu se retrancher et il ne lui restait qu'à nous disputer la plaine de Marchfeld; tout ce résultat nous avait coûté à peine quelques centaines d'hommes : Les Autrichiens avaient près de 2,000 hommes hors de combat et laissaient en nos mains 3,000 prisonniers.

Malheureusement il est rare que par l'ivresse d'un grand succès on ne soit pas entraîné à quelque imprudence; c'est ce qui arriva à Napoléon.

Il était six heures du soir, on pouvait donc encore compter sur trois heures de jour. L'Empereur remarqua que, d'après Essling, l'archiduc Charles ayant la prétention de nous envelopper, avait démesurément étendu sa ligne, ce qui le laissait faible à son centre établi sur le plateau de Wagram. A notre centre au contraire nous étions très-forts, puisque, sur ce point, outre l'armée d'Italie et les Saxons, nous avions alors l'armée de Dalmatie, la garde impériale, les Bavarois et toute la grosse cavalerie. Percer le centre de la ligne ennemie, la couper en deux et n'avoir plus ensuite affaire qu'à ces deux fractions isolées, voilà ce qui parut réalisable le soir même à l'Empereur, auquel on annonçait de moment en moment que les Autrichiens se retiraient sur tous les points et qu'ils étaient entièrement démoralisés.

Il ordonna donc l'enlèvement du plateau de Wagram que couvrait le Russbach, ruisseau peu large mais bourbeux et profond. Oudinot avec tout son corps se porta sur le village de Baumersdorf à la gauche de Wagram; Macdonald et Grenier avec deux divisions de l'armée d'Italie durent passer le Russbach entre Wagram et Baumersdorf, tandis que Bernadotte avec les Saxons et la division Dupas s'avanceraient sur Wagram même, par le village d'Aderkla.

Ces dispositions avaient pris du temps, et le jour commençait à tomber quand l'attaque commença. Oudinot trouva à Baumersdorf qu'occupaient les avant-gardes du corps de Hohenzollern plus de résistance qu'il n'en avait attendue. Du côté opposé, les Saxons de Bernadotte parvinrent jusqu'à Wagram défendu par un détachement de Bellegarde, mais ils ne purent s'y établir assez solidement pour le dépasser.

Cependant, au milieu de ces deux attaques, Dupas et Macdonald étaient arrivés au bord du Russbach, dans la portion la plus difficile à franchir, parce qu'elle était située au-dessous de l'emplacement occupé par les baraques du camp autrichien, formant là une sorte de retranchement naturel, derrière lequel les tirailleurs ennemis faisaient un feu violent. Au passage du Russbach quelques soldats qui en avaient méconnu la profondeur, perdirent pied et se noyèrent; le reste, plus heureux, forma ses rangs au delà de l'obstacle et commença à gravir les pentes du plateau sous les balles et la mitraille. Dupas était en tête avec le 5e léger et le 19e de ligne; ils eurent bientôt débusqué les tirailleurs ennemis auxquels ils firent près de trois cents prisonniers et marchèrent résolûment sur les Autrichiens qui s'étaient formés en carrés. Un de ces carrés fut enfoncé par le 5e léger, vivement secondé par le 19e de ligne et par une portion des Saxons de Bernadotte. Mais la présence de ces étrangers, avec lesquels les soldats de l'armée d'Italie n'étaient pas habitués à combattre, amena une cruelle méprise. Les divisions qui suivaient la division Dupas, prirent dans l'obscurité qui commençait à s'étendre sur le champ de bataille, les Saxons pour des ennemis et tirèrent sur eux. Les Saxons, recevant ce feu sur leurs derrières se replièrent en ripostant. Les divisions de Macdonald et de Grenier, pendant qu'elles essuyaient ce feu sur leur front, recevaient de flanc une attaque de Hohenzollern, du côté de Baumersdorf, où il continuait de tenir contre Oudinot. La nuit qui, de moment en moment, rendait les objets moins distincts, ne pouvait manquer d'amener une panique; Français et Saxons dans le plus grand désordre se précipitèrent vers le bas du plateau, abandonnant la division Dupas à l'effort du corps tout entier de Bellegarde que l'Archiduc conduisait lui-même. La retraite de Dupas, qui perdit un millier d'hommes, entraîna celle d'Oudinot et de Bernadotte. Les généraux Grenier, Séras, Sahuc et Vignolles, chef de l'état-major du prince Eugène, furent blessés; le colonel Huin, du 19e de ligne, et l'adjudant commandant du Commet furent tués, ainsi qu'un assez grand nombre d'officiers de tout grade, et deux bataillons saxons mirent bas les armes. Heureusement, la nuit qui avait été cause de ce désastre empêcha l'ennemi de profiter de son avantage; il se contenta de reprendre les positions dont il venait de nous débusquer et s'y arrêta.

VI

La nuit d'avant Wagram. — Plan de l'Archiduc. — Attaque prématurée de Rosenberg. — Notre gauche menacée. — L'Empereur et l calèche de Massé a. — Grande manœuvre d'artillerie. — Macdonald et le centre de l'armée autrichienne. — Davout et la droite. — La bataille est gagnée. — Combat de Znaïm. — Armistice suivi de la paix.

L'armée passa la nuit dans les positions qu'elle avait occupées avant cette malheureuse échauffourée; on bivouaqua sur place, et l'orage de la veille qui avait refroidi l'atmosphère, laissa regretter que dans cette plaine nue il fût difficile de se procurer du bois. L'Empereur, entouré de ses maréchaux auxquels il donnait ses instructions, n'eut lui-même pour se réchauffer que quelques bottes de paille; Davout resta auprès de lui jusqu'à l'aurore, conférant des dispositions du lendemain; c'était alors celui de ses lieutenants auquel il croyait le plus.

Pendant ce temps, dans une des maisons du village de Wagram, que Bernadotte venait d'être forcé d'évacuer, l'archiduc Charles dictait des ordres pour la bataille qui allait décider du sort de la guerre.

Derrière le Russbach, sur les hauteurs qui s'étendent de Neusiedel à Wagram, le général autrichien avait trois de ses corps d'armée: le premier sous Bellegarde, le deuxième sous Hohenzollern, le quatrième sous Rosenberg. Ces trois corps formant sa gauche montaient à 75,000 hommes environ; à droite, sur d'autres hauteurs, en forme de demi-cercle, qui passent par Aderklaa, Gérarsdorf et Stamersdorf, l'Archiduc avait le troisième corps sous Kollovrath, le cinquième sous le prince de Reuss et le sixième sous Klenau, lesquels pouvaient monter à 60,000 hommes. Les deux masses de l'armée autrichienne étaient reliées au centre par la réserve de cavalerie et la réserve de grenadiers cantonnés entre Gérarsdorf et Wagram, présentant un effectif d'à peu près 16,000 hommes. On voit par là, comme nous l'avons déjà dit, que le centre, comparativement aux ailes, était faible, et malgré la malheureuse tentative de la veille, cette disposition restant la même, Napoléon continua à penser qu'elle devait avoir une grande influence sur le sort de la journée.

Le plan de l'Archiduc était celui-ci: nous tenir en échec avec sa gauche retranchée derrière le Russbach. Pendant que nous nous dépenserions en efforts contre cette position, prendre l'offensive avec sa droite, se jeter sur notre flanc, nous séparer du Danube; descendre ensuite des hauteurs de Wagram, et pendant qu'il nous aborderait avec toutes ses forces réunies, voir l'archiduc Jean remontant de Presbourg et venant nous attaquer par derrière.

Ce plan était fort judicieux, mais il y manquait d'abord, que l'Archiduc eût assez de monde pour opérer avec la supériorité numérique qui lui eût été assurée s'il eût appelé à lui l'archiduc Ferdinand et de nombreux détachements laissés en observation sur le Danube, au-dessus de Vienne; il y manquait ensuite que la force naturelle de la position derrière le Russbach eût été accrue par des travaux de défense qui l'eussent rendue inexpugnable; il y manquait encore que l'Archiduc dût infailliblement arriver en temps utile; il y manqua enfin, comme on va le voir tout à l'heure, qu'après avoir été conçu, ce plan fût exécuté.

Dans l'envoi de ses ordres l'archiduc Charles n'avait pas calculé les distances qu'ils avaient à parcourir. A sa gauche, où ils ne devaient parvenir en moins d'une heure, il intimait de ne se mettre en mouvement qu'à quatre heures du matin, quand depuis quelque temps l'attaque de sa droite aurait commencé. A sa droite, c'est-à-dire aux corps de Kollovrath et de Klenau, qui étaient à près de deux lieues de lui, il ordonnait de se mettre en marche dès deux heures; cet ordre devait leur parvenir trop tard pour être exécuté, et d'ailleurs à la suite du combat de la veille il s'était opéré dans l'emplacement des corps une confusion qui rendit à la fois cette exécution plus tardive et plus difficile. Une autre faute de l'Archiduc fut de ne pas faire concourir au mouvement de Klenau et de Kollovrath le corps du prince de Reuss, qu'il tint tout le jour en observation sur le Danube pour surveiller le débouché de Vienne, comme s'il était probable que les Français ayant refusé le fleuve du côté d'Enzersdorf, voulussent le passer sur un autre point.

De toute manière Rosenberg exécuta mal ses instructions. Il devait commencer le combat à quatre heures, c'était la lettre; mais on lui disait d'attendre que la droite fût engagée, et c'était là véritablement l'esprit de l'ordre. De plus, il devait recevoir les Français derrière le Russbach et non aller les chercher au delà.

Dès quatre heures, sans s'inquiéter de ce qui se passait à l'autre aile, Rosenberg descendit des hauteurs de Neusiedel, dont le point culminant était signalé par une grosse tour carrée, et poussa ses troupes au delà du Russbach, vers la droite occupée par Davout, en abordant vivement sur deux colonnes les villages de Glinzendorf et de Grosshofen.

Davout avait les trois divisions Morand, Friant et Gudin, qui l'avaient si vaillamment secondé en nombre de rencontres, la petite division Puthod, autrefois divison Demont, six régiments de cavalerie légère aux ordres de Montbrun, trois de dragons aux ordres de Grouchy, quatre des anciens cuirassiers Espagne sous le général Arrighi.

Des détachements des divisions Friant et Gudin se portèrent à la défense de Glinzendorf, la division Puthod à celle de Grosshofen. Ce dernier village avait été enlevé à la baïonnette par les Autrichiens, qui d'ailleurs y avaient fait des pertes considérables, et le combat se soutenait sans résultat définitif à Glinzendorf, lorsque l'Empereur arriva, attiré par le bruit de l'engagement. En voyant le général Puthod débusqué de Grosshofen, il fit avancer quelques batteries d'artillerie légère dont étaient pourvus les cuirassiers Nansouty, par lesquels il s'était fait suivre; cette artillerie, prenant de front les Autrichiens, les força de se retirer sur le Russbach. La même manœuvre fut exécutée par l'artillerie légère des cuirassiers Arrighi sur la colonne qui faisait face à Gudin et à Friant, elle produisit le même résultat.

Loin de renouveler leur attaque, les Autrichiens se replièrent au-delà du ruisseau et allèrent occuper de nouveau leur position sur les pentes de Neusiedel; l'Archiduc, dont la précipitation de Rosenberg dérangeait tout le plan, venait de lui faire parvenir l'ordre de ce mouvement.

De son côté, l'Empereur reprit sa première idée de donner à enlever les hauteurs de Neusidel et de Wagram à Davout, et pendant ce temps, de faire opérer une percée dans le centre de l'ennemi par l'armée d'Italie, les Saxons et le corps de Marmont, tandis que Masséna le contiendrait à gauche.

Mais on avait déjà éprouvé la difficulté de franchir le Russbach sous le feu de l'ennemi. L'Empereur songea alors à diviser son attaque. Envoyant les divisions Morand et Friant passer l'obstacle plus à droite, loin des projectiles autrichiens, il leur ordonna, quand ils seraient au-delà du ruisseau, de venir prendre la position de Neusiedel à revers, en formant un angle droit avec les divisions Gudin et Puthod, qui se chargeraient de la tâche plus difficile de l'aborder de front.

Pendant que l'on se mettait en mesure d'exécuter ces dispositions, des incidents graves s'étaient passés au centre et à gauche, et des aides de camp arrivaient en grand émoi pour les apprendre à l'Empereur qui, sur une ligne de bataille de près de trois lieues d'étendue, ne pouvait, même de son puissant regard, être présent partout.

Occupant par suite du combat de la veille une position trop avancée, Bernadotte s'était vu bientôt menacé d'être débordé par Bellegarde d'un côté et par les cuirassiers et grenadiers de al réserve autrichienne de l'autre; il avait donc essayé de se retirer au-delà d'Aderklaa. Ce mouvement rétrograde avait animé les colonnes ennemies, qui s'étaient jetées sur lui avec violence. Les Saxons qu'il commandait n'ayant pas la solidité des troupes françaises, sa retraite n'avait pas tardé à devenir désordonnée, et il avait été rejeté au-delà de notre ligne et y laissait une trouée.

Masséna, qui n'avait guère plus de 18,000 hommes à opposer aux 60,000 hommes que formaient les corps de Klenau, Kollovrath et la cavalerie de Lichtenstein, avait été lui-même obligé de rétrograder pour présenter un front moins étendu. Malade d'une chute de cheval, comme Maurice de Saxe à Fontenoy, il commandait dans sa calèche, ce qui ne laissait pas d'être regrettable dans un moment où la situation se passionnait autant.

Comprenant toute l'importance du poste que Bernadotte venait d'être forcé d'abandonner, Masséna avait envoyé la division Carra-Saint-Cyr pour le reprendre, et malgré la résistance de l'ennemi retranché dans Aderklaa, le 24ᵉ léger et le 14ᵉ de ligne, qui formaient cette division, avaient emporté le village. Mais entraînés par l'ivresse du combat, au lieu de s'établir dans le poste qu'ils venaient d'enlever, ces deux braves régiments l'avaient dépassé, et n'avaient pas tardé à se trouver dans la position où Bernadotte n'avait pu tenir. Après avoir perdu leurs deux colonels, quoique soutenus par la division Molitor, qui était accourue à leur aide, ils avaient dû rétrograder, pendant que Boudet et Legrand, restés seuls avec 10,000 hommes devant des forces cinq fois supérieures, étaient contraints au même mouvement.

Il n'était encore que neuf heures: en voyant notre gauche débordée de près d'une demi-lieue, et des partis autrichiens venant jusqu'aux ponts du Danube, la panique se répand sur les derrières de l'armée; dans la Lobau on commence à annoncer la perte de la bataille, et la population de Vienne qui, du haut des clochers et des toitures assiste à la lutte, se persuade un moment qu'elle va nous voir jeter dans le Danube ainsi que l'Archiduc le lui avait si souvent promis.

Monté sur un cheval persan d'une blancheur éclatante, l'Empereur avait rapidement parcouru l'espace qui le séparait de son aile gauche; au moment où il parut, l'ennemi s'était encore rapproché. Conduisant lui-même les grenadiers d'Aspre, l'Archiduc venait de traverser Aderklaa enlevé par la division Carra-Saint-Cyr, et ce fut au milieu des boulets qui arrivaient jusqu'à la place où stationnait la calèche de Masséna, que Napoléon arrêta avec son lieutenant les dispositions que comportait la situation.

Si l'armée eût été composée de plus vieux soldats, loin de prendre en souci la pointe audacieuse de la droite autrichienne, l'Empereur l'eût au contraire encouragée. Ayant la confiance que le plateau de Neusiedel serait bientôt enlevé par Davout, il calculait que, prise entre notre aile droite victorieuse, le Danube et notre gauche raffermie, la droite des Autrichiens serait obligée de mettre bas les armes. Mais nos soldats étaient trop jeunes et n'avaient pas assez de sang-froid, qui ne s'acquiert que par la longue habitude de la guerre, pour se laisser tourner sans émotion. L'Empereur préféra donc arrêter le mouvement de l'Archiduc par une diversion, et à cette fin il fit avancer au galop, sous la conduite de Lauriston, soixante pièces de l'artillerie de la garde et quarante autre pièces dont on avait pu disposer dans les corps. Quand ces cent bouches à feu auraient commencé à entamer le centre autrichien, Macdonald, à la tête de trois divisions de l'armée d'Italie, des fusiliers et des grenadiers à cheval de la garde et de six régiments de cuirassiers, devait s'avancer pour le percer.

Pendant que cette attaque se prépare, les divisions Carra-Saint-Cyr, Molitor et Legrand, se forment sous la conduite de Masséna en colonnes serrées par division pour aller au secours de Boudet resté isolé du côté d'Aspern. Couverte par la cavalerie de Lassalle et de Marulaz, cette marche de flanc s'exécute heureusement malgré le feu de Klenau et de Kollovrath. Dans l'intervalle, arrive l'artillerie impatiemment attendue par l'Empereur; sur son indication, Drouot se pose en jalon, et les cent pièces de canon venant s'aligner sur son épée ne tardent pas à porter le désordre au centre de la ligne ennemie. La trouée une fois commencée, le corps de Macdonald, accourant au pas accéléré, va achever la tâche. Macdonald déploie sur une seule ligne une partie de la division Broussier et une brigade de la division Séras, à gauche de cette ligne marche le reste de la division Broussier, à droite la division Lamarque; en arrière les vingt-quatre escadrons des cuirassiers Nansouty. Plus en arrière la colonne est appuyée par huit bataillons de fusiliers et de tirailleurs de la Garde sous le général Reille et par la cavalerie de la Garde pour être lancée, le moment ven.

Macdonald a bientôt dépassé la ligne de notre artillerie. Son attitude, sous une pluie de mitraille, fait l'admiration de l'Empereur. Le prince de Lichtenstein s'élance avec sa grosse cavalerie pour arrêter le mouvement, mais il est accueilli par un tel feu de mousqueterie qu'il est obligé de se rejeter sur l'infanterie autrichienne à laquelle il fait partager son désordre. Macdonald commande alors aux cuirassiers Nansouty de charger; mais pendant qu'ils gagnent la tête de la colonne, l'infanterie ennemie a eu le temps de se former en carrés, et l'on n'obtient qu'un résultat incomplet. La cavalerie de la Garde pourrait achever la déroute, malheureusement le maréchal Bessières, qui en a le commandement supérieur, vient d'avoir son cheval enlevé par un boulet, et, fortement contusionné, il est hors d'état de donner des ordres. Toutefois, l'Archiduc, qui d'ailleurs paye valeureusement de sa personne, sent son succès lui échapper, et s'il n'est pas décidément coupé, il est forcé de se rejeter beaucoup en arrière.

Le danger qui planait sur l'armée ainsi conjuré, notre gauche reprend l'offensive et ramène l'ennemi bien au delà du point où il s'était montré menaçant; c'est à ce moment et pendant une des charges par lesquelles Marulaz et Lassalle précipitaient sa retraite, que Lassalle, le plus brillant et le plus populaire de nos généraux de cavalerie légère, tombe frappé d'une balle au front.

Reste maintenant à opérer le mouvement confié à Davout. L'Empereur, les yeux fixés sur la tour qui signale cette hauteur de tous les points du champ de bataille, n'attend que l'instant où nos soldats la couronneront pour faire attaquer Wagram par le corps d'Oudinot. Quant à l'archiduc Jean, s'il vient se mêler à la lutte, nous avons encore à lui opposer une moitié de l'armée d'Italie, le corps de Marmont, la vieille garde et les Bavarois.

Tout se passa comme l'Empereur l'avait prévu. Morand et ensuite Friant attaquant de front Rosenberg, et malgré un feu plongeant, ils inquiètent vivement son flanc. Lui faisant face, les divisions Puthod et Gudin traversent le Russbach et abordent la position de front. En voyant nos feux dépasser la tour carrée : « La bataille est gagnée! s'écrie l'Empereur. » Et sûr, quoique l'ennemi résiste partout encore, de l'infaillibilité de ses manœuvres, il fait porter à ses lieutenants la nouvelle d'un succès assuré. La lutte cependant continue acharnée à la gauche des Autrichiens; une partie du corps de Hohenzollern s'est portée au secours de Rosenberg et, à la faveur des baraques de son camp derrière lesquelles il se retranche, l'ennemi nous fait chèrement acheter la victoire.

Le moment est venu de lancer le corps d'Oudinot sur Beaumersdorf et Wagram, auquel on fait son immortalité sur des monceaux de cadavres. Ce village est emporté par la division Tharreau, et bientôt l'Archiduc, qui n'a plus un moment à perdre pour opérer sa retraite, en donne l'ordre sur toute la ligne.

Il est alors trois heures, et l'on se bat depuis quatre heures du matin. Partout, devant Masséna à l'extrême gauche, devant Macdonald au centre, devant Oudinot et Davout à notre droite, l'armée autrichienne cède du terrain, mais non sans résistance et en soutenant valeureusement une foule de combats partiels qui tous cependant finissent en nous laissant des prisonniers, de l'artillerie et des drapeaux.

Vers quatre heures, l'archiduc Jean parut à l'horizon du

champ de bataille. L'ordre de rejoindre, envoyé par son frère le généralissime, lui était parvenu tard; mais il faut ajouter qu'il avait mis à l'exécuter tout le délai et toute la mollesse que les Français pouvaient désirer. Arrivé plus tôt, changeait-il quelque chose au sort de la journée? Rien n'est moins probable, puisqu'à la tête de 12,000 hommes il eût rencontré les 10,000 hommes de Marmont, 10,000 qui restaient au prince Eugène, et la vieille garde au besoin.

Quoi qu'il en soit, son apparition sur nos derrières vers Siebenbrunn renouvela la panique du matin, et de toutes parts les vivandiers et les conducteurs de charrois se mirent à fuir comme devant une attaque sérieuse. Les choses allèrent au point que l'Empereur, qui se reposait à l'ombre d'une pyramide de tambours, remonta précipitamment à cheval. Mais l'Archiduc ne fit qu'apparaître, et voyant la situation des choses, il donna l'ordre à ses têtes de colonnes de rétrograder.

Jusqu'à la nuit l'ennemi fut suivi dans toutes les directions, car bien qu'aucun de ses corps n'eût été positivement mis en déroute, sa retraite était flottante et manquait d'ensemble et d'unité. Il avait perdu en tués ou blessés 24,000 hommes, et laissait en nos mains une douzaine de mille de prisonniers. L'archiduc Charles était blessé, et ce qui est toujours la preuve d'une lutte énergique, un grand nombre de généraux, d'officiers supérieurs, avait été atteint. De notre côté, nous avions 15 à 18,000 hommes hors de combat, et 7 à 8,000 sur ce nombre ne devaient pas rentrer dans les rangs. C'était une victoire glorieuse, glorieuse surtout à cause des combinaisons admirables qui l'avaient dès longtemps préparée; mais les Autrichiens laissaient en nos mains peu de trophées, et les résultats généraux de l'affaire de Wagram n'étaient pas comparables à ceux d'Austerlitz, d'Iéna et de Friedland. L'Archiduc restait en mesure, après ce grand échec, de tenir la campagne, et il y avait encore à compter avec ses débris. A force de les vaincre, Napoléon avait communiqué à ses ennemis quelque chose de sa science de la guerre, et le moment approchait où, après des victoires plus disputées et moins décisives, nous aurions des défaites à enregistrer.

Ayant la conscience des efforts de génie qu'il lui avait fallu pour sortir si heureusement de la situation où l'avait laissé Essling, l'Empereur n'attendait que le moment de mettre fin à la guerre. Le prince de Lichtenstein se présenta à son quartier-général pour proposer un armistice. Pendant qu'à Znaïm en Moravie se livrait un furieux combat toujours glorieux pour nos armes, les bases d'une suspension d'armes furent arrêtées. Ce fut au milieu de la plus grande chaleur de cette rencontre que le colonel Marbot et le général d'Aspre apportèrent l'ordre de cesser le feu : tel était l'acharnement des combattants que les deux messagers de paix furent tous deux légèrement blessés en s'interposant.

Macdonald, pour sa conduite à Wagram et à l'armée d'Italie, Marmont pour sa belle retraite de Dalmatie, et Oudinot pour s'être montré le digne successeur de Lannes, furent élevés à la dignité de maréchaux.

Le 17 octobre suivant, trois mois après la conclusion de l'armistice, la paix, qui allait nous donner une archiduchesse d'Autriche pour impératrice, était définitivement signée.

Par cette paix, la France obtint le comté de Goritz, le gouvernement de la ville de Trieste, la Carniole, le cercle de Villach en Carinthie, une partie de la Croatie provinciale, six districts de la Croatie militaire, Fiume et le littoral, l'Istrie autrichienne et toutes les îles dépendantes des pays cédés. Réunies à la Dalmatie, que nous avait déjà value la paix de Presbourg, toutes ces contrées, sous la dénomination de provinces Illyriennes, furent annexées à l'Empire français.

1812

CAMPAGNE DE RUSSIE
LE NIÉMEN. — SMOLENSK

I

Causes de la guerre de Russie. — Organisation de la garde nationale en trois bans. — Préparatifs de l'Empereur. — Composition de l'armée. — Armée de réserve. — Marche de l'armée sur la Vistule. — L'Empereur à Dresde. — Lettre du roi Jérôme. — Premiers embarras de la campagne.

Il est de l'essence des grands crimes politiques, alors même que les succès dont ils sont couronnés semblent les mettre au compte de la Providence, de laisser après eux une longue traînée de conséquences dans lesquelles, d'une manière plus ou moins tardive, éclate leur châtiment.

Le partage de la Pologne fut une de ces iniquités, et depuis le jour où il s'est accompli, aussi bien pour les trois puissances qui en avaient été complices que pour la France spectatrice passive et bénévole, ce fait odieux n'a pas cessé d'être une source d'embarras et de déchirements.

Par le traité de Tilsitt, l'Empereur, on se le rappelle, avait, sous la souveraineté de la Saxe, constitué la Pologne prussienne en un État séparé, auquel il avait donné le nom de grand-duché de Varsovie.

Dès 1809, cette création avait commencé d'affecter les bons rapports entre les cabinets des Tuileries et de Saint-Pétersbourg. Comme l'empereur Alexandre s'en montrait vivement préoccupé et qu'il ne cessait d'y voir un acheminement vers la restauration de la Pologne, Napoléon n'avait pas refusé de donner quelques garanties; mais quand on lui avait proposé d'écrire dans une convention que *jamais le royaume de Pologne ne serait rétabli*, il avait répondu avec autant de raison que de dignité : « Je ne veux pas me déshonorer par une déclaration
» pareille; me rendre ridicule en parlant le langage de la Di-
» vinité et flétrir ma mémoire en mettant le sceau à un acte
» de politique machiavélique, car c'est plus qu'avouer le partage
» de la Pologne que de déclarer qu'elle ne sera jamais rétablie. »

En présence d'un refus si formel, Alexandre ne pouvait insister, mais un germe profond de défiance et de désaffection avait dès lors été déposé dans les relations des deux souverains.

Napoléon ne partageait pas précisément les royaumes, mais, cédant aux entraînements d'une omnipotence devenue européenne, il les annexait en bloc à l'Empire français, en y installant, pour gouverner, des princes de sa famille. La Russie pouvait d'autant moins manquer de voir dans ce procédé un sujet d'inquiétude et de refroidissement, qu'un beau jour, au milieu d'une des larges découpures que la grande épée du conquérant faisait incessamment à la carte de l'Europe, le duché d'Oldenbourg, appartenant au beau-frère de l'empereur Alexandre, avait tout à coup disparu.

De son côté, la Russie avait vivement mécontenté Napoléon en se décidant, sous la pression de ses intérêts commerciaux, à déserter d'une manière mal déguisée ce système de blocus continental, devenu la constante préoccupation de la politique impériale.

Pendant longtemps, avant de se heurter, les deux colosses s'étaient observés, en faisant lentement les préparatifs de leur rencontre. En 1812, la patience de cette situation était arrivée à sa dernière limite; le 24 février, Napoléon signa avec la Prusse, et le 14 mars avec l'Autriche, un traité qui engageait, en cas de guerre : la première à lui fournir un contingent de 20,000, et la seconde un contingent de 30,000 hommes. Dans le même temps, l'Empereur s'occupait de négocier un traité d'alliance avec la Porte Ottomane et un autre traité avec la Suède, où, par l'adoption de Charles XIII, Bernadotte, l'un de ses lieutenants, était devenu héritier présomptif de la couronne. Ni l'une ni l'autre de ces négociations ne réussirent, et, plus tard, nous verrons le prince royal de Suède marchant avec les armées coalisées à la conquête de son ancienne patrie.

Jusque dans le premier trimestre de 1812, les chances d'une prochaine rupture avec la Russie étaient restées renfermées dans le secret de la sphère diplomatique; mais un sénatus-consulte du 14 mars vint manifester à tous les yeux l'imminence d'une conflagration européenne.

Le sénatus-consulte organisait en trois bans les gardes nationales de l'Empire, et il ordonnait la formation immédiate de cent cohortes du premier ban, à douze cents hommes chacune, soit 120,000 hommes, afin de pourvoir à la garde des frontières *pendant l'éloignement de la plus grande partie de nos forces de ligne*. L'immensité de la mesure, aussi bien que les termes dans lesquels elle était formulée, ne pouvaient manquer de faire pressentir une guerre lointaine ; en se rappelant la manière dont les Russes s'étaient battus à Eylau et à Friedland, on comprit qu'au moment d'aller les chercher sur leur sol inhospitalier, l'Empereur entrevoyait une lutte plus longue et plus périlleuse que celles dans lesquelles, tant de fois déjà il avait triomphé.

Conduits avec tout le secret dont il lui avait été possible de les entourer, ses préparatifs étaient immenses. Après avoir ordonné la levée de la conscription de 1812, il avait demandé à tous les princes, grands et petits de la Confédération germanique, de fournir leur contingent complet. Il avait rappelé de l'Espagne, les régiments de la Vistule, la jeune garde et les dragons, et l'armée d'Italie avait en même temps été avertie de se mettre en mouvement. Dès le mois d'août 1811, le maréchal

Davout s'était vu chargé d'organiser sur l'Elbe et sur l'Oder une armée de 150,000 Français et de 50,000 Polonais, pour se jeter sur la Vistule si les Russes faisaient mine de passer le Niémen; et il est inutile d'ajouter que tous ces ordres avaient été soigneusement et rapidement exécutés.

Dans la pensée de l'Empereur, la campagne ne pouvait pas commencer avant le mois de juin. C'était seulement à cette époque que l'on devait trouver sur le sol de la Russie les moyens de nourrir la masse de chevaux et de bêtes de somme nécessaire aux transports de l'armée; leur faire voiturer l'approvisionnement qu'eût entraîné leur chiffre énorme, c'était les rendre impropres à d'autres services et se créer par cet immense rassemblement un inutile embarras.

A une époque aussi rapprochée du moment fixé par Napoléon pour le passage du Niémen, le mystère, outre qu'il cessait d'être possible, n'avait plus d'intérêt; l'organisation de la grande armée de Russie devint donc, vers mars 1812, un fait public : Voici de quelle manière elle devait être composée.

La Garde, portée à cette époque au chiffre de 47,000 hommes, était divisée en deux corps : l'un de jeune garde, comprenant les fusiliers et les voltigeurs, sous les ordres du maréchal Mortier; l'autre de vieille garde, comprenant les tirailleurs et grenadiers à pied, la cavalerie au nombre de 6,000 hommes d'élite, l'artillerie avec une réserve de 200 bouches à feu et les régiments de la Vistule; le tout aux ordres du vieux maréchal Lefebvre.

Avec la Garde marchait la cavalerie de réserve dont le chiffre montait à 45,000 hommes, sans compter environ 20,000 cavaliers détachés, comme on va le voir tout à l'heure, sur plusieurs points. Dans l'armée de lignes, les régiments avaient été portés de trois à cinq bataillons de guerre; les trois anciennes divisions Morand, Friant et Gudin, étaient devenues cinq divisions complétées par quelques bataillons badois, espagnols, hollandais et anséatiques. Une sixième division polonaise avait été tirée de Dantzig : ces six divisions formèrent le premier corps sous le commandement du maréchal Davout; elles représentaient un effectif de 82,000 hommes d'infanterie et d'artillerie, auxquels il fallait ajouter 3,500 hommes de cavalerie légère et 11 à 12,000 hommes de cavalerie de réserve; somme toute : 96 à 97,000 hommes de troupes de choix. Le quartier général était à Hambourg.

Une division prussienne de 16,000 hommes, sous les ordres directs du général Grawert, était en outre adjointe au corps du maréchal, qui de cette façon avait environ 114,000 hommes à commander.

Le maréchal Oudinot fut mis à la tête du 2e corps. Les divisions Legrand et Verdier, formées d'une partie des anciennes troupes de Lannes et de Masséna, une division suisse, quelques bataillons croates et hollandais, la cavalerie légère et une division de cuirassiers de la cavalerie de réserve représentaient un rassemblement de 40,000 hommes : son quartier général était à Munster.

Le 3e corps, dont le quartier général fut fixé à Mayence, avait pour chef le maréchal Ney. A deux divisions commandées par les généraux Ledru et Razout, et formées du reste des divisions de Lannes et de Masséna, l'Empereur avait ajouté les Wurtembergeois : 39,000 hommes d'infanterie, d'artillerie et de cavalerie légère, et 10,000 hommes de la cavalerie de réserve, presque tous cuirassiers, constituaient un effectif de 49,000 hommes.

L'armée du prince Eugène, composée de deux divisions françaises, outre une division italienne et de la garde royale, formait environ 45,000 hommes; elle prit le titre de 4e corps. Elle était commandée par le vice-roi, assisté du général Junot.

Le 5e corps, aux ordres du prince Poniatowski, se constitua exclusivement de l'armée polonaise qui avait son quartier général à Varsovie. Son chiffre était d'environ 36,000; on a vu que deux autres divisions polonaises faisaient déjà partie de l'armée, mais celles-là étaient à la solde du gouvernement français.

25,000 Bavarois formaient le 6e corps sous les ordres du général Saint-Cyr; le lieu de son rassemblement était Bareuth où il devait rencontrer l'armée du vice-roi arrivant d'Italie.

Le général Reynier commandait le 7e corps rassemblé à Glogau sur l'Oder et se montant à 17,000 Saxons.

Enfin les Westphaliens et les Hessois, au nombre de 18,000 hommes, formaient le 8e corps sous Jérôme roi de Westphalie.

Les forces que nous venons d'énumérer constituaient l'armée active, celle qui sous la conduite de Napoléon devait pénétrer en Russie. En les additionnant, et sans compter le contingent autrichien, on trouvait le chiffre réel et effectif de 423,000 soldats, dont 300,000 d'infanterie, 70,000 de cavalerie, conduisant mille bouches à feu de campagne, six équipages de pont et un mois de vivres sur des voitures.

Mais derrière ce fabuleux rassemblement s'échelonnait une autre ligne.

Le maréchal Victor, rappelé d'Espagne, devait avec 39,000 hommes prendre le commandement de Berlin et garder l'Allemagne de l'Elbe à l'Oder.

Un autre corps de réserve, montant à 37,000 hommes et commandé par le maréchal Augereau, plus, les garnisons des places fortes, telles que Stettin, Custrin, Glogau, Erfurt, un immense dépôt de remonte établi dans le Hanovre, et une division danoise de 10,000 hommes présentaient une seconde masse de 130,000 hommes qui, ajoutée aux 423,000 de l'armée active, à quelques détachements répartis dans quelques postes secondaires et à environ 40,000 malades, donnait un chiffre total de 600,000 hommes, n'employant pas moins de 145,000 chevaux de selle ou de trait.

Enfin si l'on veut se présenter qu'en France, dans les dépôts, restaient 150,000 hommes; qu'il y en avait 50,000 en Italie, 300,000 en Espagne, on trouve qu'en 1812 l'état militaire de la France n'était pas au-dessous de onze cent mille hommes.

Malheureusement les éléments de cette immense agglomération étaient fort divers, car à côté de 370,000 Français, l'Empereur avait pour auxiliaires des Polonais, des Italiens, des Suisses, des Prussiens, des Autrichiens, des Bavarois, des Saxons, des Wurtembergeois, des Westphaliens, des Danois, des Hollandais, des Croates, des Espagnols, des Portugais, et, à supposer qu'on eût pu être assuré de la fidélité de tous ces étrangers, restait toujours la difficulté de faire mouvoir une masse de 423,000 hommes traînant avec elle un matériel énorme, et de rendre possibles à tous les points de la circonférence, l'ubiquité et la précision d'un commandement habitué à tout faire relever de lui.

Dans les premiers jours de mars, le maréchal Davout devait se porter sur l'Oder; les Saxons un peu plus loin jusqu'à Kalisch; en seconde ligne, Oudinot devait marcher sur Berlin; Jérôme sur Glogau; Ney sur Erfurt, puis l'on s'arrêterait jusqu'à la fin du mois, afin de laisser aux corps le temps de rallier leurs traînards et leurs innombrables charrois.

Au commencement d'avril le mouvement devait se poursuivre : Davout pousserait alors jusqu'à la Vistule et réunirait les Saxons aux Polonais autour de Varsovie. Les Westphaliens et Jérôme s'avanceraient jusqu'à Posen et pendant qu'ils s'établiraient sur l'Oder, toujours en seconde ligne, Oudinot s'avancerait jusqu'à Stettin, Ney jusqu'à Francfort, et le prince Eugène, avec les Italiens et les Bavarois, jusqu'à Glogau. La Garde et les parcs formeraient alors une troisième ligne entre Dresde et Berlin, puis il y aurait un nouveau temps d'arrêt.

Le 15 avril, Davout restant de sa personne à Dantzig pour y achever l'organisation du matériel, la seconde et la troisième ligne s'avanceraient jusqu'à la Vistule. Pendant la plus grande partie du mois de mai, il y avait ordre de s'arrêter dans cette position, on l'emploierait ce temps à rallier les hommes et le matériel restés en arrière, à jeter des ponts sur la Vistule, à parfaire le service du train des équipages, à compléter les magasins et la remonte de la cavalerie; tous ces soins pris, du 15 au 20 juin, le Niémen devait être franchi.

Le 16 mai, Napoléon était à Dresde, recevant les hommages de tous les rois qui se mouvaient dans son orbite.

Mais s'il mesura à l'obséquiosité des têtes couronnées les dispositions des peuples qu'elles représentaient, grande fut son illusion. Dans tous les cœurs allemands couvait, avec l'amer sentiment de la domination étrangère, un immense désir d'émancipation; l'Allemagne et la Prusse étaient travaillées par des sociétés secrètes où se préparaient les éléments d'une de ces révolutions qui, tôt ou tard, finissent par triompher, parce qu'elles n'ont pas pour objet des formes de gouvernement, mais le salut de l'indépendance nationale. Dans tous les cas, si Napoléon s'aveugla sur ces périls, ce ne fut pas faute d'être averti; dès 1811, son frère Jérôme, roi de Westphalie, lui écrivait cette lettre si remarquable :

« J'ignore sous quels traits vos généraux et vos agents vous
» peignent la situation des esprits en Allemagne. S'ils parlent à
» V. M. de soumission, de tranquillité et de faiblesse, ils l'abu-
» sent et la trompent. La fermentation est poussée au plus haut
» degré; les plus folles espérances sont entretenues et caressées
» avec enthousiasme; on se propose l'exemple de l'Espagne; et
» si la guerre vient à éclater, toutes les contrées situées entre le
» Rhin et l'Oder seront le foyer d'une vaste et active insurrec-
» tion. La cause puissante de ce mouvement n'est pas seulement
» la haine contre les Français et l'impatience du joug étranger,
» elle existe plus fortement encore dans le malheur des temps,
» dans la ruine de toutes les classes, dans la surcharge des im-
» positions, contribution de guerre, entretien de troupes, pas-

» sages et vexations de tous les genres, continuellement répé-
» tées. Le désespoir des peuples qui n'ont plus rien à perdre,
» parce qu'on leur a tout enlevé, est à redouter..... Indifférents
» aux hautes combinaisons de la politique, les peuples ne sen-
» tent que le mal qui les presse..... »

A la hauteur où était placé Napoléon, peut-être ne pouvait-il pas être bien vivement frappé de ces dispositions qu'on lui signalait, et peut-être devait-il prendre pour de ridicules remuements d'idéologie allemande toute cette agitation cachée dont il était averti. Il pensait sans doute que trois lignes de places fortes occupées par des garnisons françaises couvrant la Vistule, l'Elbe et le Rhin, assuraient les communications de l'armée active avec la France; que plus de 100,000 hommes échelonnés depuis la Prusse orientale jusqu'à Mayence, devaient être un obstacle à toute pensée de soulèvement dans ces contrées intermédiaires, et qu'au moyen de ces échelons, l'armée qu'il allait commander en personne se trouvait solidement reliée avec les 120,000 gardes nationaux que la convocation du premier ban allait amener sur le Rhin. L'empereur Alexandre semblait voir plus juste, quand il disait : « En cas de guerre, j'aurai sur Napoléon un immense avantage, c'est d'être assuré de la tranquillité des pays que je laisserai derrière moi. Si lui, au contraire, éprouvait des revers, on verrait toute l'Allemagne courir aux armes pour s'opposer à sa retraite et à l'arrivée des renforts. » Mais la Providence, dans le trésor de ses colères, réservait un autre dénoûment dont ni l'un ni l'autre des adversaires n'avaient prévu la terrible simplicité.

A Glogau, en arrivant de Dresde pour se mettre à la tête de l'armée, l'Empereur eut un avant-goût des difficultés qu'il devait rencontrer pour maintenir l'ordre et la discipline dans ces masses d'hommes qu'il poussait vers la frontière russe. Les Wurtembergeois, les Bavarois et en général les Allemands, ne se faisaient pas à l'idée que la Pologne fût un pays ami, avaient pillé et dévasté tout le grand-duché de Posen.

Ces violences sans doute étaient sans excuse, mais elles s'expliquaient par l'embarras de vivre qui dès ce moment se manifestait dans les pays où les corps d'armée venaient s'abattre comme des sauterelles. Il s'en fallait bien en effet que toutes les précautions prises de longue main par l'Empereur pour nourrir le soldat eussent eu l'efficacité qu'il s'en était promise. Des essais nouveaux de moyens de transport n'avaient pas réussi; les bœufs, par lesquels on avait compté remplacer les chevaux, avaient fait un mauvais service, et de tout point la difficile question de porter un immense matériel à d'immenses distances restait non résolue.

Un autre élément de désordre, auquel Napoléon ne put que très-imparfaitement porter remède, c'était la ridicule multiplicité des états-majors : État-major de l'Empereur, état-major du prince Berthier, état-major du prince Eugène, du prince Jérôme, des maréchaux Davout, Ney, Oudinot. Rien que le quartier général de l'Empereur comprenait plusieurs milliers d'hommes et de chevaux et un chiffre prodigieux de voitures. La confusion était encore augmentée par la diversité des nationalités et des langues, et en voyant cette tumultueuse agglomération où le luxe et le besoin du *comfort* étaient portés à de fabuleuses proportions, on ne pouvait s'empêcher de penser aux armées de Xerxès et de Darius. De sa main énergique Napoléon, qui donnait si peu de place dans sa vie aux sensualités princières, essaya de mettre ordre à ce scandaleux clinquant; il fit des règlements sur le nombre des voitures qui pourrait être autorisé selon les grades; limita le nombre des états-majors et éloigna de l'armée une foule d'*amateurs* à la suite, qui s'étaient persuadés qu'on allait faire une promenade militaire au-delà du Niémen. Mais on sait la résistance que partout et toujours a rencontré les lois somptuaires, et dans le cas donné la volonté qui commandait à l'Europe ne fut que très-imparfaitement obéie.

Après avoir pris les mesures pour réduire au strict nécessaire les transports de l'armée, l'Empereur fixa au 6 juin le mouvement général de la Vistule au Niémen.

II

Préparatifs pour le passage du Niémen. — Ordre du passage. — Déguisement de l'Empereur. — Sa proclamation à l'armée. — Passage du Niémen. — Passage de la Wilia.

Le 7 juin, l'Empereur arriva à Dantzig, où il trouva Murat venu de Naples pour prendre le commandement général de la cavalerie.

De Dantzig il se rendit à Elbing, et d'Elbing à Kœnisberg afin de surveiller l'organisation d'un système de transport par eau qui, commençant par Dantzig, passant par la Vistule, le Frisch-Haff, la Prégel, le Niémen et la Wilia, promettait d'amener tous les approvisionnements de l'armée jusqu'à Wilna. Sous ses yeux un premier convoi se mit en route, comprenant 20,000 quintaux de farine, 2,000 quintaux de riz, 500,000 rations de biscuits, et tout le matériel des équipages de pont dont la direction était confiée au général Eblé. Ces soins et celui de l'organisation des hôpitaux ayant rempli la première quinzaine de juin, l'Empereur quitta Kœnisberg pour se rendre à Gumbinnel sur la Prégel. Là il voulait passer en revue les corps d'armée rangés sur le bord de cette rivière qui coule à quelques lieues du Niémen.

Le Niémen, comme chacun le sait, forme la frontière russe du côté de la Lithuanie, ancienne province polonaise annexée à l'empire moscovite : c'était vers Kowno, petite ville du gouvernement de Wilna, que le passage devait s'effectuer.

A la tête des corps de Davout, Oudinot, Ney, de la garde impériale et d'une partie de la réserve de cavalerie, le tout formant une masse d'environ 200,000 hommes, l'Empereur devait, de sa personne, percer par Kowno et s'avancer ensuite sur Wilna. Il comptait que cette rapide occupation de la capitale de la Lithuanie produirait un grand effet moral. Pendant que l'Empereur déboucherait par Kowno, à sa gauche le maréchal Macdonald, rappelé d'Espagne, devait avec le 10e corps, qu'on lui avait formé de la division polonaise Grandjean et du contingent prussien attachés d'abord au maréchal Davout, passer le Niémen à Tilsitt ; à sa droite, le prince Eugène devait avec deux divisions françaises, les Italiens, les Bavarois et le corps de cavalerie de réserve commandé par Grouchy, passer le fleuve à la tête de 80,000 hommes, dans un endroit nommé Prenn. Plus à droite, à Grodno, le roi Jérôme, avec 70,000 hommes composés des Polonais, des Saxons, des Westphaliens et du corps de cavalerie de réserve commandé par le général Latour-Maubourg, avait à exécuter le même mouvement.

Après la revue de Gumbinnen où l'attitude de ses soldats lui donna plus que jamais confiance dans le succès de son entreprise, l'Empereur ordonna que chaque homme emportât pour six jours de vivres et fît partir en avant la cavalerie de Murat avec les équipages de pont escortés par le maréchal Davout.

Le 22 juin, l'Empereur coucha au milieu de la forêt de Wilkowisk dans une petite ferme ; les 200,000 hommes qui marchaient sous ses ordres bivouaquaient autour de lui.

Le 23 au matin, l'armée vint se ranger le long du fleuve qu'elle s'apprêtait à franchir.

L'ennemi ne se montrait nulle part, on apercevait seulement quelques bandes de Cosaques et la fumée de quelques granges incendiées, premières ruines inaugurant ce système de dévastation par lequel les Russes s'étaient décidés à nous combattre. Après avoir soigneusement reconnu les bords du fleuve, le général Haxo avait avisé, un peu au-dessus de Kowno, en un lieu nommé Poniemon, un point parfaitement favorable à l'établissement des ponts. Caché sous le manteau et le bonnet d'un lancier polonais, l'Empereur voulut lui-même aller reconnaître l'endroit, et l'ayant trouvé tel qu'on le lui avait décrit, il ordonna au général Eblé de jeter trois ponts, opération que devait protéger la division Morand, du corps de Davout.

Le 28 juin, à onze heures du soir, le Niémen, large en cet endroit de soixante à quatre-vingts toises, fut traversé dans des barques par les Voltigeurs de Morand, qui ne trouvèrent sur l'autre rive aucune résistance. Au lever du soleil, les ponts étaient installés et l'ordre du jour suivant lu aux soldats :

« Soldats! la seconde guerre de Pologne est commencée, la première s'est terminée à Friedland et à Tilsitt ; à Tilsitt, la Russie a juré une éternelle alliance à la France et guerre à l'Angleterre. Elle viole aujourd'hui ses serments, elle ne veut donner aucune explication de son étrange conduite que les aigles françaises n'aient repassé le Rhin, laissant par là nos alliés à sa discrétion. La Russie est entraînée par la fatalité ! ses destins doivent s'accomplir. Nous croirait-elle donc dégénérés ? ne serions-nous donc plus les soldats d'Austerlitz ? Elle nous place entre le déshonneur et la guerre, le choix ne saurait être douteux. Marchons donc en avant! passons le Niémen! portons la guerre sur son territoire ! La seconde guerre de Pologne sera glorieuse aux armes françaises comme la première, mais la paix que nous conclurons portera avec elle sa garantie et mettra un terme à cette orgueilleuse influence que la Russie a exercée depuis cinquante ans sur les affaires de l'Europe. »

Après la lecture de cet ordre du jour, l'armée, formée sur trois colonnes, descendit les hauteurs qui bordent le Niémen.

et sous l'œil de l'Empereur, qui de loin avec sa lunette surveillait le défilé, elle commença à traverser le fleuve.

La cavalerie légère passa la première, suivie de l'infanterie du corps de Davout. A mesure que chaque division atteignait la rive ennemie, elle se rangeait dans la plaine : l'infanterie en colonnes serrées, l'artillerie dans les intervalles, la cavalerie légère en avant, et en arrière la grosse cavalerie. Après les corps d'Oudinot et de Ney vinrent la garde et les parcs. En quelques heures ce torrent d'hommes, s'écoulant aux cris de vive l'Empereur ! avait inondé le territoire russe. Il n'est pas vrai, comme l'ont raconté plusieurs historiens, qu'un orage, avertissement providentiel des désastres réservés à l'expédition, soit venu refroidir l'enthousiasme qui éclatait dans tous les rangs. Cet orage s'abattit quelques jours plus tard sur un autre point, et, pendant toute la journée, à part une courte ondée entremêlée de tonnerre et d'éclairs, le soleil ne cessa pas de se montrer resplendissant et de faire étinceler les cuirasses et les baïonnettes.

Quand une partie de l'armée fut passée, l'Empereur monta à cheval ; franchissant l'un des ponts au milieu des acclamations, il se porta au delà du Niémen, et suivi de quelques escadrons il gagna rapidement Kowno.

Cette ville était déjà occupée par notre cavalerie légère ; quelques Cosaques qui n'y avaient fait aucune résistance s'empressèrent de repasser la Wilia, rivière qui, descendant de Wilna, vient former un angle avec le Niémen où elle se jette non loin de Kowno. L'Empereur, voulant être maître des deux rives de la Wilia, ordonna que quelques détachements se portassent au delà. Ne soupçonnant pas la force et la profondeur du courant, les lanciers polonais de la Garde crurent pouvoir le traverser à la nage, ce qu'ils parvinrent à exécuter en effet, mais en y laissant une trentaine des leurs. Des moyens de communication moins dangereux furent bientôt établis ; l'Empereur alla coucher à Kowno, après avoir donné l'ordre au maréchal Davout de se porter sur la route de Wilna.

III

Alexandre à Wilna. — Plan de campagne des Russes. — Leurs forces divisées en deux armées. — Plan de Napoléon. — Position de l'armée russe sur la Dwina. — Précaution de l'Empereur avant de marcher sur Wilna. — Occupation de cette ville par les Français.

Le 24 avril précédent, l'empereur Alexandre avait quitté Saint-Pétersbourg pour se rendre à Wilna au milieu de ses troupes, et ce fut dans cette ville, pendant une fête qu'il avait acceptée du général Benningsen, quoique l'un des noms les plus compromis dans le meurtre de Paul Ier, que lui parvint la nouvelle du passage du Niémen par les Français.

Le moment était donc venu d'arrêter, pour l'armée russe, un plan de campagne, détermination qui jusque-là, dans l'entourage du czar avait été l'objet de controverses sans fin.

Les esprits les plus ardents auraient voulu que, sans attendre l'agression de Napoléon, on se jetât sur la vieille Prusse et la Pologne, qu'on les ravageât et qu'ensuite, s'il le fallait, on se retirât au-delà du Niémen, en laissant à l'armée ennemie deux cents lieues à parcourir à travers des pays dévastés. D'autres esprits plus calmes objectaient, qu'aller au-devant du conquérant c'était le dégrever d'une des grandes difficultés de son entreprise, qui était la distance, et lui ménager quelque bataille d'Austerlitz ou de Friedland, qu'il gagnerait sans aucun doute, et dont l'effet, ne fût-il que moral, pèserait ensuite sur tout le reste de la guerre. Loin donc de porter celle-ci au-delà des limites de l'empire, on devrait même, lorsque les Français auraient passé le Niémen, reculer devant eux, les attirer en dévastant tout sur leur passage, dans les profondeurs de la Russie, et quand leur armée serait exténuée de fatigue et de privations, rien ne serait plus facile que d'avoir raison d'elle.

Ce second système avait semblé prévaloir, mais c'était moins parce qu'il avait convaincu l'empereur Alexandre que parce qu'il était appuyé auprès de lui par la raison politique. Soucieux d'avoir pour lui l'opinion publique en Europe, en Russie et même en France, il convenait à Alexandre de laisser à Napoléon le rôle de provocateur. Loin donc de s'avancer au-delà de leur frontière, on vient de voir que les Russes ne l'avaient pas même défendue.

En réalité, Alexandre n'avait pas la pensée de cette retraite indéfinie dont la sagesse fut en fin de cause si bien démontrée par l'événement. Conseillé secrètement par un Allemand, le général Pfuhl, qu'il avait pris auprès de lui comme une sorte de professeur d'art militaire, il se proposait, à l'instar de ce que Wellington venait de pratiquer avec succès en Portugal, de se retirer d'abord devant l'armée française et ne lui laissant que des espaces dévastés ; mais en même temps son intention était de nous attendre dans une position qu'on aurait rendue inexpugnable et devant laquelle viendrait se briser l'impétuosité de notre attaque. En conséquence, à Drissa sur la Dwina, on avait choisi un emplacement qu'on avait hérissé d'ouvrages formidables, puis on avait divisé les forces russes en deux armées.

Après le Niémen, qui couvre la Lithuanie ou Pologne russe, deux fleuves forment à l'empire moscovite, proprement dit, une belle ligne de défense. Prenant leur source à une vingtaine de lieues l'un de l'autre, ces deux fleuves, en se tournant le dos, traversent tout l'empire : la Dwina pour aller se jeter dans la Baltique ; le Dnieper pour aller se décharger dans la mer Noire. Ce n'est que vers le point de leur naissance entre Vitepsk et Smolensk que leur double cours laisse une ouverture qui doit être considérée comme la porte de la Russie et qui, à raison de son peu d'étendue, peut être très facilement défendue. Sur la Dwina avait été formée la principale armée russe ; ayant Wilna pour point de direction, elle était destinée à recevoir de front l'attaque des Français, qu'elle devait en se retirant attirer sur le camp de Drissa ; une autre armée secondaire, s'appuyant sur le Dnieper et ayant son point de direction vers Minsk, devait aussi se retirer devant nous, mais avec la mission d'agir sur notre flanc et sur nos derrières, au moment où aurait lieu le grand choc de Drissa.

Il y avait à faire à ce plan deux fortes objections : la première, c'est que Drissa, destinée à devenir le tombeau des Français, était beaucoup trop près de leur point de départ pour qu'ils y arrivassent exténués et ayant perdu la force de leur premier élan ; la seconde, c'est qu'il était imprudent, quand les deux armées russes réunies atteignaient à peine le chiffre des 200,000 hommes dont Napoléon s'était réservé le commandement, de les faire opérer isolément. Aussi l'empereur Alexandre, craignant de trouver trop de résistance aux idées qui l'avaient séduit, s'était-il gardé de les ébruiter, et pour conserver la liberté d'action il n'avait pas nommé de général en chef. Le général Barclay de Tolly, ayant seulement la qualité de ministre de la guerre, avait été mis à la tête des 130,000 hommes réunis sur la Dwina. Étranger, et à ce titre peu agréable aux Russes, il contrariait la passion nationale qui aurait voulu courir sus aux Français. L'armée du Dnieper, se montant au chiffre de 50 à 60,000 hommes, avait été placée sous le commandement du prince Bagration, qui représentait l'opinion de l'offensive énergique et furieuse. Lorsque Alexandre apprit le passage du Niémen, et qu'il connut l'effrayante supériorité numérique de son adversaire, le parti auquel il s'arrêta fut celui qui pouvait subsister sous le plan qui lui avait inspiré le général Pfuhl et qui en était, pour ainsi parler, la préface, à savoir, le parti de la retraite. Barclay de Tolly eut l'ordre de se retirer dans la direction du camp de Drissa ; Bagration dans celle du Dnieper, en suivant la direction de Minsk, afin de pouvoir se réunir au besoin à l'armée principale ; quant à l'empereur Alexandre, il quitta Wilna pour se rendre à Drissa après avoir adressé à ses peuples une proclamation, où il prenait l'engagement de ne pas traiter, tant que le territoire de l'Empire n'aurait pas été évacué par l'ennemi.

En passant le Niémen à Kowno, Napoléon avait la pensée de se diriger vers cette ouverture située entre Vitepsk et Smolensk que forment les sources du Dnieper et la Dwina, et loin de le faire renoncer à ce plan, la disposition des forces russes, que d'ailleurs il avait soupçonnée, ne pouvait que l'encourager dans son intuition première, puisqu'il pouvait concevoir l'espérance de se placer entre les deux armées ennemies et d'empêcher leur réunion pendant toute la campagne.

Avant de se porter sur Wilna, l'Empereur qui ne marchait jamais sans assurer fortement sa ligne de communication, ordonna au général Eblé d'établir à Kowno un pont sur pilotis et un autre sur la Wilia. Au moment où l'armée russe avait reçu l'ordre de se mettre en retraite, sa position était à peu près celle-ci : avec 24,000 hommes, le général Wittgenstein était aux environs de Rossiena, entre Tilsitt et Kowno, c'est-à-dire à notre gauche ; à Wilkomir, plus en arrière, entre Kowno et Wilna, Bagowouth avait un corps de 19,000 hommes, comprenant la cavalerie d'Ouvaroff ; à Wilna même était campée la garde impériale avec les réserves : c'était un corps de 24,000 hommes, y compris la grosse cavalerie du général Korff. Sur la route de Wilna, vers notre droite, Touczkoff avec environ

19,000 hommes, occupait Nowoi-Troki; Schouvaloff était campé à Olkeniki avec 14,000 hommes; enfin, à Lida, sur l'extrême droite de nos forces destinées à se diriger sur Wilna, le général Doctoroff avait 20,000 hommes que les Cosaques de Platow reliaient à l'armée de Bagration.

Le maréchal Macdonald, après avoir passé le Niémen à Tilsitt, eut l'ordre de marcher sur Rossiena. Oudinot fut dirigé sur Wilkomir, et Ney, passant par la Wilia, plus près de Wilna, dut appuyer son mouvement; ces précautions prises sur notre gauche, où était la plus grande force de l'ennemi, et le prince Eugène, qui, avec 80,000 hommes, allait passer le Niémen à Prenn ne nous laissant aucune inquiétude sur notre droite, l'Empereur plaça sur la route de Wilna les 20,000 cavaliers de Murat et 70,000 hommes d'infanterie sous les ordres de Davout; quant à lui, avec la garde, il resta à Kowno, attendant qu'on lui signalât la présence de l'ennemi.

Celui-ci était en retraite sur tous les points; Murat et Davout ne devaient donc rencontrer aucun obstacle, mais dès lors la difficulté de vivre dans un pays pauvre de ressources commença à se faire sentir; les Cosaques, en fuyant, incendiaient tout sur leur passage, et sans l'habitude qu'avait le maréchal Davout de faire porter le pain sur le dos des soldats et d'avoir un troupeau à sa suite, l'infanterie eût été fortement éprouvée. La longueur des marches lui fit laisser derrière elle un assez grand nombre de traînards. Quant à la cavalerie, elle perdit beaucoup de chevaux par l'insuffisance des fourrages, et aussi un peu par la pétulante activité de Murat, qui, malgré les représentations de Davout, ne regardait pas à la surmener.

Le 27 juin on atteignit Jewe qui n'est qu'à une journée de Wilna. Le 28, dans la matinée, le général Bruyère était aux portes de cette ville. La cavalerie eut une rencontre assez vive avec une avant-garde ennemie, mais, après une courte résistance, les Russes se replièrent en mettant le feu aux ponts de la Wilia et à de grands magasins de vivres et de fourrages. Le maréchal Davout, suivant à une lieue de distance, ne tarda pas à s'emparer de Wilna, où les Français furent accueillis avec joie par la population, encore mal façonnée au joug de la Russie; le lendemain, l'Empereur vint prendre possession de sa nouvelle conquête qui, on le voit, n'avait pas été bien chèrement achetée.

IV

Soins donnés à la subsistance du soldat. — Commencement de désorganisation dans l'armée. — Terribles intempéries. — Mesures prises par l'Empereur. — Démarche pacifique du Czar. — Son insuccès.

Le premier soin de l'Empereur, en arrivant à Wilna, fut de pourvoir à la manutention du pain, devenu d'une extrême rareté. La viande et même le grain ne manquaient pas, mais les Russes avaient détruit les farines, les moulins et les avoines, afin d'affamer hommes et chevaux. Les fours que renfermait la ville étaient insuffisants; des maçons qui marchaient à la suite des corps furent employés à en construire de nouveaux, mais c'était encore avec peine qu'on arrivait à fournir le nombre de rations nécessaire.

Après un court mais vif engagement que le maréchal Oudinot eut à Dewiltowo, non loin de Wilkomir, avec le corps de Wittgenstein, les mouvements ordonnés par l'Empereur autour de Wilna s'exécutèrent sans coup férir; mais nos troupes avaient dans les mauvais temps qui survint et dans les privations de tout genre, des ennemis plus difficiles à combattre. Dès le Niémen, le nombre des malades qui, vers le commencement de la campagne était de 40,000, se trouvait porté à 60,000. Passé le fleuve, la longueur des marches, les villages clairsemés, et le système de dévastation adopté par les Russes, avaient singulièrement augmenté les souffrances de l'armée, mise au régime de la viande sans sel et de la farine délayée dans l'eau. Nourris de seigle vert et privés d'avoine, les chevaux perdaient peu à peu leur vigueur, et l'eau-de-vie, qui est un peu l'avoine du soldat, venant à manquer, chaque jour voyait augmenter le nombre des traînards qui, perdus dans un pays peu habité, et dont ils ne savaient pas la langue, ne trouvaient plus le moyen de rallier leurs corps. Il va sans dire que l'artillerie et les bagages avaient aussi grand'peine à suivre, et laissaient après eux de longues traînées.

Jusqu'au 28 juin le temps avait été beau, mais dans la soirée de ce jour éclata l'orage que quelques relations ont placé au 24, jour où fut passé le Niémen. S'étendant à la Pologne tout entière, ce trouble de l'atmosphère, après avoir, par des torrents d'une pluie qui fut presque continue jusqu'au 2 juillet, inondé les chemins rendus impraticables, amena un abaissement subit de la température. Condamnés à bivouaquer dans une fange glacée, beaucoup d'hommes contractèrent une dyssenterie à laquelle l'usage presque exclusif de la viande, et souvent de la viande de porc, ne les prédisposait que trop.

Le corps du prince Eugène, qui à ce moment passait le Niémen à Prenn, fut particulièrement éprouvé.

Cette portion de l'armée, marchant à travers des pays sablonneux et stériles, avait déjà beaucoup souffert, lorsque le 29 au soir, pendant qu'une division avait déjà franchi le Niémen, il se vit assailli par un véritable ouragan des tropiques, mêlé de tonnerre et de grêle, qui, pendant quarante-huit heures, rendit le passage impraticable. Le vent emportait les tentes, menaçait de désarçonner les cavaliers, et était accompagné d'un tel déluge de pluie que le bivouac même devenait impossible sur un sol couvert de plusieurs pouces d'eau. Les chevaux, achetés par milliers de toute main, succombaient déjà au rude service que l'on demandait d'eux; les nuits glaciales du 29 et du 30 juin en firent périr sept à huit mille et, aussitôt, les voitures qu'on eut force d'abandonner devenaient la proie des traînards affamés. Le désordre fut surtout marqué parmi les étrangers qui, tout en servant dans nos rangs, n'avaient qu'un médiocre souci de l'honneur du drapeau français, et bientôt l'armée eut sur ses derrières 25 à 30,000 maraudeurs par lesquels la propriété privée cessa bientôt même d'être respectée.

Arrivé péniblement à Nowoi-Troki, le prince Eugène crut devoir faire connaître à l'Empereur ces effrayants symptômes de désorganisation, et Napoléon en fut assez frappé pour se décider à y pourvoir par une halte d'une quinzaine de jours à Wilna.

Bien qu'en donnant à la queue des colonnes le temps de se rallier, on pût espérer porter remède à une partie du désordre, l'Empereur eut recours à une mesure plus efficace, en ordonnant la création d'un corps de cavalerie lithuanienne qui devait ramasser les soldats égarés du drapeau, aider la gendarmerie française à poursuivre et à livrer à des commissions militaires les pillards, qui avaient fini par attaquer les châteaux; et, détail qui fera comprendre les pertes qu'avait déjà subies l'armée, cette espèce de maréchaussée eut pour instruction particulière d'enterrer les cadavres d'hommes et de chevaux qui, abandonnés le long des routes, remplissaient l'air d'émanations morbides, et devenaient pour les troupes qui les trouvaient sur leur passage, des éléments de démoralisation.

La question des subsistances étant plus que jamais un intérêt de premier ordre, l'Empereur frappa sur le pays une réquisition de 80 mille quintaux de grains et d'une quantité proportionnée d'avoine et de fourrages, et comme décidément le transport des approvisionnements venus de Dantzig par le Frisch-Haff, le Niémen et la Wilia ne répondait pas à ses espérances, il confia à une compagnie de juifs polonais une entreprise de transport par terre qui lui parut promettre à ce service plus de régularité. Au besoin, pour donner à la manutention le moyen de fournir le nombre de rations que l'on demandait d'elle, une partie de l'état-major furent mis en réquisition, et quand on se vit obligé d'appliquer au service de l'artillerie une partie des chevaux du train des équipages, on crut pouvoir les suppléer par des attelages de bœufs qui, malheureusement, ne furent pas d'un emploi aussi utile qu'on se l'était figuré.

Soit qu'Alexandre eût eu vent de nos premiers embarras et qu'il espérât trouver le conquérant plus accessible à des idées de transaction, soit qu'il fût lui-même fortement impressionné par la pensée de la Lithuanie à peine conquise sans combat, avant même l'arrivée de Napoléon à Wilna, il lui avait dépêché M. de Balachoff, ministre de la police, porteur de paroles de conciliation; et, après les premiers soins dont nous venons de le voir occupé, Napoléon consentit à recevoir ce messager de paix.

La fatalité voulut que la démarche d'Alexandre fut prise avec défiance. En voyant la Russie contractant une alliance avec la Suède, terminant à tout prix une guerre qu'elle soutenait contre la Turquie et n'attendant que le moment de s'engager avec l'Angleterre, Napoléon s'était persuadé que le czar était profondément déterminé à poursuivre les hostilités, et dans les paroles de paix qu'on lui apportait, il ne vit qu'un but, celui de lui faire perdre du temps et de l'acculer à la mauvaise saison. Alexandre cependant était sincère; l'Empereur ne le crut pas, et il reçut son envoyé avec une politesse moqueuse et une bienveillance ironique qui ne laissaient aucune ouverture à une composition: loin de là, son attitude de vainqueur avant la victoire fit une nouvelle et irrémédiable blessure à l'amour-propre du czar.

D'ailleurs, Napoléon, au lieu de traiter la Lithuanie en pays conquis, venait de lui donner un gouvernement national, et de lui permettre de s'administrer comme province indépendante. Si ce n'était pas là encore le rétablissement de la Pologne, c'était au moins un grand pas fait dans ce sens. Dès lors, aucun arrangement n'était plus possible. L'omnipotence napoléonienne venant, jusqu'au milieu des possessions moscovites, continuer ses remaniements de souverainetés et de territoires, devait créer en Russie une telle exaltation de l'orgueil national que le czar, même quand il eût conservé quelques velléités pacifiques, eût été impuissant à les faire triompher.

V

Poursuite de Bagration. — Difficultés qu'éprouve le maréchal Davout dans sa marche. — Demande de renforts. — Pourquoi l'Empereur ne lui en envoie que d'insuffisants. — Le roi de Westphalie voit ses efforts méconnus. — Sa retraite de l'armée. — Bagration nous échappe. — Préparatifs d'une grande manœuvre de l'Empereur. — Son discours aux députés de la diète de Pologne. — Départ de Wilna.

Les soins de la politique et de l'administration n'absorbaient pas tellement l'attention de l'Empereur, que les opérations militaires eussent été ajournées ou suspendues.

Se placer entre les deux armées d'Alexandre, et les détruire l'une après l'autre, était toujours son espérance et sa préoccupation. Résolu de donner un peu de repos à l'armée, il devait d'abord se porter sur Bagration dont la poursuite n'exigeait pas un grand déploiement de forces. Il allait donc s'arrêter par sa gauche et faire marcher sa droite, en s'avançant rapidement sur le Dnieper, vers lequel l'armée russe secondaire se retirait.

Macdonald eut ordre de se rapprocher d'Oudinot, Oudinot de se serrer sur Ney, et celui-ci sur Murat; tous ces corps qui, depuis les dernières marches, s'étaient affaiblis d'une douzaine de mille hommes, devaient rester en observation et se refaire, tandis que Davout, toujours le mieux organisé pour supporter la fatigue des mouvements rapides, se mettrait à la poursuite de Bagration. Dans l'intervalle, le prince Eugène, resté à Nowoï-Troki pour réparer son désordre, devait s'avancer pour venir prendre sa place dans la ligne de bataille et établir fortement la liaison entre la gauche et la droite de l'armée commandée en personne par Napoléon.

Quelques reconnaissances de cavalerie opérées par les généraux Pajol et Bordesoulle signalèrent tout d'abord des colonnes d'infanterie, d'artillerie et de bagages, dont toute l'allure indiquait un dessein bien arrêté de se réunir à l'armée principale. La cavalerie ne pouvant suffire à couper ces colonnes, que tout faisait supposer appartenir à l'armée de Bagration, Davout se mit en marche avec les divisions Compans et Dessaix et les cuirassiers de Valence pour opérer contre elles. Ces forces étaient évidemment insuffisantes quand il s'agissait d'envelopper une armée dont des rapports exagérés portaient le chiffre à 100,000 hommes; mais dans le même moment, à l'extrême droite de l'armée, le roi Jérôme devait passer le Niémen à Grodno et déboucher sur les derrières des Russes, pendant que Davout les arrêterait en tête. Dès lors, il semblait facile de les cerner ou de les acculer aux marais de Pinsk.

Au 1er juillet, toute l'armée de Barclay de Tolly avait heureusement opéré sa retraite, et il ne restait plus à notre droite que quelques détachements de Doctoroff, l'arrière-garde de Schouvaloff et 8 à 10,000 Cosaques sous le commandement de l'hetman Platow; ne cherchant plus à suivre le mouvement général de Barclay de Tolly, dont ils s'étaient trouvés séparés par une trop grande distance, ces corps manœuvraient pour se replier sur Bagration.

Dans un pays de forêts et de marécages, où les renseignements étaient difficiles à se procurer, le maréchal Davout ne s'avançait qu'avec précaution, car il ne pouvait savoir au juste si les corps de troupes qu'il sentait flotter autour de lui, étaient les restes errants de l'armée de Barclay de Tolly ou la tête de celle de Bagration. Ce n'était pas qu'il craignît de se heurter contre une force supérieure, car, même avec le peu de monde dont il disposait, il se sentait capable, dans un pays si admirablement coupé pour la défensive, de faire tête à tout ce qui se présenterait devant lui. Mais battre l'armée russe ou la couper du Dnieper n'était pas tout le résultat qui lui semblait possible; l'acculer, comme nous l'avons déjà dit, aux marais de Pinsk et la livrer à l'armée de Jérôme, arrivant de Grodno, lui paraissait une combinaison facilement réalisable. Il se décida donc à se porter droit sur Minsk, après avoir demandé à Napoléon de le faire appuyer sur sa gauche contre le retour offensif des colonnes ennemies qu'il avait dépassées; en même temps il écrivait au roi Jérôme pour lui marquer un point où leur réunion semblait possible et prochaine, ce qui n'aurait laissé à Bagration aucune chance de leur échapper.

L'Empereur donna peu d'attention à la demande de renforts que lui faisait parvenir le maréchal Davout: d'abord, parce que se rendant mal compte des difficultés que le roi Jérôme éprouverait pour opérer sa jonction, il tenait déjà cette jonction pour un fait accompli; ensuite, parce que lui-même, méditant contre Barclay de Tolly une grande manœuvre, tenait à ne pas se dégarnir des forces qu'il avait sous la main.

Son plan était celui-ci: présenter à Barclay de Tolly, retranché dans le camp de Drissa, Ney et Oudinot qui occuperaient son attention avec 60,000 hommes. Pendant ce temps, lui-même manœuvrerait derrière eux, se porterait vivement à droite avec les divisions Morand, Friant et Gudin du corps de Davout, restées sous sa main, avec la Garde, le prince Eugène et la cavalerie de Murat, le tout représentant 140,000 hommes d'élite. A la tête de cette force presque irrésistible, il franchirait la Dwina à Polotsk, et viendrait envelopper l'armée russe, coupée à la fois des routes de Moscou et de Saint-Pétersbourg et acculée à mettre les armes ou à accepter les chances d'une de ces batailles où l'on n'a que la ressource de passer sur le corps de l'ennemi.

Tout entier à la pensée de cette combinaison, dont le succès pouvait être la fin de la guerre, au lieu d'envoyer à Davout les divisions Morand, Friant et Gudin qu'il estimait plus solides que la Garde même, il se contenta de détacher auprès de lui la division Claparède, composée des régiments de la Vistule et des lanciers rouges sous le commandement du général Colbert, ce qui constituait un renfort d'à peu près 6,000 hommes; en même temps, il fit presser plus vivement que jamais le roi Jérôme d'opérer son mouvement.

Habitué à beaucoup compter sur lui-même, Davout se trouvant à la tête de 35,000 hommes, se porta résolûment sur Minsk, où il entra le 8 juillet. Surpris par la rapidité de cette marche, l'ennemi n'eut pas le temps de brûler de grands approvisionnements de toute espèce qu'il avait dans cette ville, et le maréchal put en profiter pour ses soldats qui, sous l'influence des privations de tout genre, commençaient, malgré l'extrême sévérité de sa discipline, à se laisser entraîner à la même désorganisation que les autres corps de l'armée.

A Minsk, le maréchal Davout fut obligé de perdre plusieurs jours, tant pour rétablir l'ordre dans ses divisions que pour se renseigner sur le point où il devait se porter pour avoir le plus de chances de rencontrer Bagration. Mais dans toutes les combinaisons possibles, sa réunion avec Jérôme était l'intérêt qui lui semblait le plus pressant, et le roi de Westphalie était sans cesse harcelé par les lettres et de celles de l'Empereur, qui lui reprochait de ne point marcher.

La vérité est que le jeune prince n'avait pas perdu un moment pour exécuter les ordres si pressants qui lui parvenaient et dont il comprenait toute l'urgence, mais obligé, pour arriver au Niémen par Grodno, de traverser un pays pauvre où il fallait tout porter avec soi, une fois parvenu au fleuve, il avait trouvé comme obstacle, ainsi que le reste de l'armée, le mauvais temps, le défaut de vivres, la mortalité se mettant dans sa cavalerie et dans ses chevaux de transport, et la désertion éclaircissant ses rangs.

Comme tous les hommes constamment favorisés par la fortune, Napoléon n'en était venu à ne plus vouloir compter même avec la force des choses, et, aimant mieux attribuer ses mécomptes aux lenteurs et à l'inexpérience de son frère, qu'à des obstacles imprévus et invincibles, il lui intima de se mettre sous les ordres du maréchal Davout, aussitôt que leur réunion serait opérée. Ayant la conscience d'avoir fait tout ce qui était possible et justement blessé dans son amour-propre de cette mesure extrême, le roi Jérôme, avant même d'avoir opéré sa jonction avec le maréchal, résigna entre ses mains le commandement et partit pour la Westphalie.

Ce regrettable conflit, joint aux autres raisons d'hésitation que Davout avait eues dans ses mouvements, profitèrent à Bagration dont la situation eût été désespérée, s'il avait été poursuivi plus vivement. Au lieu de pouvoir être atteint à Bobruisk, sur la Bérézina, il n'eut plus contre lui que la chance d'être arrêté à Mohilew, sur le Dnieper, et là on pouvait tout au plus retarder, mais non rendre impossible, sa jonction avec Barclay de Tolly.

Cependant près de trois semaines s'étaient écoulées depuis

que l'Empereur était entré à Wilna, et il ne lui restait plus un moment à perdre s'il voulait ne pas être exposé à un autre mécompte dans la grande manœuvre qu'il avait projetée contre la grande armée russe de Drissa.

Déjà il avait mis en marche la cavalerie légère de la Garde sous Lefebvre-Desnouettes pour préparer les voies. Après la cavalerie, la jeune garde sous Mortier, et la vieille garde sous Lefebvre, avaient quitté Wilna, ayant toutes deux leur point de direction sur Gloubokoë où devait s'établir le quartier général impérial entre Drissa et Polotsk. Derrière ces deux corps d'élite marchait à petites journées, pour ménager ses chevaux, la réserve de l'artillerie de la Garde. Enfin sur le même point avaient été déjà dirigées la cavalerie de Murat et les trois divisions Morand, Friant et Gudin. Pendant ce temps, Ney, Oudinot et Macdonald exécutaient le mouvement qui devait dérober celui dont l'Empereur s'était réservé l'exécution, et le prince Eugène était amené de Nowoi-Troki pour former la droite de l'armée qui allait agir, en se liant par la cavalerie de Grouchy avec le maréchal Davout.

Mais avant de quitter Wilna, Napoléon avait une difficulté à résoudre ou pour mieux dire à éluder.

La Pologne qui, en 1807, s'était crue près de renaître, avait, en 1812, bien d'autres raisons de compter sur sa restauration. Si l'on voulait chercher à la guerre de Russie un but matériellement saisissable, quel autre pouvait-on trouver que la reconstitution du royaume de Pologne? L'Empereur ne songeait pas sans doute à conquérir l'empire des czars et à l'effacer de la carte de l'Europe, plus qu'il n'avait fait de la Prusse et de l'Autriche. Il voulait vaincre la Russie, l'abaisser, la réduire à ce point qu'elle le laissât seul en mesure d'élever la voix sur le continent européen; mais encore fallait-il quelque butin extérieur à cet amoindrissement, car l'ennemi avec lequel vous faites la paix, et qui se retrouve après sa défaite aussi fort qu'avant le combat, l'ennemi qui, si l'on peut ainsi parler, n'a pas vu tomber une plume de son aile, peut soutenir qu'il a perdu des batailles, mais qu'en résultat il n'a pas été vaincu.

En reconstituant la Pologne, Napoléon aurait non-seulement accompli ce qui, dans sa pensée, était un grand acte de justice, mais il aurait enlevé à la Russie de riches provinces, et mis en quelque sorte une enseigne à la victoire qu'il était venu chercher de si loin.

Il n'y a pas à douter qu'en partant de Paris, il n'eût la pensée bien arrêtée et bien entière d'attacher son nom à la réparation d'une des plus grandes iniquités politiques des temps modernes; mais depuis qu'il avait passé le Niémen, devant lequel il s'était arrêté en 1807, ses idées avaient dû se modifier. Déjà il avait recueilli de terribles avant-goûts de la difficulté de son entreprise; des pertes nombreuses réalisées dans son armée avant que l'on eût combattu, le système de résistance par la dévastation et l'incendie que paraissaient avoir adopté les Russes, les immenses ressources de tout genre qu'il avait accumulées, aboutissant à la disette de toute chose pour les soldats qu'il conduisait, il y avait certes là de quoi le faire réfléchir, et s'engager avec son adversaire dans une guerre implacable et sans issue, ne pouvait plus convenir à sa prudence.

Lors donc qu'une diète, extraordinairement convoquée à Varsovie sous la présidence du vieux prince Czartoriski, avait proclamé le rétablissement de la Pologne; et lorsque cette diète lui envoyait une députation pour qu'il mît sa sanction à cette déclaration populaire et qu'il laissât tomber à son tour, de sa bouche omnipotente le grand mot, *la Pologne est rétablie*, elle faisait auprès de lui une démarche souverainement embarrassante ; car on lui demandait d'infliger à la Russie, encore debout et entière, une condition qu'elle eût à peine acceptée, si elle eût été complétement humiliée et vaincue.

Aussi voici de quelle manière il répondit au discours que lui avait adressé le chef de la députation polonaise, venue le trouver à Wilna :

« Messieurs les députés de la confédération de Pologne,

» J'ai entendu avec intérêt ce que vous venez de me dire.

» Polonais, je penserais et j'agirais comme vous ; j'aurais voté comme vous dans l'assemblée de Varsovie; l'amour de la patrie est la première vertu de l'homme civilisé.

» Dans ma position, j'ai bien des intérêts à concilier et bien des devoirs à remplir. Si j'eusse régné lors du premier, du second, ou du troisième partage de la Pologne, j'aurais armé tout mon peuple pour vous soutenir. Aussitôt que la victoire m'a permis de restituer vos anciennes lois à votre capitale et à une partie de vos provinces, je l'ai fait avec empressement, sans toutefois prolonger une guerre qui eût fait couler encore le sang de mes sujets.

» J'aime votre nation : depuis seize ans j'ai vu vos soldats à mes côtés, sur les champs d'Italie comme sur ceux d'Espagne.

» J'applaudis à tout ce que vous avez fait ; j'autorise les efforts que vous voulez faire; tout ce qui dépendra de moi pour seconder vos résolutions, je le ferai.

» Si vos efforts sont unanimes, vous pouvez concevoir l'espoir de réduire vos ennemis à reconnaître vos droits. Mais dans ces contrées si éloignées, si étendues, c'est surtout sur l'unanimité des efforts de la population qui les couvre que vous devez fonder vos espérances de succès.

» Je vous ai tenu le même langage lors de ma première apparition en Pologne; je dois ajouter ici que j'ai garanti à l'Empereur d'Autriche l'intégrité de ses Etats, et que je ne saurais autoriser aucune manœuvre ni aucun mouvement qui tendrait à le troubler dans la tranquille possession de ce qui lui reste des provinces polonaises. Que la Lithuanie, la Samogitie, Witepsk, Polotsk, Mohilew, la Volhynie, l'Ukraine, la Podolie, soient animées du même esprit que j'ai vu dans la grande Pologne, et la Providence couronnera par le succès la sainteté de votre cause ; elle récompensera ce dévouement à votre patrie qui vous a rendus si intéressants et vous a acquis tant de droits à mon estime et à ma protection, sur laquelle vous devez compter dans toutes les circonstances. »

Deux jours après, l'Empereur, qui avait séjourné dix-huit jours à Wilna, se mettait en route pour Gloubokoë.

1812

CAMPAGNE DE RUSSIE

SMOLENSK

I

Le quartier-général de l'Empereur à Gloubokoë. — Mouvement de l'armée autour du camp de Drissa. — Beau combat de Mohilew. — Retraite de Bagration.

L'Empereur établit son quartier-général à Gloubokoë dans un grand couvent, l'édifice le plus important de la ville.

Les différents corps, cependant, exécutaient devant le camp de Drissa le mouvement qui avait été convenu, et qui consistait à menacer la position, mais sans l'attaquer. Murat, avec la cavalerie des généraux Nansouty et Montbrun et les trois divisions du corps de Davout, vint se poster à Polotsk sous la main de Napoléon. Pendant cette marche la division Sébastiani, du corps de Montbrun, se laissa surprendre par un fort détachement de cavalerie russe qui avait passé la Dwina pour observer nos mouvements. Quelques centaines d'hommes, et le général Saint-Geniès tombèrent aux mains de l'ennemi ; mais, chargé à son tour par le reste de la division, il fut forcé de repasser le fleuve en laissant prisonnier l'officier général qui le commandait.

Ney suivait Murat, et, après, venait Oudinot. Celui-ci, en passant devant une forte tête de pont que les Russes avaient à Dunabourg sur la Dwina, fut entraîné, malgré les ordres de l'Empereur, à attaquer cet ouvrage dont il s'empara. Ce mouvement inconsidéré n'eut pas de suite, et bientôt l'Empereur, qui était à Gloubokoë avec sa garde, eut, en comptant le corps du prince Eugène qui arrivait, près de 200,000 hommes rassemblés dans un espace de quelques lieues. Restaient à gauche, en dehors du mouvement, Macdonald du côté de Jalobstat en Courlande, et au loin, sur la droite, Davout et le corps de Jérôme.

Pendant que Napoléon, pour exécuter sa grande manœuvre, attendait l'arrivée de sa grosse artillerie, le maréchal Davout, ayant manqué Bagration à Bobruisk, s'occupait de lui interdire le passage du Dnieper à Mohilew.

Ce résultat avait de l'importance pour les projets de l'Empereur, puisqu'il devait empêcher les deux armées russes de se réunir avant le coup dont était menacé Barclay de Tolly. Malheureusement les troupes du roi Jérôme n'avaient pas encore rejoint, et Davout occupant Mohilew n'avait avec lui que les divisions Compans, Dessaix et Claparède, et une division de cuirassiers; le reste de sa cavalerie étant employée, d'une part, à le relier avec le prince Eugène, et d'autre part, à ménager la réunion avec les corps polonais et westphaliens qui venaient se placer sous son commandement.

Bagration ne croyait pas nous trouver à Mohilew, mais, dans tous les cas, marchant avec 60,000 hommes, quand le maréchal Davout en avait à peine 28,000, la rencontre ne l'inquiétait que médiocrement.

Le 21 juillet au soir, son avant-garde vint donner dans la cavalerie légère du général Bordesoulle, à Staroï-Bychow; assailli par 3,000 Cosaques, un escadron de chasseurs placé aux avant-postes fut sur le point d'être enlevé, et ne dut son salut qu'à une vive fusillade du 85e de ligne. Le général Haxo, cherchant à rallier les chasseurs, manqua d'être au nombre des prisonniers.

Le lendemain, de bonne heure, le maréchal Davout alla reconnaître le terrain sur lequel il devait s'attendre à être attaqué par les Russes.

La route qui les menait à Mohilew débouchait de grands bois sur un espace long et étroit, ayant à sa droite le Dnieper, et à sa gauche le ruisseau de la Mischowska qui, à peu de distance des bois, venait la couper en faisant un détour pour aller se jeter dans le fleuve. Au point où la Mischowska changeait de direction, existait un moulin dit de Fatowa avec un barrage; plus loin, un pont qui continuait la route interrompue par le ruisseau et que surmontait l'auberge de Saltanowka. Le maréchal fit barricader le pont, créneler l'auberge et le moulin et couper le barrage dont l'ennemi aurait pu s'aider pour passer la Mischowska.

Le moulin, le pont et l'auberge furent occupés par cinq bataillons du 85e de ligne sous les ordres du général Friédérichs, et plus en arrière, le général Dessaix avec le 108e forma une réserve. L'artillerie, attendant l'ennemi qui devait déboucher par les bois sur un espace ouvert, ne pouvait manquer de faire un grand ravage dans ses rangs.

En remontant la Mischowska sur notre droite, l'ennemi avait moyen de passer ce cours d'eau à un petit village nommé Seletz, et il aurait fait ainsi tomber sur la route notre position retranchée. Pour parer à ce danger, le 61e, de la division Compans, fut installé au village de Seletz avec une nombreuse artillerie qui dominait un espace où l'ennemi ne devait pas trouver d'abri, les bois en cet endroit ayant été récemment coupés. En arrière, furent placés les 57e et 111e de ligne, de la division Compans, avec les cuirassiers de Valence. Enfin en seconde réserve, établissant la liaison entre nos deux positions, se rangea la division polonaise sous le général Claparède, tandis que le 25e de ligne et la cavalerie légère du général Pajol surveillaient une autre route par laquelle il était possible que les Russes vinssent à se présenter.

Le 23, à la pointe du jour, le général Bagration, après avoir laissé en arrière un de ses corps pour parer à l'éventualité de l'arrivée du corps de Jérôme, porta le 7e à l'attaque du pont et du moulin.

Le pont fut assailli par la division Kolioubakin, et le moulin par la division Paskewitch.

La lutte s'entama par un combat de tirailleurs où nous eûmes l'avantage; la division Kolioubakin voulut déboucher sur le pont, mais le feu de l'artillerie et la mousqueterie ne tardèrent pas à la rejeter dans les bois.

Ayant bientôt reconnu que l'ennemi ne voulait rien tenter du côté de Seletz et que tout son effort allait se porter sur notre front, le maréchal envoya à la défense du pont et du moulin tout ce qu'il avait laissé de forces à sa droite, sur le point vulnérable du village, moins toutefois le 61e.

Ce renfort venait à propos, car peu après, la division Kolioubakin, débouchant en colonne serrée par la grande route, vint faire un énergique effort contre le pont, tandis que la division Paskewitch abordait avec non moins de résolution la position du moulin. Mais un feu violent du 85e força les gens de Kolioubakin à rétrograder, mais les soldats de Paskewitch parvenaient à dépasser la Mischowska au moyen de la digue du moulin qui, bien qu'ayant été coupée, pouvait encore favoriser cette audacieuse entreprise. Un bataillon du 108e se précipita sur les Russes à la baïonnette et les rejeta au-delà du ruisseau; mais, entraîné à la poursuite, il subit un violent retour de l'ennemi et fit des pertes nombreuses. Heureusement le maréchal Davout arriva sur le point où nous éprouvions cet échec partiel; il fit amener toute son artillerie et, inondant de mitraille la division Paskewitch, il la força d'aller regagner l'abri des bois en laissant beaucoup des siens sur le terrain.

Voyant leur attaque repoussée sur les deux points, les Russes eurent alors l'idée de celle qu'avait prévue le maréchal, et longeant la Mischowska, en suivant les bois, ils parvinrent jusqu'à Seletz où leurs éclaireurs passèrent même le ruisseau; mais les voltigeurs du 6e se ruèrent sur ces imprudents qui furent bientôt rejetés sur l'autre bord. En même temps, le reste du régiment se porta au delà du cours d'eau, et, par une manœuvre habile, prenant l'ennemi à revers, il le força à une retraite précipitée. Entre le pont et le moulin, le général Friédérichs exécutait un mouvement semblable. Traversant le ruisseau avec quelques compagnies d'élite, il parvenait à pénétrer, sans être aperçu, dans le bois dont les Russes se couvraient contre les projectiles de notre artillerie. Surpris par derrière, leur déroute sous la baïonnette de nos soldats devint un vrai carnage. Sortant alors de nos positions retranchées, nos régiments se portèrent en masse sur la route de Staroï-Bychow et poursuivirent les Russes pendant l'espace d'une lieue. Mais bientôt on se trouva face à face avec Bagration qui était en position avec le reste de son armée. Le général Compans fut obligé d'arrêter l'élan de nos troupes qui, malgré leur immense infériorité numérique, voulaient se précipiter sur les lignes ennemies. Bagration se retira sans être poursuivi, mais il était affaibli de 4,000 morts ou blessés quand notre perte n'était que d'un millier d'hommes, et il avait subi l'affront d'un échec, quand avec 60,000 hommes il en attaquait 28,000 ; enfin il avait manqué le passage de Mohilew et ne devait plus rejoindre qu'à Smolensk Barclay de Tolly.

II

Le despotisme et l'aristocratie. — L'armée russe quitte le camp de Drissa. — L'Empereur se met à sa poursuite. — Les deux combats d'Ostrowno. — Mort du général Roussel.

La preuve que le génie, pour arriver aux grands résultats qu'il se propose, a besoin du concours de la fortune, c'est la suite de mécomptes auxquels, pendant toute la campagne de Russie, se trouvèrent soumises les conceptions militaires de Napoléon, bien qu'elles ne fussent ni moins habiles, ni moins puissantes que par le passé.

Ainsi, ayant une foi entière dans sa grande manœuvre contre Barclay de Tolly, tandis qu'il subordonnait tout à cette combinaison, et lorsque déjà la date de l'exécution était arrêtée dans son esprit, l'ennemi allait lui échapper, et cela par une sorte de révolution qui s'accomplissait dans son camp.

Dans les rangs inférieurs de l'armée russe, le système de la retraite indéfinie rencontrait une opposition violente et exaltée; chez les esprits d'une clairvoyance supérieure, ce système au contraire était en faveur; mais plus on croyait à son efficacité, moins on admettait le camp de Drissa; d'abord parce qu'il avait été établi dans de mauvaises conditions, et ensuite parce qu'il impliquait, dès le commencement de la campagne, une rencontre avec les Français, avant que ceux-ci eussent eu à subir les chances de destruction inhérentes à la marche de toute grande armée dans une expédition lointaine.

Un *tolle* général avait donc fini par s'élever contre la conception du général Pfuhl, et l'empereur Alexandre, par lequel on la savait patronée, avait lui-même perdu quelque chose de son prestige auprès des soldats. Les choses n'allèrent pas sans doute jusqu'à des conspirations, où dans les pays despotiques on cherche à la toute-puissance du maître le tempérament que ne comportent pas les institutions, mais un grand mouvement d'opinion se manifesta contre la part que le czar voulait prendre à la conduite des opérations quand aucune capacité véritablement supérieure ne l'investissait de cette haute direction, et par suite parmi les membres de l'aristocratie militaire dont il était entouré, le dessein de l'éloigner de l'armée avait été résolument mis en suivi.

Toutefois, on avait eu soin de dorer à Alexandre la violence morale qu'on entendait exercer sur lui, et les raisons les plus spécieuses et les plus sympathiques à ses instincts généreux et philantropiques avaient été mises en avant. On lui avait dit qu'il n'était peu séant de le voir prendre personnellement la responsabilité de cette guerre de dévastation, à laquelle on était résolu ; que d'ailleurs pour résister à Napoléon traînant le reste de l'Europe à sa suite, de grands sacrifices d'hommes et d'argent devenaient indispensables, et que lui seul, adoré comme il l'était des Russes, se trouvait en mesure de créer l'élan national qui accepterait avec enthousiasme les charges de la guerre.

Convaincu ou non, mais assurément très-accessible à l'attrait du rôle qu'on lui réservait, Alexandre avait réuni un conseil de guerre où l'abandon du camp de Drissa n'avait pas tardé à être résolu. Resté seul à la tête de l'armée, sans le titre de général en chef, qui eût soulevé trop de rivalités, mais avec le titre de ministre de la guerre qui lui subordonnait les autres généraux, Barclay de Tolly, pendant qu'Alexandre prenait la route de Moscou, plaçait Wittgenstein avec 25,000 hommes sur la route de Saint-Pétersbourg pour la couvrir ; puis le 19 juillet, lui-même évacuait le camp de Drissa et se mettait en marche pour remonter la Dwina par ses deux rives. Là, il devait attendre Bagration, et se porter au besoin à la défense de la trouée qui sépare les sources de la Dwina de celles du Dnieper.

Napoléon ne fut pas long à s'apercevoir du mouvement qui s'opérait dans l'armée russe ; mais si l'espoir de l'accabler dans le camp de Drissa lui échappait, il avait encore le moyen de faire à Witepsk ce qu'il ne pouvait plus faire à Polotsk, c'est-à-dire, marcher vivement par la droite, passer la Dwina sur la gauche du général russe et le déborder.

En conséquence, il dirige tous ses corps sur Beschenkowiezy, petit bourg situé au bord de la Dwina et ordonne au prince Eugène, qui formait l'avant-garde, de jeter en cet endroit un pont sur le fleuve, pour que l'on fût en mesure de pousser des reconnaissances de l'autre côté.

Arrivé pendant que s'achevait la construction du pont, l'Empereur voulut voir par lui-même et, après avoir galopé pendant l'espace de deux lieues au delà de la Dwina, il s'assura que toute l'armée russe avait défilé sur Witepsk. Rentrant alors dans Beschenkowiezy où les différents corps de l'armée affluaient par les routes du Nord et de l'Ouest, il prit le parti de marcher rapidement de manière à se placer entre Witepsk et Smolensk, et dès le lendemain, le prince Eugène et la cavalerie Nansouty durent s'acheminer sur Ostrowno. Murat, maintenant que l'armée allait être réunie, prit le commandement général de la cavalerie, et dut précéder le prince Eugène dans le mouvement sur Ostrowno.

Après avoir passé la Dwina à Witepsk, Barclay de Tolly s'était arrêté derrière la petite rivière de la Loutcheza, mais en même temps pour donner à Bagration le temps de se rallier, décidé à nous disputer le terrain pied à pied, deux lieues en avant d'Ostrowno, il avait placé le corps du général Ostermann avec deux régiments de cavalerie légère et une batterie à cheval.

Le général Piré, à la tête du 8e et du 16e de chasseurs, s'avançait sur la route d'Ostrowno, chaussée large et bordée de bouleaux comme la plupart des chemins en Russie. Il se croyait précédé de deux régiments de sa division marchant de chaque côté de la route à travers champs, mais ceux-ci s'étaient arrêtés, et ce qu'il entrevoyait à travers le feuillage des arbres, c'était la cavalerie russe en position sans qu'un seul tirailleur couvrît cette ligne. Il ne fut pas plutôt à portée de l'ennemi, et il l'avait à peine reconnu, qu'il se vit accueilli par une décharge de mitraille. La surprise des hommes qu'il commandait aurait pu tourner à une déroute ; saisis au contraire d'une audace désespérée, ils se précipitent sur le régiment qui occupait le milieu de la route et le mettent en fuite ; se retournant alors sur le régiment qui était à leur droite dans la plaine, ils le chargent avec le même succès, en font sauter celui de celui qui était à leur gauche, et se jettent ensuite sur l'artillerie à laquelle ils enlèvent huit canons.

Murat arrivait à ce moment, suivi de la seconde brigade de la division Bruyère et des cuirassiers Saint-Germain. Poussant l'attaque si bien commencée, il gravit la petite éminence au bas de laquelle venait de se passer ce brillant fait d'armes, et ne tarde pas à se trouver en présence du corps d'Ostermann tout entier, s'appuyant d'un côté à la Dwina et de l'autre à des hauteurs boisées.

Murat n'avait d'autre infanterie que le 8e léger, il le déploie au centre, soutenu par une partie de la cavalerie légère ; le reste de celle-ci occupe la droite ; la gauche est formée par les cuirassiers rangés sur trois lignes. Ces dispositions sont à peine complétées, que notre extrême droite se voit chargée par les dragons d'Ingrie. Dans nos rangs se trouvait un régiment de lanciers polonais, animés par la haine immémoriale qui existe entre la nationalité russe et la nationalité polonaise, nos auxiliaires abordent les dragons avec une telle furie, qu'en un instant ils les rompent, en tuent un grand nombre et leur font trois cents prisonniers. A trois reprises, de front, de droite et de gauche, le général russe, profitant de sa nombreuse infanterie, détache des bataillons qui essayent de rompre ou de tourner notre ligne, partout les charges de notre cavalerie les forcent à se replier. Après plusieurs heures de cette lutte inégale, la division Delzons, du corps du prince Eugène, que Murat avait fait un pressant appel, parut sur le champ de bataille ; dès lors, Ostermann se mit en retraite sur Ostrowno. Nous avions perdu 3 ou 400 hommes, les Russes nous laissaient huit bouches à feu, 7 à 800 prisonniers et avaient 12 ou 1,500 des leurs hors de combat.

Dans la nouvelle attitude que venait de prendre l'ennemi en nous attendant, on pouvait voir l'intention d'accepter enfin une bataille. L'Empereur ordonna donc à Murat et au prince Eugène qui s'étaient rejoints, de le poursuivre vivement.

Le lendemain, comme la veille, la cavalerie légère et le 8e léger marchaient en tête ; suivaient les cuirassiers Saint-Germain, la division Delzons, et la division Broussier à une heure en arrière. A deux lieues au delà d'Ostrowno on trouva l'ennemi plus nombreux, mais occupant une position à peu près semblable à celle du jour précédent : c'est-à-dire sa droite appuyée à la Dwina, son centre barrant la grande route traversée par des ravins que l'on passait sur des ponts, et sa gauche couronnant des coteaux couverts de bois, où il avait abrité beaucoup d'infanterie.

En arrière du premier ravin que l'on rencontra, les Russes avaient jeté nombre de tirailleurs qui forcèrent notre cavalerie à se replier. Le général Delzons dirigea, sur les bois épais où la gauche des Russes était établie, le 92e de ligne et un bataillon de voltigeurs du 106e ; au centre il garda le reste de ce régiment avec l'artillerie commandée par le général Danthouard pour protéger l'ensemble de l'attaque ; contre la droite de l'ennemi, s'avança un régiment croate appuyé par le 92e de ligne.

Conduits par le général Huard, ces deux régiments franchirent le ravin et parvinrent à s'établir sur un plateau qui, aussitôt emporté, fut occupé par le centre, par l'artillerie et par la cavalerie. Bientôt le général Konownitsyn, dont le corps était venu soutenir celui d'Ostermann, s'aperçoit, qu'emporté par son premier élan, le général Huard et ses deux régiments, à force de s'avancer sans être suivis par le reste de la ligne, finissent par se trouver en l'air, il lance alors toutes ses réserves et si vigoureusement nos soldats étonnés, que ceux-ci, en reculant, sont menacés d'être précipités dans le ravin, et que notre artillerie est sur le point d'être enlevée.

Murat voit le danger, soit qu'il juge utile de payer jusqu'à ce point de sa personne, soit, comme on l'a raconté, qu'après avoir lancé les lanciers polonais, il se trouve entraîné dans l'élan qu'il leur a imprimé, toujours est-il qu'il charge à leur tête comme un simple colonel, et renverse le premier bataillon russe qui se rencontre devant lui. Conduisant une compagnie du 8e léger, le chef de bataillon Ricard arrive au secours de notre artillerie, sur laquelle l'ennemi avait déjà la main ; en même temps le prince Eugène envoie, pour soutenir le 84e et les Croates, le 106e qui était en réserve, et le mouvement de Konownitsyn est contenu.

Sur notre droite qui attaquait les hauteurs boisées, le 92e et les voltigeurs du 106e, conduits par le général Roussel n'avaient fait jusque-là que peu de progrès ; Junot, qui commandait en second l'armée du vice-roi, alla se mettre à la tête du 92e, et bientôt devant l'ardeur que sa présence communique à nos soldats, l'ennemi est obligé de nous céder du terrain.

Fallait-il s'arrêter ou poursuivre en présence des masses profondes que présentaient les Russes sur un terrain qui les favorisait, voilà ce que se demandaient Murat et Eugène, lorsque des cris de *vive l'Empereur* leur annoncent que Napoléon vient d'arriver. Il jette un coup d'œil sur le champ de bataille et ordonne de pousser en avant. Les bois qui nous avaient si longtemps arrêtés sont alors abordés avec la confiance que donne à chacun la présence de l'Empereur, et l'ennemi qui nous les abandonne ne cesse d'être poursuivi jusqu'à la nuit.

« Le général Roussel, dit le dixième bulletin, brave soldat, après s'être trouvé toute la journée à la tête des bataillons, le soir, à dix heures, visitant les avant-postes, un éclaireur le prit pour un ennemi, fit feu et la balle lui fracassa le crâne. Il avait mérité de mourir trois heures plus tôt sur le champ de bataille, de la main de l'ennemi. »

Ce cruel accident de guerre assombrit notre victoire que nous avions achetée par 1,200 hommes hors de combat. Les Russes en avaient perdu 2,000, mais ils s'étaient vaillamment battus, ne nous laissaient que peu de prisonniers et peu de canons. Napoléon coucha sous sa tente, au milieu de l'avant-garde, derrière le village de Kukowiazi.

FIN DE LA DEUXIÈME LIVRAISON.

VERSAILLES. — IMPRIMERIE DE CERF, RUE DU PLESSIS, 59.